Inhaltsverzeichnis

Vorwort

oder: Was *Atout Bac 2* bietet und wie man damit arbeitet

Willkommen zum Texttraining mit ***Atout Bac 2!*** Du bist also entschlossen, Dich in eigener Regie für den Umgang mit Texten verschiedener Textart fit zu machen?
Das ist nur zu begrüßen! Und das Selbstlernprogramm ***Atout Bac 2*** wird Dir dabei eine gute Hilfe sein. Doch bevor Du beginnst, hier noch ein paar Auskünfte zu dem vorliegenden Band:

1. Was ist *Atout Bac* eigentlich?

Atout Bac, „Trumpfas für das Abitur", ist ein abwechslungsreiches Lernprogramm, mit dem Du Dir selbständig all die Kenntnisse und Fertigkeiten aneignest, die Du brauchst, um **französische Originaltexte zu verstehen und zu kommentieren.**
Der vorliegende Band vermittelt Dir Hilfen für das **Erschließen und Resümieren von Texten** verschiedener Textart. Er erweitert das Basiswissen von Band 1 *(„Arbeitshilfen zum Textverständnis")* und unterstützt das Lernprogramm von Band 3 *(„Texte analysieren")*.

2. An wen wendet sich *Atout Bac?*

Grundsätzlich ist ***Atout Bac*** für alle „Fortgeschrittenen" geeignet, die – zusätzlich zum Unterricht – ihre Fähigkeit im **Erschließen, Resümieren** und **Kommentieren** von **französichen Originaltexten** festigen und erweitern wollen. Insbesondere haben wir an alle die Schülerinnen und Schüler gedacht, die nach erfolgreichem Abschluß der Arbeit mit dem Lehrwerk noch so richtig Lust haben, sich mit der Vielfalt französischer Originaltexte vertraut zu machen, und die sich bei dem Erwerb der dazu nötigen Fertigkeiten nicht nur auf den Lehrer und den Unterricht verlassen wollen. Wir haben aber auch an alle die gedacht, die bei ihrem Weg durch die Textkommentar-Klippen inzwischen schon einige Mühe haben und sich gerne durch ein interessantes und stellenweise durchaus unterhaltsames Programm unterstützen lassen möchten.

3. Was bietet Dir nun *Atout Bac 2?*

Der vorliegende Band hilft Dir bei der Lösung von drei zentralen Aufgaben:

a) bei der Erfassung der **Inhalte von Texten verschiedener Textart –**

Du lernst die **besonderen Merkmale von vier verschiedenen Textarten** kennen. Die Kenntnis dieser Merkmale ist eine entscheidende Hilfe beim Gewinnen eines Überblicks über den Inhalt eines Textes. Wir zeigen Dir **textartbezogene Techniken,** mit denen Du Dir schnell einen Überblick über Textinhalte verschaffen kannst.

b) beim **Schreiben eines textartbezogenen Résumé –**

Um über Texte Aussagen zu machen, die das Wesentliche zusammenfassen, brauchst Du ein spezifisches, **nach Textarten unterschiedenes Vokabular.** Dieses Vokabular wird Dir hier in Übersichten vorgestellt, und Du kannst es in variantenreichen Übungen festigen. Ferner haben wir Dir den Weg zum Ziel der Abfassung eines textartbezogenen Résumé jeweils in einzelne Etappen unterteilt. Das **etappenweise Vorgehen** erleichtert Dir die Aneignung der verschiedenen, für ein erfolgreiches Resümieren nötigen Teilfertigkeiten.

c) bei der **Verbesserung Deiner Schreibfertigkeit**

Résumés müssen in sich klar und schlüssig sein. Wir bieten Dir in diesem Band an, Klarheit und Schlüssigkeit Deiner Textproduktion durch eingehende **Übungen zu Techniken der Verkürzung und der Herstellung von Zusammenhängen** zu verbessern.

Wir haben zudem in allen Kapiteln ganz besonders darauf geachtet, Dir sämtliche **Sachverhalte verständlich zu erläutern** und Dir das jeweils benötigte **Sprachmaterial bereitzustellen.** Dazu kommen vielfältige, im Schwierigkeitsbereich sich allmählich steigernde Übungen zu allen wichtigen Teilkenntnissen und -fertigkeiten für eine gründliche Festigung des Gelernten.
Alle Übungen kannst Du mit Hilfe des ausführlichen, „erläuternden" **Lösungsteils** selbständig überprüfen. Nach der Bearbeitung eines Kapitels sollst Du das befreiende Gefühl haben, daß ***ES*** „nun sitzt", d. h. im Langzeitgedächtnis verankert ist.

4. Wie kannst Du mit dem vorliegenden Band arbeiten?

Vorab ein wichtiger Hinweis: Du kannst mit ***Atout Bac 2*** auch dann erfolgreich arbeiten, wenn du ***Atout Bac 1*** nicht gelesen hast! Der vorliegende Band ist unabhängig von einer vorangegangenen Bearbeitung von *Atout Bac 1*. Dies ändert jedoch nichts an den grundsätzlichen Zusammenhängen, die zwischen den drei Bänden bestehen.

Den größten Erfolg wirst Du haben, wenn Du den vorliegenden Band ganz, von vorne nach hinten, durcharbeitest. Am Ende kannst Du dann sicher sein, über alle wichtigen **Kenntnisse** und **Fertigkeiten** zu verfügen, um die **manifesten** (d. h. die offensichtlichen) **Inhalte von Texten verschiedener Textart erschließen** und **zusammenfassen** zu können.
Aber es ist durchaus auch möglich und sinnvoll, nur jeweils einzelne Kapitel zu bearbeiten (z. B. im Zusammenhang mit einer bestimmten Lektüre im Unterricht). Die Kapitel sind voneinander so unabhängig und in sich so abgerundet, daß auch die Bearbeitung eines einzelnen Kapitels (etwa zur Wiederholung von Teilkenntnissen) sehr hilfreich ist.
Wenn Du bestimmte Zusammenhänge noch einmal nachlesen oder bestimmte Sprachkenntnisse noch einmal auffrischen möchtest, kann Dir ein Blick in das **Stichwortverzeichnis** (vgl. S. 205 ff) den Zugriff auf die entsprechenden Kapitel oder Teilkapitel erleichtern. Eine weitere Orientierungshilfe bietet Dir natürlich immer auch das **Inhaltsverzeichnis,** in dem alle Unterkapitel aufgeführt sind.

Und zum Schluß noch ein Hinweis:

Um die Übungen des Buches mehrfach machen zu können, solltest Du Dir eine Klarsichtfolie DIN A4 kaufen, diese halbieren und in Dein Buch einlegen. Die Lösungen der Übungen im Buch schreibst Du dann jeweils mit einem wasserlöslichen Farbstift auf die Folie, überprüfst die Richtigkeit mit Hilfe des Schlüssels und markierst Dir fehleranfällige Stellen danach im Buch.

5. Was bedeuten die einzelnen Zeichen und Symbole?

Alle Zeichen, Symbole und Abkürzungen werden auf der Impressumseite erläutert. Im übrigen begleitet Dich wieder *Pierre* durch die Kapitel des Buches (den ***Ça alors***-Lesern ja bestens bekannt!) und sorgt für die nötige Heiterkeit, Entspannung und Gelassenheit bei der Arbeit, gibt aber auch viele Tips, verrät Tricks und weist auf besonders wichtige Aspekte hin.

So, und nun viel Spaß und Erfolg bei deiner Arbeit mit dem zweiten Band von ***Atout Bac!***

Bonne Chance!

Die Autoren

1. Kapitel

Zusammenhang zwischen Compréhension und bestimmten Textarten

Vielleicht hast du in dem ersten Band von *Atout Bac* schon die grundlegenden Arbeitstechniken zum Verstehen (Compréhension) und Resümieren von Texten kennengelernt. Diese Grundtechniken bieten dir bereits eine solide Hilfe für die Erstellung eines Textkommentars. Aber, wie der Ausdruck Grundtechniken bereits sagt, ist ein Aufbau auf dieser Grundlage notwendig, um der Aufgabe der **Erfassung** und **Wiedergabe** von **manifesten Textinhalten** (d. h. von offensichtlichen, klar erkennbaren, eindeutigen Aussagen eines Textes) gerecht zu werden.
Die auf dieser Grundlage aufbauenden, weiterführenden Arbeitstechniken zur Texterschließung, die wir dir hier anbieten, richten sich nach den unterschiedlichen Textarten, die es gibt, und für die man von dir **Compréhension** verlangen wird.

Der Zusammenhang zwischen Textart und Erschließungshilfe wird sofort deutlich, wenn du dir einzelne Aufgaben / Fragen zum Textverständnis einmal ansiehst:

Es ist offensichtlich, daß sich Aufgaben wie

a) ***Dites brièvement ce qui se passe dans cet extrait.***
(Sagen Sie kurz, was sich in diesem Auszug ereignet.)
oder
b) ***Quels arguments l'auteur avance-t-il à l'appui de sa thèse?***
(Welche Argumente bringt der Autor zur Stützung seiner Behauptung vor?)

auf Texte unterschiedlicher Art beziehen, hier

a) **handlungsorientierter, erzählbarer Text**
b) **argumentierender Text.**

Da die unterschiedlichen Textarten, wie gesagt, unterschiedliche Verfahren der Erschließung verlangen, werden wir in diesem Band auch unsere Arbeitshilfen nach diesen verschiedenen Textarten ordnen.

Du wirst in diesem Band Arbeitshilfen erhalten für das **Erschließen** und **Wiedergeben** der **manifesten Inhalte** von **Texten verschiedener Textart.**

Die „Hilfsmittel" sind nicht immer die gleichen. Sie hängen von der jeweiligen Textart ab.

Aufgaben und Erschließungshilfen zu einem **handlungsorientierten, erzählbaren Text** sehen z. B. anders aus als die Aufgaben und Erschließungshilfen zu einem **argumentierenden Text,** wie die Beispiele a) und b) zeigen.

1. Überblick über verschiedene Textarten

Zur Verdeutlichung der Unterschiedlichkeit von Textarten hier zunächst ein paar Beispiele:

Lies die folgenden Texte und versuche, sie zu verstehen. Es kommt dabei nicht auf jedes einzelne Wort an!

Text 1

D'accord? Pas d'accord?

Le naturisme

• Je suis contre le naturisme, clame Claudine, vingt-sept ans, comptable. Ses adeptes parlent de philosophie, de retour à la nature. Mais il y a belle lurette que les hommes ne vivent plus à l'état naturel. Les vêtements font partie du confort et de la civilisation. Vous avouerez quand même que porter un petit maillot de bain, ce n'est pas bien gênant! Surtout qu'aujourd'hui, ils ne sont pas très encombrants. Montrer son sexe publiquement, pour moi, c'est de l'exhibitionnisme. Le sexe doit être réservé à l'intimité, à l'amour. Le banaliser, c'est détruire une part de secret nécessaire à l'épanouissement de l'érotisme.

(aus „Femme actuelle")

Vocabulaire:
naturisme – Freikörperkultur; clamer – hinausrufen; comptable – Buchhalterin; adepte – Anhänger; il y a belle lurette – es ist schon lange her; avouer – zugeben; gênant – behindernd, einengend; encombrant – platzraubend; sexe – Geschlechtsteile; épanouissement – Aufblühen, Entfaltung

Text 2

METEO

Aujourd'hui du très mauvais temps va arriver par l'Ouest. Le matin, il fera pourtant souvent beau, même si les brouillards seront nombreux. Mais il va commencer à pleuvoir fort en matinée sur la Bretagne avec beaucoup de vent.

Ces fortes pluies et ce vent, parfois violent vont très vite s'étendre à presque tout le pays : en fin de journée, seules seront encore épargnées les régions méditerranéennes, les Alpes et le nord-est.

(aus „Liberation")

Vocabulaire:
brouillard – Nebel; s'étendre – sich ausbreiten; être épargné – verschont werden

Text 3

(((((Animaux)))))

Pigeons : ne les nourrissez pas!

Les pigeons trouvent suffisamment à manger dans les rues et près des marchés. Pour la propreté des villes, on ne peut encourager leur surpopulation. Les pigeons sont aussi porteurs de parasites. Lorsqu'ils se multiplient trop, des équipes spécialisées en capturent un grand nombre pour les envoyer à la campagne.

(aus „Okapi")

Vocabulaire:
pigeon – Taube; nourrir – ernähren; propreté – Sauberkeit; encourager – ermutigen; surpopulation – Überbevölkerung; se multiplier – sich vermehren; équipe – Mannschaft; capturer – fangen

Text 4

Trahi par la canicule

En visite par une température de 33° à l'ombre, dans une maison de Bessens (Tarn-et-Garonne), un cambrioleur n'a pu résister à la tentation d'une bonne douche bien fraîche. Laissant sa pince-monseigneur, il s'est déshabillé et s'est glissé avec délice dans la salle de bains. Il y serait probablement encore si les propriétaires de la maison n'étaient rentrés inopinément. Surpris dans le plus simple appareil, Joseph Businard, vingt-quatre ans, sans profession ni domicile fixe, n'a plus eu qu'à se rhabiller. Accompagné par ses victimes chez les gendarmes, il ne sera poursuivi que pour violation de domicile. Accablé par la chaleur, en effet, il n'avait pas encore commencé à «travailler».

(aus „Le Parisien")

Vocabulaire:
trahi – verraten; canicule – Hundsstern (Hundstage); cambrioleur – Einbrecher; tentation – Versuchung; pince-monseigneur – Brechstange; délice – Wonne, Lust; inopinément – unvermutet; rhabiller – wieder anziehen; poursuivi – verfolgt; violation de domicile – Einbruch; accablé – niedergedrückt

Ü 1

Und nun: **Prüfe deine Lesefrüchte:**

Notiere zu den folgenden Aussagen den dazugehörigen Text und „richtig" (**r**) oder „falsch" (**f**) – z. B.: **T 1/r**.

_______________ En fin de journée, il fera beau temps.

_______________ Il faut nourrir les pigeons.

_______________ Le cambrioleur a pris une douche.

_______________ Les hommes ne vivent plus à l'état naturel.

_______________ Le cambrioleur a ouvert l'armoire avec sa pince-monseigneur.

_______________ Le naturisme est bon pour l'épanouissement de l'érotisme.

R 1

Um die Textart eines Textes zu bestimmen, solltest du bei der Lektüre die Frage stellen:

Was tut der Autor vor allem?

Mögliche Antworten: **erzählen / beschreiben / kritisieren / empfehlen / erläutern / ...**

Nachdem du die Texte überflogen und einen ersten Eindruck von ihnen gewonnen hast, wirst du ohne Schwierigkeiten feststellen können, daß die **Autoren** in den verschiedenen Texten ganz **Unterschiedliches tun.**

Ü 2

Wir machen dir hier nun einige Aussagevorschläge zu dem, was die **Autoren** der verschiedenen Texte vor allem **tun** wollen, und du entscheidest, auf welchen Text der jeweilige Vorschlag zutrifft:
Der Autor in Text ...

_______________ will vor allem etwas **erzählen.**

_______________ will vor allem über etwas **informieren** / etwas **erläutern.**

_______________ will vor allem zu einem konkreten Verhalten **auffordern.**

_______________ will vor allem **kritisch, wertend seine Meinung äußern.**

Eine richtige Zuordnung wird dir sicher nicht schwerfallen.

2. Festlegung auf vier Textarten

Vorbemerkung:

Die Zuordnung von Texten zu bestimmten Textarten ist leider nicht immer ganz klar und eindeutig. So will **T 4** zwar vor allem etwas **erzählen,** aber natürlich dabei den Leser auch über etwas **informieren. T 3** will vor allem zu einem konkreten Verhalten **auffordern,** aber auch Kritik und Wertung **äußern** sowie **Argumente vorbringen** – wie **T 1** auch!

Diese Schwierigkeiten eindeutiger Zuordnung bestehen zwar, aber sie brauchen uns bei unserem Unternehmen nicht sonderlich zu bekümmern. Denn – die Unterscheidung nach Textarten ist für uns hier ja nur insofern von Bedeutung, als man dir zu unterschiedlichen Textarten im Unterricht und bei den Klausuren unterschiedliche Aufgaben der Verständniskontrolle stellen wird.

Du mußt also die Textart meist nicht selbst bestimmen, sondern erkennst sie aus der Art der Aufgabenstellung.

Zur Lösung dieser Aufgaben bieten wir dir hier die entsprechenden Hilfen an. Deine Aufgabe ist es dabei, dich mit der Erschließung von Texten unterschiedlicher Textart vertraut zu machen.

Beispiele zur Verdeutlichung:

Bei **handlungsorientierten Texten** (wie dem **Text 4**) mußt du dich mit **Personen** und **Handlungsabläufen** befassen,

bei **argumentierenden Texten** (wie dem **Text 1**) mußt du dich mit **Argumentations-** und **Begründungszusammenhängen** befassen

und dir immer das jeweils unterschiedliche **Vokabular** für den **Textkommentar** aneignen.

Bei der Einführung in die Arbeitshilfen zur **Compréhension** unterscheiden wir im folgenden zwischen vier verschiedenen Textarten:

1. Texte, die erzählbar sind, die vor allem Handlungszusammenhänge verdeutlichen: **Handlungsorientierte Texte**
2. Texte, die über etwas informieren, etwas beschreiben, erläutern: **Beschreibend-informierende Texte**
3. Texte, die wertend Stellung nehmen, kritisch eine Meinung äußern, überzeugen sollen: **Expressiv-argumentierende Texte**
4. Texte, die zu einem bestimmten konkreten Verhalten auffordern: **Appellierende Texte**

Zusammenfassung · Zusammenfassung · Zusammenfassung

- **Unterschiedliche Textarten** führen im Unterricht und in den Klausuren zu **unterschiedlicher Aufgabenstellung,** um das **Textverständnis (Compréhension)** zu überprüfen.
- Zur Lösung der unterschiedlichen Aufgaben brauchst du **unterschiedliche Hilfen,** die du in diesem Buch kennenlernen und üben kannst.
- Bei unseren Arbeitshilfen in diesem Buch unterscheiden wir **vier Textarten:**

1. **Handlungsorientierte Texte:** ***textes événementiels***
2. **Beschreibend-informierende Texte:** ***textes descriptifs***
3. **Expressiv-argumentierende Texte:** ***textes d'opinion***
4. **Appellierende Texte:** ***textes d'appel***

3. Übung zum Bestimmen der Textart

Überfliege zunächst die folgenden Texte und versuche, sie zu verstehen. Es kommt dabei nicht auf jedes einzelne Wort an!

Text 5

DOUCEMENT, LE WALKMAN!

De la musique plein la tête, partout où on veut, et sans gêner personne : oui c'est vraiment sympa, le walkman, le «baladeur musical», comme on dit en français.
Sympa, c'est sûr !... mais c'était trop bon: les médecins ont trouvé que cela pouvait être dangereux. D'après eux, le baladeur fatigue l'oreille. Entre autres, il agit sur le centre de l'équilibre qui se trouve dans l'oreille interne : cela peut provoquer une sorte de mal de mer. N'allez quand même pas le jeter, votre pauvre baladeur ! Mais utilisez-le avec bon sens : quand vous l'avez écouté pendant deux heures, reposez vos oreilles pendant deux heures en écoutant le vent, la pluie sur les carreaux... ou la radio !

(aus „Okapi")

Vocabulaire:

gêner – stören; baladeur – Bummler; centre de l'équilibre – Gleichgewichtszentrum; mal de mer – Seekrankheit; carreau – Fensterscheibe

Text 6

La personnalité forme un ensemble d'habitudes...

Qu'est-ce donc que la personnalité? Cette notion de base en psychologie du caractère n'est pas facile à définir tant elle doit tenir compte de nombreux facteurs. Car tout ce qui a contribué à notre formation, depuis la conception jusqu'à la mort, y joue un rôle. Il semble que le rôle le plus important provienne de notre bagage génétique : la personnalité doit beaucoup à notre hérédité. Mais une part importante provient aussi du milieu social au sein duquel nous avons grandi. Beaucoup de circonstances extérieures se sont montrées favorables ou défavorables à l'épanouissement de nos dons, de nos aptitudes innées. Bref, tout ce qui a entouré notre développement physique et psychique nous a conféré une personnalité qui guide nos réactions et nos comportements.

(Auszug aus „15 tests pour connaître les autres", Françoise und Michel Gauquelin)

Vocabulaire:

notion de base – Grundbegriff; tant – so sehr, dermaßen; tenir compte de – berücksichtigen; contribuer à – beitragen zu; conception – Empfängnis; provenir de – herkommen, herstammen; bagage génétique – Erbgepäck, Erbgut; hérédité (f) – Erblichkeit; au sein de – im Schoße von; épanouissement (m) – Entfaltung; le don – die Gabe; aptitude innée – angeborene Fähigkeit; conférer – verleihen

Text 7

Sur les bords du Doubs, à douze kilomètres de Besançon, mercredi soir, Tony pêche en compagnie de ses parents. Un faux pas, l'enfant glisse sur la berge. La rivière est profonde à cet endroit, et Tony ne sait pas nager. Devant ses parents impuissants, il coule à pic. Grâce à une patrouille de gendarmerie qui passait par-là, l'alerte est immédiatement donnée.

Une équipe de plongeurs des sapeurs-pompiers de Besançon repêche l'enfant en quarante-cinq secondes. Mais Tony ne respire plus, il s'est noyé. Pourtant, à force de massage cardiaque et de bouche à bouche, les sauveteurs font peu à peu revenir la vie dans le petit corps transi. Le sergent-chef Meric, l'un des plongeurs qui ont participé à ce sauvetage étonnant, n'en est toujours pas revenu : « C'est un cas exceptionnel, un vrai miracle... »

E. M.

(aus „Le Parisien")

Vocabulaire:
le Doubs – rivière de France et de Suisse; pêcher – angeln; berge – Uferböschung; couler à pic – untergehen; alerte (f) – Alarm; plongeur – Taucher; sapeurs-pompiers – Feuerwehr; se noyer – ertrinken; massage cardiaque – Herzmassage; sauveteur – Retter; transi – erstarrt; revenir de – sich erholen von

Text 8

• Un mineur peut-il se marier sans le consentement de ses parents?

Non, absolument pas. Le père ou la mère doit donner son consentement. Si le mineur est orphelin, c'est l'un de ses grands-parents qui doit donner son consentement ou le conseil de famille. Ce consentement est donné, soit verbalement lors de la cérémonie, soit par acte authentique (signé devant notaire ou officier d'état civil). Il peut être rétracté tant que le mariage n'a pas eu lieu.

(aus „Femme actuelle")

Vocabulaire:
mineur – Minderjähriger; consentement – Zustimmung; orphelin – Waise; conseil de famille – Familienrat; rétracter – zurücknehmen, zurückziehen; tant que – solange

Ü 3

Ordne nun die Texte den auf **Seite 12** angegebenen Textarten zu! Vorsicht! Es muß nicht jede Textart vertreten sein!

1. **T 5** gehört zu den .... Texten.
2. **T 6** gehört zu den .... Texten.
3. **T 7** gehört zu den .... Texten.
4. **T 8** gehört zu den .... Texten.

Doucement, le walkman...

2. Kapitel

Handlungsorientierte Texte (textes événementiels)

Handlungsorientierte Texte sind dir schon seit deiner Kindheit bekannt, denn **Märchen, Romane, Kurzgeschichten** gehören ebenso zu dieser Textart wie **Comics, Hörspiele** oder **Dramen.** Du wirst dich also in diesem Kapitel mit einer ganz zentralen Textart beschäftigen, auf die du auch im Französischunterricht immer wieder treffen wirst.

Wir wollen dir nun Hilfen geben, wie du möglichst sicher zu einem **Résumé handlungsorientierter Texte** gelangst. Dabei wirst du zunächst erfahren

1. woran du **handlungsorientierte Texte erkennen** und
2. **wie** du ihre besonderen **Merkmale** für die **Erschließung ihrer manifesten Informationen,** d. h. ihrer offensichtlichen, klar erkennbaren, eindeutigen Aussagen, und für die **Erstellung** eines **Résumé** nutzen kannst.
3. Anschließend werden wir dich näher mit den **sprachlichen Mitteln** vertraut machen, die dir bei der **Abfassung des Résumétextes** in der Fremdsprache helfen sollen.

1. Woran du handlungsorientierte Texte erkennst:

Damit wir eine gemeinsame Grundlage für die folgenden Überlegungen haben, wollen wir dir zunächst einen Erzähltext aus *„Le Monde"* vorstellen, den du, solltest du das Kapitel 3 in **Atout Bac, 1** bereits einmal durchgearbeitet haben, wiedererkennen wirst.

Text 1

Vingt-trois otages[1]) et deux policiers neutralisés au cours d'un hold-up[2]) à Poitiers

Vingt-trois personnes ont été prises en otage, mercredi 2 avril, par quatre malfaiteurs[3]), au cours d'un hold-up à la Banque populaire de Touraine et du Haut-Poitou à Poitiers. Peu

Vocabulaire:
[1]) otage – Geisel [2]) hold up – bewaffneter Raubüberfall [3]) malfaiteur – Verbrecher

après midi, les quatre hommes sont entrés un à un dans la banque située place Général-Leclerc en plein centre-ville.
Au moment où ils neutralisent[4]) les clients et le personnel présents au rez-de-chaussée et au premier étage de l'établissement, un employé a actionné[5]) le signal d'alarme relié[6]) au commissariat. Répondant à l'alerte[7]), une voiture de police est arrivée rapidement devant la banque. Mais les malfaiteurs ont désarmé[8]) les deux policiers au moment où ils sont entrés dans la banque. Ils ont ensuite conduit leurs otages – vingt-trois personnes en tout – dans la salle des coffres[9]), au sous-sol, puis forcé un employé à ouvrir celui de la banque. Au total, le butin[10]) s'élève à 850.000 francs.
Les quatre hommes, qui ont agi en «professionnels» selon les témoins[11]), ont quitté la banque, vingt minutes après leur entrée, sans attirer l'attention du policier resté dans sa voiture, garée à une trentaine de mètres de là, mais derrière un arrêt de bus qui lui masquait la vue[12]). Celui-ci n'a compris qu'il s'agissait d'un hold-up qu'à l'arrivée de collègues alertés par les otages qui s'étaient libérés entre-temps.

(nach einem Artikel aus „Le Monde")

Vocabulaire:
[4]) neutraliser – in Schach halten, außer Gefecht setzen [5]) actionner – betätigen [6]) relier – verbinden [7]) alerte – Alarm [8]) désarmer – entwaffnen [9]) salle des coffres – Schließfachraum [10]) butin – Beute [11]) témoin – Zeuge [12]) masquer la vue – die Sicht versperren

Hier noch einige zusätzliche Wörter, die sich zwar nicht im Text selbst befinden, die du aber im Hinblick auf die Thematik kennen solltest:
le bandit – Räuber; le gangster – Gangster; le crime – Verbrechen: commettre un crime – ein Verbrechen begehen; l'intervention de la police – Einschreiten der Polizei; emporter une somme de… – eine Summe von… mitnehmen

Dieser Text weist eine Reihe typischer Merkmale auf, die du in anderen handlungsorientierten Texten in ähnlicher Form wiederfinden wirst. Er berichtet über

- **Personen** *(quatre malfaiteurs, 23 otages, un employé, trois policiers . . .)*
- **Handlungen** *(commettre un hold-up, alarmer la police, désarmer les policiers, emporter 850.000 francs . . .)*
- **Umstände,** unter denen die Personen gehandelt haben, genauer:
  - **Zeit** *(mercredi 2 avril)*
  - **Ort** *(une banque à Poitiers)*
  - **Motive** *(voler de l'argent . . .)*
  - **Art und Weise** *(prendre des otages, forcer un employé à ouvrir le coffre . . .)*

In einem handlungsorientierten Text mußt du also zunächst einmal auf die

Personen

achten, von denen der Autor berichtet. Sie **setzen Handlungen in Gang,** sind von Handlungen **betroffen, leiden** unter ihnen und anderes mehr.

Übrigens:

Personen in einem handlungsorientierten Text müssen keinesfalls immer menschlicher Natur sein, sondern können auch, z. B. in Märchen oder Fabeln, personifizierte Tiere, Pflanzen oder sogar Gegenstände sein, die anstelle von Menschen tätig sind.

Auf das engste verbunden mit den Personen sind die von ihnen ausgehenden

Handlungen.

Ihre Abfolge bildet das eigentliche Gerüst des handlungsorientierten Textes. Deshalb nennen wir das Résumé dieser Texte auch

Handlungsablaufbericht / Résumé (HAB/R).

In einem solchen **HAB/R** gibst du nur das Geschehen in seinem logischen und zeitlich richtigen Ablauf wieder, z. B.: die Polizei wird alarmiert, sie kommt, die Beamten werden entwaffnet . . . usw.
Du fragst jetzt noch nicht nach der Bedeutung der Handlungen – das geschieht erst in dem später folgenden Schritt der Analyse.

Wichtig für das Verständnis handlungsorientierter Texte sind für dich schließlich noch die

Umstände,

unter denen die Personen gehandelt haben. Damit meinen wir z. B. **Ort** und **Zeit** einer Handlung, die offensichtlichen **Motive** der Personen sowie die **Art und Weise,** wie die Handlungen verwirklicht werden. Erst durch die Mitteilung dieser **Umstände,** und seien die Informationen auch noch so spärlich, gelingt es uns, die Handlungen der Personen richtig in unseren Erfahrungshorizont einzuordnen.

Zusammenfassung · Zusammenfassung · Zusammenfassung

Halten wir fest:

Handlungsorientierte Texte lassen sich daran erkennen, daß in ihnen

- von **Personen**
- **Handlungen**
- unter bestimmten **Umständen**

ausgehen.

Ü 1

Nach diesen theoretischen Überlegungen wollen wir dir in einer ersten kurzen Übung die Möglichkeit geben, dein Auge für handlungsorientierte Texte etwas zu schärfen. Überfliege schnell die folgenden Textausschnitte und trage die Nummer derer ein, für die die eben genannten Kriterien zutreffen. Wir haben die Texte absichtlich nicht mit Vokabelhilfen versehen, weil du für die Bewältigung dieser Übung nicht jedes einzelne Wort verstanden haben mußt.

Text 2

PALAIS-ROYAL

Le Palais. – La façade qui donne sur la place du Palais-Royal comprend un corps central et deux ailes en retour. Elle est sobrement ornée de trophées d'armes et de figures allégoriques sculptées au 18e s. par Pajou. (...)

(aus dem „Guide Michelin")

Text 3

Vermenton: Alain (16 ans) n'a pas survécu

Vermenton. – Vendredi après midi, alors que dans la localité, se déroulait la course cycliste, un groupe de jeunes copains, de 16 à 25 ans, habitant Chevannes, se détendait dans le parc municipal des îles de Vermenton. La chaleur intense de cet après-midi incitait à mettre les pieds au frais dans la Cure.

Jouant en sautant d'un bloc de pierre sur l'autre, ils avaient déjà traversé plusieurs fois lorsque l'un d'eux, Alain Soucé, 16 ans, glissa, vers 20 h 35, sur une masse recouverte de mousse d'eau. (...)

(aus „L'Yonne Républicaine")

Text 4

L'«amitié» franco-allemande

Parler ici d'«amitié», c'est vouloir, semble-t-il, masquer la complexité des rapports entre nos deux pays. Au risque de choquer, je voudrais définir ces rapports à l'aide du joli mot allemand „Hassliebe" (littéralement: haine-amour). C'est là un terme qui correspond plutôt bien à cette espèce d'attirance, et de rejet à la fois, que nous paraissons éprouver les uns envers les autres. (...)

(aus „Le Monde")

Text 5

La Cigale et la Fourmi

La Cigale, ayant chanté
  Tout l'Eté,
Se trouva fort dépourvue
Quand la bise fut venue.
Pas un seul petit morceau
De mouche ou de vermisseau.
Elle alla crier famine
Chez la Fourmi sa voisine,
La priant de lui prêter
Quelque grain pour subsister
Jusqu'à la saison nouvelle.
Je vous paierai, lui dit-elle,
Avant l'Oût, foi d'animal,
Intérêt et principal.
La Fourmi n'est pas prêteuse;
C'est là son moindre défaut.
«Que faisiez-vous au temps chaud?
Dit-elle à cette emprunteuse.
– Nuit et jour à tout venant
Je chantais, ne vous déplaise.
– Vous chantiez? j'en suis fort aise.
Eh bien! dansez maintenant.»

(von Jean de la Fontaine)

Handlungsorientierte Texte sind: Text Nr. ....

Text 6

Une princesse à marier

Il était une fois un roi qui avait très mauvais caractère. Il passait son temps à faire la guerre et à perdre les batailles. A chaque bataille perdue, il perdait un bout de son royaume. A la fin, il ne lui restait plus qu'un château à moitié en ruines avec une tour de bois, parce que la tour de pierre s'était écroulée (...)

(aus „Techniques du Français")

Text 7

Et le féminisme?

MARGUERITE YOURCENAR – Je suis contre le particularisme de pays, de religion, d'espèce. Ne comptez pas sur moi pour faire du particularisme de sexe. Je crois qu'une bonne femme vaut un bon homme; qu'une femme intelligente vaut un homme intelligent. C'est une vérité simple. (...)

(aus „Les Yeux Ouverts")

2. *Wie dir die Merkmale handlungsorientierter Texte bei der Erschließung helfen können:*

Um die **manifesten Informationen** eines handlungsorientierten Textes herauszuarbeiten, solltest du die oben erläuterten **Merkmale** zur Grundlage für Fragen nehmen, die du an den Text stellst:

→ Merkmal **Personen:**	Welche Personen handeln, oder ganz einfach: **Wer** ist aktiv?
→ Merkmal **Handlungen:**	Welche Handlungen unternehmen diese Personen, oder: **Was** machen die Personen?
→ Merkmal **Umstände:**	Unter welchen Umständen laufen diese Handlungen ab, oder: **Wann** / **Wo** / **Warum** / **Wie** } machen die Personen etwas?

Wie dir vielleicht aufgefallen ist, beginnen die kurzen Fragewörter alle mit einem **„W"**. Deshalb sprechen wir auch von

„W-Fragen",

mit deren Hilfe du dir die inhaltliche Struktur eines handlungsorientierten Textes klarmachen kannst.

Damit du eine bessere Übersicht über die Informationen bekommst, die dir der Text in seinen Antworten auf die **W-Fragen** liefert, ist es sinnvoll, diese Informationen in ein **tabellarisches Raster** einzutragen.

Rastermodell:

Personen	Handlungen	Umstände

Dieses grobe Raster mit drei Spalten bietet dir einen schnellen Zugriff auf die wesentlichen Textinhalte und stellt ausgefüllt zugleich die Grundlage für deinen **HAB/R** dar. Du solltest diese knappe Form immer dann benutzen, wenn du nur wenig Zeit zur Verfügung hast und wenn der Text, von dem du einen **HAB/R** anfertigen willst, nicht zu lang und nicht zu kompliziert ist.

Probieren wir das Raster an einem kleinen Zeitungsartikel aus, damit du siehst, wie du damit arbeiten kannst.

Quatre morts en Côte-d'Or

Beaune. — Parce qu'ils voulaient, après s'être arrêtés, rattraper des parents qui les précédaient en voiture, quatre jeunes automobilistes ont trouvé la mort, samedi, à l'entrée du village de Bligny-lès-Beaune.

La BX dans laquelle ils se trouvaient, lancée, selon les témoins, à 140 ou 150 km/h, n'a pu négocier un léger virage à l'entrée de la commune et s'est écrasée contre le pilier d'un portail. Sous la violence du choc, trois des occupants ont été éjectés du véhicule.

Le conducteur, Pierre Ursini, 30 ans, demeurant à Chalon-sur-Saône, et trois passagers, Laurent Thévenin, 17 ans, son frère, David, 16 ans, tous deux domiciliés en Côte d'Ivoire, et Philippe Besseyre, 22 ans, de Chalon-sur-Saône également, ont été tués sur le coup.

(aus „L'Yonne Républicaine")

Vocabulaire:
Côte d'Or – Département in Burgund; rattraper qn – jdn einholen; précéder – voranfahren; BX – Citroën BX; lancer – beschleunigen; témoin – Zeuge; négocier un virage – eine Kurve nehmen; s'écraser contre le pilier d'un portail – gegen den Pfeiler eines Portals prallen; occupant – Beifahrer; être éjecté, e du véhicule – aus dem Fahrzeug geschleudert werden; demeurer – wohnen; domicilié, e à – wohnhaft in; Côte d'Ivoire – (Elfenbeinküste); sur le coup – sofort

Das ausgefüllte Raster sieht dann wie folgt aus:

Raster 1

Personen *(les personnages)*	**Handlungen** *(les actes)*	**Umstände** *(les circonstances)*
quatre jeunes hommes	suivent des parents en voiture	un samedi après un arrêt, en Côte d'Or, pour rattraper ces parents, en roulant excessivement vite
	ont un accident de voiture	à l'entrée d'un village, à cause d'un excès de vitesse; en ne pouvant plus prendre un virage, en heurtant un pilier
	sont morts	tout de suite après l'accident, sous la brutalité du choc

Ü 2

Nun sollst du selbst einmal üben, mit dem Raster umzugehen. Lies dir dazu den folgenden Artikel gut durch und fülle anschließend das Raster aus. (Übertrage das Raster von S. 20 am besten in dein Arbeitsheft oder sogar auf einen DIN A4-Block.)
Um dir die Aufgabe nicht zu schwer zu machen, haben wir dir alle notwendigen Elemente für die jeweiligen Spalten ungeordnet vorgegeben.

Hold-up et prise d'otage dans le Var

Cinq individus armés de pistolets automatiques et de fusils, ont commis un hold-up jeudi vers 15 h 45 au préjudice du Crédit Agricole d'Aups dans le Var.

Au moment où les malfaiteurs sortaient de la banque, deux gendarmes s'approchaient de l'Estafette à bord de laquelle ils avaient l'intention de prendre la fuite.

Un instant déconcertés, les cinq malfaiteurs rentrèrent alors à nouveau dans la banque où ils prenaient le directeur en otage.

Ils ont pris la fuite à bord d'une BMW appartenant à l'un des employés de la banque. L'otage a été relâché

(aus „France Soir“)

Vocabulaire:
le Var – Departement im Südosten Frankreichs; fusil – Gewehr; au préjudice de – zum Nachteil von; Aups – Dorf im Var; Estafette – hier: Lieferwagen; déconcerter qn – jdn stören; prendre qn en otage – jdn als Geisel nehmen; relâcher qn – jdn freilassen

Elemente für das Raster: un jeudi après-midi – relâchent l'otage – avec des armes – à cause de l'arrivée de deux policiers – s'enfuient – en prenant le directeur en otage – cinq gangsters – une banque dans un village du Var – pendant la fuite – pour voler de l'argent – commettent un hold-up – en s'emparant d'une BMW.

Wenn aber nun die Texte länger und komplizierter werden, solltest du, um einen besseren Überblick für deinen späteren **HAB/R** zu bekommen, die **Spalte „Umstände“** noch in die **vier W-Fragen unterteilen,** die dir genauere Auskunft über die Handlungsumstände geben:

Wann	passieren die Handlungen?
Wo	passieren sie?
Warum	passieren sie?
Wie	laufen sie ab?

Am Beispiel unseres Eingangstextes (Text 1) kannst du jetzt sehen, wie differenziert ein solches Raster mit sechs Spalten dich über den Inhalt des Artikels informiert. Dabei wirst du nicht bei sämtlichen Handlungen jede Frage beantwortet finden, weil einfach nicht immer beispielsweise die Gründe oder die Art und Weise ausdrücklich im Text genannt sind.

Raster 2

Personen *(les personnages)*	**Handlungen** *(les actes)*	**Umstände** *(les circonstances)*			
Wer handelt? ***Qui?***	**Was** machen die Personen? ***Quoi?***	**Wann** passieren die Handlungen? ***Quand?***	**Wo** passieren sie? ***Où?***	**Warum** passieren sie? ***Pourquoi?***	**Wie** laufen sie ab? ***Comment?***
quatre bandits	commettent un hold-up	un mercredi après midi, pendant 20 minutes	dans une banque au centre de Poitiers	pour emporter l'argent de la banque	en entrant l'un après l'autre; en gardant les clients et le personnel comme otages; en s'enfuyant
un employé de la banque	alarme la police				en actionnant le signal d'alarme
deux policiers	sont désarmés	juste après leur arrivée			par les bandits
un troisième policier, resté dans sa voiture	ne se rend pas compte du crime		près de la banque	parce qu'un arrêt de bus lui bouche la vue sur la banque	
d'autres agents de police	arrivent	après la disparition des gangsters	à la banque	parce que les otages ont déclenché une nouvelle fois l'alarme	

Vielleicht erscheint dir der Aufwand eines solchen Rasters zu hoch? Nun, wenn du dich im Umgang mit Texten bereits sehr sicher fühlst, kannst du auf diese vorbereitende Arbeit verzichten.

Doch solltest du nicht vergessen, daß die hier investierte Mühe und Zeit nicht verloren sind – übrigens auch in einer Klausur nicht! –, denn, wie du gleich sehen wirst, kannst du den **HAB/R** mit Hilfe des ausgefüllten Rasters ohne große Mühe erstellen.

Ein solches Raster ist mit anderen Worten

ein strukturiertes Stichwortkonzept,

das deine Textproduktion stützt und leitet.

Sehen wir uns das näher an einem Beispiel-**HAB/R** zu unserem Eingangstext (Text 1) an, zu dem wir dir gerade das Raster vorgestellt haben. Die Informationen, die wir wörtlich oder leicht verändert aus dem Raster entnommen haben, sind im **HAB/R fett**gedruckt.

Dans cet article de journal, paru dans LE MONDE, il s'agit d'**un hold-up dans une banque du centre de Poitiers,** au cours duquel **quatre bandits emportent la somme de 850.000 francs. Entrés l'un après l'autre,** les gangsters neutralisent d'abord **les clients et le personnel, 23 personnes au total, en les gardant comme otages. Deux policiers, alertés par un employé de la banque, sont désarmés juste après leur arrivée.** Après avoir obtenu d'un employé de la banque tout l'argent liquide disponible, **les quatre hommes s'enfuient sans être aperçus par un troisième agent de police, resté dans sa voiture; un arrêt de bus lui bouche la vue sur la banque.** Voilà pourquoi **il ne se rend compte du crime qu'à l'arrivée d'autres policiers, alarmés par les otages après la disparition des gangsters.**

Mit Ausnahme von zwei Informationen, dem Einleitungssatz und den notwendigen Verknüpfungwörtern findest du das Raster komplett in dem **HAB/R** wieder. Es lohnt sich also, vor dem Schreiben zu „rastern".

Halten wir an dieser Stelle zusammenfassend fest, was du bisher zur Erschließung handlungsorientierter Texte kennengelernt hast:

Zusammenfassung · Zusammenfassung · Zusammenfassung

1. Die typischen **Merkmale** handlungsorientierter Texte sind, daß

   Personen

   Handlungen

   unter bestimmten **Umständen** verwirklichen.

   Sie nimmst du als Ausgangspunkt für drei grundsätzliche Fragen an den Text:

Welche Personen handeln?	**Wer?**	**Qui?**
Welche Handlungen unternehmen diese?	**Was?**	**Quoi?**
Unter welchen Umständen laufen die Handlungen ab?	**Wann?**	**Quand?**
	Wo?	**Où?**
	Warum?	**Pourquoi?**
	Wie?	**Comment?**

2. Die **Antworten,** die dir der Text liefert, trägst du in ein Raster ein. Bei einfachen, kürzeren Texten, oder wenn du nur wenig Zeit hast, unterteilst du dieses Raster in nur drei Spalten:

Personen	**Handlungen**	**Umstände**

ansonsten siehst du für jede der sechs **W-Fragen** eine eigene Spalte vor:

Wer? *Qui?*	**Was?** *Quoi?*	**Wann?** *Quand?*	**Wo?** *Où?*	**Warum?** *Pourquoi?*	**Wie?** *Comment?*

3. Das ausgefüllte Raster stellt die Grundlage für deinen **HAB/R** dar. Hinzukommen noch der Einleitungssatz und die Satzverknüpfer (siehe hierzu auch Kap. 6, S. 184 ff.)

Ü 3

An einem weiteren Zeitungsartikel kannst du jetzt, gelenkt durch einige Hilfen, die wir dir geben, selbst das Raster mit den **W-Fragen** und den darauf aufbauenden **HAB/R** üben. Doch zunächst einmal der Text, an dem du arbeiten sollst:

Pour échapper[1]) aux policiers, David (16 ans) se tue[2]) au volant[3]) d'une voiture volée

Un lycéen de seize ans qui avait volé une voiture pour rendre visite à un camarade à Herblay (Val-d'Oise), a perdu le contrôle du véhicule[4]) et s'est tué, lors[5]) d'une course-poursuite[6]) avec une voiture de patrouille du commissariat local.
David P..., un adolescent sans problème et qui suivait une scolarité[7]) normale dans un établissement des Hauts-de-Seine, fils d'un gardien de la paix[8]), n'avait pu résister au désir d'«épater»[9]) son copain. Il avait volé une Peugeot 305 dans un garage de Boulogne et regagnait son domicile[10]), vers 2 h 30 du matin, quand il commit l'imprudence[11]) de griller un feu rouge[12]) devant une voiture de patrouille.
Immédiatment, le véhicule de police démarra[13]), gyrophare[14]) allumé, et une course-poursuite s'engagea[15]) dans les rues d'Herblay. Pendant trois kilomètres, le jeune homme fit l'impossible pour échapper à ses pour-suivants: stops non respectés, nouveaux feux grillés, vitesse excessive. Les deux voitures étaient distantes d'environ deux cents mètres quand le drame s'est produit[16]).
Le garçon n'avait pas de papiers d'identité sur lui et il a fallu plusieurs heures pour l'identifier.

Vocabulaire: (aus „Le Parisien")
[1]) échapper à – entkommen [2]) se tuer – tödlich verunglücken [3]) au volant – am Steuer [4]) véhicule – Fahrzeug [5]) lors de – während, bei [6]) course-poursuite – Verfolgungsjagd [7]) scolarité – Schulzeit [8]) gardien de la paix – Pariser Polizist [9]) épater qn – verblüffen [10]) regagner son domicile – nach Hause zurückfahren [11]) commettre une imprudence – eine Unvorsichtigkeit begehen [12]) griller un feu rouge – eine rote Ampel überfahren [13]) démarrer – losfahren [14]) gyrophare – Blaulicht [15]) s'engager – beginnen [16]) se produire – sich ereignen

Für das Raster geben wir dir wieder einige Elemente vor, andere findest du bereits eingetragen:

> Elemente für das Raster: pour surprendre son ami – ayant perdu le contrôle de sa voiture – en retournant chez lui vers 2 h 30 du matin – essaie d'échapper à la police – en roulant très vite – un lycéen de 16 ans – dans le département du Val-d'Oise – pendant la course-poursuite

Personen *(les personnages)*	**Handlungen** *(les actes)*	**Umstände** *(les circonstances)*			
Wer handelt? ***Qui?***	**Was** machen die Personen? ***Quoi?***	**Wann** passieren die Handlungen? ***Quand?***	**Wo** passieren sie? ***Où?***	**Warum** passieren sie? ***Pourquoi?***	**Wie** laufen sie ab ***Comment?***
— . . . —	rend visite à un ami	une nuit	— . . . —	— . . . —	en volant une voiture
	— . . . —	— . . . —	sur la route	faute d'avoir respecté un feu rouge devant un véhicule de police	— . . . —
	se tue au volant de la Peugeot	— . . . —		— . . . —	

Ü 4

Jetzt versuche selbst, den noch unfertigen **HAB/R** mit Hilfe des ausgefüllten Rasters zu vervollständigen.
Ein bißchen überlegen solltest du dabei schon und darauf achten, daß jeder Satz für sich und alle Sätze untereinander einen Sinn bekommen, der dem des Originaltextes entspricht. Zieh also immer wieder den Zeitungsartikel zu Rate.

Dans ce texte, paru dans «Le Parisien», il s' agit d'un accident de voiture mortel d' . . . dans le . . . . L'auteur raconte d'abord qu' . . . , le jeune homme, pour . . . , lui rend visite dans une voiture volée à Boulogne. Puis on apprend qu'en . . . , le lycéen, faute d' . . . , essaie d'échapper aux policiers en roulant très vite. . . . dangereuse, le garçon, . . . , se tue au volant de sa Peugeot.

3. Sprachliche Mittel, die dir helfen, einen HAB/R anzufertigen

Wir werden uns hier darauf beschränken, dir zunächst einige wichtige Wendungen vorzustellen, mit deren Hilfe du besser

a) **über** handlungsorientierte **Texte sprechen** kannst **(Textbesprechungsvokabular).**

Anschließend kannst du dich mit solchen **sprachlichen Mitteln** befassen, die dir helfen

b) **zeitliche Zusammenhänge** eines handlungsorientierten Textes in deinem **HAB/R wiederzugeben.**

a) Textbesprechungsvokabular für handlungsorientierte Texte

Um dir die Lektüre dieses Abschnittes etwas schmackhafter zu machen, zuerst eine gute Nachricht: es kommt keine lange Liste neuer Vokabeln auf dich zu!

Denn alles, was du beispielsweise zur Textstrukturierung benötigst, zur Texteinleitung bzw. zum Textaufbau, solltest du eigentlich schon kennen. Du findest es zum Beispiel im 1. Band von *Atout Bac*. Falls du ihn zur Hand haben solltest, kannst du dort unter dem Kapitel „Basisverfahren zur Abfassung eines Résumé“ nachschlagen und dir die Serviceliste mit dem Vokabular noch einmal ansehen.

Wir werden dem Vokabular zur Textstrukturierung an dieser Stelle nichts Neues hinzufügen, sondern in den gleich folgenden Übungen einige der als bekannt vorausgesetzten Wendungen wiederholen.

Um auszudrücken, **was der Autor** in einem handlungsorientierten Text **tut,** reichen wenige **Verben** aus:

Tabelle 1

l'auteur	raconte **qc** / que...	der Autor	erzählt **von etw.** / daß...
	parle de qc		spricht über etw.
	rapporte **qc** / que...		berichtet **über etw.** / daß
	relate **qc** / que...		berichtet **über etw.** / daß
	constate qc / que...		stellt etw. fest / stellt fest, daß...
	explique qc / que...		erklärt etw. / daß...
	présente qn / qc		stellt jdn/etw. vor
	met en scène		inszeniert

Gehst du dagegen stärker von der **Position des Lesers** aus, kannst du z. B. folgende Wendungen benutzen:

Tabelle 2

on/le lecteur	apprend	que	man/der Leser	erfährt,	daß
	remarque			bemerkt,	
	voit			sieht,	

Zum Schluß geben wir dir noch eine kurze Übersicht über **verschiedene Texttypen,** die alle zu den **handlungsorientierten Texten** gehören:

Tabelle 3

le roman	der Roman	le reportage	die Reportage
la nouvelle	die Novelle	le récit	der Bericht; die Erzählung
l'histoire, f.	die Geschichte	les faits divers	gemischte Nachrichten
le conte	die Erzählung	la pièce de théâtre	das Theaterstück
le conte de fées	das Märchen	la comédie	die Komödie
la fable	die Fabel	la tragédie	die Tragödie
la bande dessinée	der Comic, der Cartoon	la pièce radiophonique	das Hörspiel
		le long métrage	der Spielfilm

Nach diesem Informationsschub mach erstmal eine Pause. Dann gehe an die zwei nächsten Übungen, um das (neue) Vokabular praktisch anzuwenden und zu festigen.

Ü 5

Du brauchst nur die Lücken auszufüllen, indem du die deutschen Stichwörter übersetzt. Da wir in dieser Übung gleichzeitig auch einige allgemeine (bekannte!?) Wendungen zur Textstrukturierung wiederholen wollen, findest du ihre französische Entsprechung hier ungeordnet zusammengestellt:

> dans la deuxième partie – se compose de – dans le dernier paragraphe – par la suite – se divise en cinq paragraphes – il s'agit de – de la ligne 30 – traite de – à la ligne 75 – en outre

1. Dans cette (Geschichte) histoire, l'auteur (spricht über) parle de la fuite de deux gangsters.

2. (Es handelt sich um) Il s'agit d'un (ein Hörspiel) une pièce radio-phonique sur un événement historique: la prise de la Bastille en 1789.

3. Dans cet (Zeitungsartikel) article, (der Autor) l'auteur (erzählt) raconte ce qui s'est passé mercredi soir dans le palais Bourbon, siège de l'Assemblée Nationale.

4. Le texte (handelt von) traite d' un hold-up sanglant[1]) à Paris.

5. (Der Cartoon) La bande déssinée (setzt sich zusammen) se compose de vingt-quatre images.

6. (Im zweiten Teil) Dans la deuxième partie (der Erzählung) du conte, qui va (von Zeile 30) de la ligne 30 (bis Zeile 75) à la ligne 75, l' auteur (berichtet) rapporte qui les événements qui suivent la naissance de la petite Jacqueline.

Vocabulaire:
[1]) sanglant – blutig

7. (Die Reportage) ______________ (gliedert sich in 5 Abschnitte) ______________________________

8. (Im folgenden) ______________ l'auteur (erklärt) ________ ______________ pourquoi l'accident se passe juste à ce moment-là.

9. (Außerhalb erfährt man in dem Bericht) ______________ que la police a ouvert une enquête[2]).

Vocabulaire:
[2]) une enquête – Untersuchung

Ü 6

Erinnerst du dich noch an den Text „Quatre morts en Côte d'Or" (vgl. S. 21)? Wir hatten dir dazu ein Raster mit den drei Spalten „Personen – Handlungen – Umstände" erstellt. Auf seiner Grundlage haben wir einen **HAB/R** vorbereitet, dessen Lücken du jetzt mit Hilfe des neu gelernten bzw. wiederholten Vokabulars schließen sollst. Falls du nicht mehr weiter weißt, findest du alle „Lückenfüller" gleich hier am Anfang ungeordnet zusammengefaßt.

le lecteur remarque – s'agit – article de journal – ensuite – paragraphe – relate – texte – auteur – dans – divise – le premier – le – apprend

Dans cet ______________ tiré de «L'Yonne Républicaine», il ______________ d'un grave accident de voiture en Côte d'Or qui a provoqué la mort de quatre jeunes gens. Le ______________ se ______________ en trois paragraphes. ______________ paragraphe, ______________ que quatre jeunes gens, après avoir fait une halte, essaient de rattraper des parents partis avant, en roulant excessivement vite. ______________, l' ______________ que l'accident se passe à l'entrée d'un petit village où, à cause d'un excès de vitesse, les jeunes ne peuvent plus prendre un virage et heurtent un pilier. Dans ____ dernier ______________, on ______________ les noms et l'âge des quatre jeunes hommes qui, sous la brutalité du choc, sont morts tout de suite après l'accident.

b) Sprachmittel, um zeitliche Zusammenhänge in handlungsorientierten Texten im HAB/R richtig wiederzugeben

Wenn wir uns hier auf Sprachmittel für **zeitliche Zusammenhänge** beschränken, so erklärt sich das daraus, daß die **Zeit** in einem handlungsorientierten Text eine ganz zentrale Rolle spielt:

Handlungen spielen sich immer in einem zeitlichen Bezugssystem ab.
Sie können

- **gleichzeitig** ablaufen,
- **vor** einer anderen Handlung abgelaufen sein oder
- **nach** einer anderen Handlung ablaufen.

Machen wir uns das an einigen Beispielen klar:

Tabelle 4

Après avoir obtenu l'argent disponible, ...	ils s'enfuient.	
(Nachdem sie das verfügbare Geld erhalten haben, ...	fliehen sie)	– **vor** der Flucht erhalten sie das verfügbare Geld.
Après la disparition des gangsters	ils se sont libérés.	– **vor** der Befreiung sind die Gangster verschwunden.
(Nach dem Verschwinden der Gangster .	haben sie sich befreit.)	
vorzeitig zur	**Haupthandlung**	

En retournant chez lui	il essaie d'échapper à la police.	– **während/bei** der Rückfahrt versucht er der Polizei zu entkommen.
Pendant la course-poursuite	il se tue au volant.	– **während** der Verfolgungsjagd verunglückt er tödlich am Steuer.
Au moment où les policiers arrivent, ...	les gangsters les désarment.	– **in dem gleichen Augenblick,** in dem die Polizisten ankommen, entwaffnen die Gangster sie.
gleichzeitig zur	**Haupthandlung**	

Avant de prendre la fuite, ...	ils relâchent leurs otages.	
(Bevor sie die Flucht ergreifen, ...	lassen sie ihre Geiseln frei.)	– **nach** der Freilassung der Geiseln fliehen sie.
Jusqu'à l'arrivée de collègues, ...	il observe seul la maison.	– die Beobachtung des Hauses durch ihn allein ist die zeitlich erste Handlung, **danach** kommen erst Kollegen.
(Bis zum Eintreffen von Kollegen	beobachtet er allein das Haus.)	
nachzeitig zur	**Haupthandlung**	

Um nun alle zeitlichen Zusammenhänge ausdrücken zu können, also auch solche der **Vor-** bzw. **Nachzeitigkeit,** ohne daß du das Präsens, das Haupttempus des **Résumé** wie des **HAB/R,** verlassen mußt, gibt es vier grundsätzliche Möglichkeiten:

1. **präpositionale Wendungen:** *après la disparition ...*
2. **Infinitivkonstruktionen:** *avant de prendre la fuite ...*
3. **Nebensatzkonstruktionen:** *au moment où les policiers arrivent*
4. **Gérondifkonstruktionen:** *en retournant chez lui, il ...*

Zusammengefaßt und in einer Übersicht geordnet sehen diese Möglichkeiten wie folgt aus:

Tabelle 5

	Vorzeitigkeit	**Gleichzeitigkeit**	**Nachzeitigkeit**
1. **Präpositionale Wendungen**	**après** – nach **Après** ma mort, tu pourras habiter cette maison. **depuis** – seit Je l'attends déjà **depuis** deux heures.	**pendant** – während Il est interdit de fumer **pendant** les cours. **au cours de** – im Laufe des/der **Au cours des** dernières semaines, j'ai visité plusieurs villes.	**avant** – vor Je vais réviser les verbes **avant** la rentrée des classes. **jusqu'à** – bis Je t' aimerai **jusqu'à** la fin de mes jours.
2. **Infinitivkonstruktionen** Subjekt beider Verben gleich!	**après** – nachdem **Après avoir terminé** ses devoirs, il va au cinéma.		**avant de** – (be)vor Explique-moi encore ce problème **avant de partir.**
3. **Nebensatzkonstruktion**	**depuis que** – seitdem + Indikativ **Depuis que** son mari est mort, elle est très dépressive.	**quand** – wenn, als **Quand** je suis chez mes parents, je ne m' occupe de rien. **pendant que** – während + Indikativ **Pendant qu'**elle regarde la vitrine, son fils joue dans la rue. **au moment où** – in dem Augenblick, als Ils désarment les policiers **au moment où** ceux-ci entrent dans la banque.	**avant que** – bevor + Subjonctif Je te rendrai visite **avant que** tu ailles en France. **jusqu'à ce que** – bis + Subjonctif Je reste chez toi **jusqu'à ce que** tu sois guéri.
4. **Gérondifkonstruktion** Subjekt beider Verben gleich!		**en** + Gérondif – beim, als Il fait la vaisselle **en chantant.**	

Après ma mort, tu pourras habiter cette maison.

Ü 7

In der nun folgenden Übung kannst du ausprobieren, ob du die neuen Sprachelemente schon praktisch beherrschst.
Vervollständige die folgenden Sätze, indem du für die deutschen Begriffe französische Entsprechungen in die Lücken einträgst und die im Infinitiv vorgegebenen Verben dort, wo es notwendig ist, angleichst. Achte dabei auf den richtigen Modus.

1. (Als) Quand il (avoir) a dix-huit ans, il a passé son permis de conduire.
2. Je ne l'ai pas vue (seit) depuis trois semaines.
3. (Während) Pendant ils (dormir) dormaitt, deux cambrioleurs[1]) pénètrent[2]) dans leur maison.
4. (Vor) Avant d'aller en France, il rend visite à des amis belges.
5. Elle arrive dans la salle de cinéma (in dem Augenblick, als) au moment où le film (commencer) commença.
6. (Bevor) ______________ la discussion (être terminé, e) ______________ ______________, permettez-moi encore une dernière question.
7. (Nachdem) (finir) Après avoir finir ses études à Paris, elle va aux Etats-Unis.

Vocabulaire:
[1]) le cambrioleur – Einbrecher [2]) pénétrer dans – eindringen in

8. Il essaie plusieurs fois de lui téléphoner (im Laufe der) au cours de semaines suivantes, mais elle n'est jamais chez elle.

9. (Seitdem) Depuis qu il (être) est marié, on ne le reconnaît plus.

10. Nous pouvons prendre encore un café (bevor) (rentrer) avant de rentrer au bureau.

11. Elle l'attend (bis) jusqu'à neuf heures et demie, puis elle part seule.

12. Je n'aime pas qu'on me téléphone (während) pendant le déjeuner.

13. Jean devra probablement attendre longtemps (bis) jusqu' une entreprise lui (offrir) offre un nouvel emploi.

14. (Nach) Après les cours, beaucoup d'élèves vont dans le café d'à côté.

Zusammenfassung · Zusammenfassung · Zusammenfassung

Du hast in diesem Kapitel bisher gelernt

- wie du das Verständnis der **manifesten Informationen** eines **handlungsorientierten Textes** mit Hilfe von Fragen **(W-Fragen)** sicherstellen kannst,
- wie du diese Informationen so in einem **Raster** ordnen kannst, daß dein **HAB/R** weitgehend vorbereitet ist,
- welches **Textbesprechungsvokabular** du benötigst, um über handlungsorientierte Texte sprechen zu können,
- mit welchen **sprachlichen Mitteln** du **zeitliche Zusammenhänge** ausdrücken kannst, ohne das Präsens als Haupttempus des **HAB/R** verlassen zu müssen.

Diese Schritte kannst du jetzt an einem anspruchsvollen, längeren literarischen Text nochmals üben.
Es handelt sich um eine kurze, vollständige Novelle von *André Maurois* (1885–1967), einem der großen französischen Schriftsteller unseres Jahrhunderts. Du wirst dort auf das dir vielleicht noch nicht bekannte *passé simple* als Zeit der „erzählten Welt" treffen. Wir haben deshalb alle Verben, die in dieser Zeit stehen, in der 1. Vokabelerläuterung (in der Reihenfolge ihres Auftretens) im Infinitiv zusammengefaßt, so daß du sofort weißt, zu welchem Verb die jeweilige Form des *passé simple* gehört. Ansonsten kannst du es vorläufig mit dem *passé composé* gleichsetzen: Wo du ein Verb im *passé simple* findest, tust du so, als ob es im *passé composé* stehen würde. Alles klar? Dann kann's losgehen!

LA CATHEDRALE

En 18.. un étudiant s'arrêta[1]), rue Saint-Honoré, devant la vitrine d'un marchand de tableaux. Dans cette vitrine était exposée une toile[2]) de Manet[3]): la Cathédrale de Chartres. Manet n'était alors admiré que par quelques amateurs, mais le passant avait le goût juste[4]); la beauté de cette peinture l'enchanta[1]) [5]). Plusieurs jours il revint[1]) pour la voir. Enfin il osa[1]) [6]) entrer et en demanda[1]) le prix. «Ma foi», dit[1]) le marchand, «elle est ici depuis longtemps. Pour deux mille francs, je vous la céderai[7]).»
L'étudiant ne possédait pas cette somme, mais il appartenait à une famille provinciale qui n'était pas sans fortune[8]). Un de ses oncles, quand il était parti pour Paris, lui avait dit: «Je sais ce qu'est la vie d'un jeune homme. En cas de besoin urgent[9]), écris-moi.» Il demanda[1]) au marchand de ne pas vendre la toile avant huit jours et il écrivit[1]) à son oncle.

Ce jeune homme avait à Paris une maîtresse qui, mariée avec un homme plus âgé qu'elle, s'ennuyait. Elle était un peu vulgaire, assez sotte[10]) et fort jolie. Le soir du jour où l'étudiant avait demandé le prix de la Cathédrale, cette femme lui dit[1]):
– J'attends demain la visite d'une amie de pension[11]) qui arrive de Toulon pour me voir. Mon mari n'a pas le temps de sortir avec nous; je compte sur vous.
L'amie arriva[1]) le lendemain. Elle était elle-même accompagnée d'une autre. L'étudiant dut[1]), pendant quelques jours, promener ces trois femmes dans Paris. Comme il payait repas, fiacres[12]) et spectacles, assez vite, son mois[13]) y passa[1]) [14]). Il emprunta[1]) [15]) de l'argent à un camarade et commençait à être inquiet[16]) quand il reçut[1]) une lettre de son oncle. Elle contenait deux mille francs. Ce fut[1]) un grand soulagement[17]).

Il paya[1]) ses dettes[18]), et fit[1]) un cadeau à sa maîtresse. Un collectionneur[19]) acheta[1]) la Cathédrale et, beaucoup plus tard, légua[1])[20]) ses tableaux au Louvre.
Maintenant l'étudiant est devenu un vieil et célèbre écrivain. Son coeur est resté jeune. Il s'arrête encore, tout ému[21]), devant un paysage[22]) ou devant une femme. Souvent dans la rue, en sortant de chez lui, il rencontre une dame âgée qui habite la maison voisine. Cette dame est son ancienne maîtresse. Son visage est déformé par la graisse[23]), ses yeux, qui furent[1]) beaux, soulignés par des poches[24]); sa lèvre surmontée de poils gris[25]). Elle marche avec difficulté et l'on imagine ses jambes molles[26]). L'écrivain la salue mais ne s'arrête pas, car il la sait méchante et il lui déplaît[27]) de penser qu'il l'ait aimée.
Quelquefois il entre au Louvre et monte jusqu'à la salle où est exposée la Cathédrale. Il la regarde longtemps, et soupire[26]).

(von André Maurois)

Vocabulaire:
[1]) *passé simple,* 3. Pers. Sing. von: s'arrêter, enchanter, revenir, oser, demander, dire, écrire, arriver, devoir, passer, emprunter, recevoir, être, payer, faire, acheter, léguer; *passé simple* 3. Pers. Plur. von: être [2]) toile – Ölgemälde auf Leinwand [3]) Manet – Edouard Manet (1832–83), französischer Maler des Impressionismus [4]) avoir le goût juste – den richtigen Geschmack haben [5]) enchanter – bezaubern [6]) oser – wagen [7]) céder qc à qn – jdm etw. überlassen [8]) fortune – Vermögen [9]) en cas de besoin urgent – wenn du dringend Geld brauchst [10]) sot, te – dumm [11]) une amie de pension – Pensionatsfreundin [12]) fiacre – Pferdedroschke [13]) mois – hier: Monatswechsel [14]) passa – war aufgebraucht [15]) emprunter de l'argent à qn – von jdm Geld leihen [16]) inquiet, iète – unruhig [17]) soulagement – Erleichterung [18]) dette – Schuld [19]) collectionneur – Sammler [20]) léguer – vermachen [21]) ému – gerührt [22]) paysage – Landschaft [23]) déformé par la graisse – durch Fettpolster entstellt [24]) ses yeux soulignés par des poches – unter ihren Augen hängen Tränensäcke [25]) sa lèvre surmontée de poils gris – über der Lippe sprießen graue Härchen [26]) mou, mol. molle – dick [27]) déplaire – mißfallen [28]) soupirer – seufzen

Ü 8

Hast du die Novelle von *Maurois* nach einer ersten oder zweiten Lektüre gut verstanden? Dann wird dir die Lösung dieser Übung bestimmt nicht schwerfallen. Du sollst nämlich nur die Aussagen zum Text ankreuzen, die inhaltlich richtig sind. In der nächsten Übung wirst du dann mit den richtigen Aussagen weiterarbeiten

1. Un jeune étudiant achète «La Cathédrale» de Manet et la lègue au Louvre beaucoup plus tard. ☐
2. Au début du vingtième siècle, un jeune étudiant veut acheter «La Cathédrale» de Manet. ☐

3. Au dix-neuvième siècle, un jeune étudiant parisien veut acheter «La Cathédrale» de Manet parce que cette peinture l'enchante. ☒
4. Un collectionneur s'intéresse à «La Cathédrale» de Manet, mais ne peut pas l'acheter. ☐
5. Un collectionneur achète «La Cathédrale» de Manet et la lègue plus tard au Louvre. ☒
6. Le jeune étudiant est très riche. ☐
7. Le jeune étudiant prie un oncle généreux[1]) de lui envoyer la somme nécessaire. ☒
8. Le jeune homme paie «La Cathédrale» avec l'argent qu'il a reçu de son oncle. ☐
9. Le jeune étudiant est marié avec une dame très distinguée[2]), intelligente et fort jolie. ☐
10. Le jeune étudiant est forcé de faire des dettes lors d'[3]) une visite de deux amies de sa maîtresse. ☒
11. Les trois femmes se promènent seules à Paris. ☐
12. Le jeune homme les promène dans Paris et paie tout pour elles. ☒
13. Pour pouvoir rembourser ses dettes[4]), l'étudiant vend «La Cathédrale» de Manet à un collectionneur qui la lègue plus tard au Louvre. ☐
14. Après l'arrivée de l'argent de son oncle, l'étudiant peut rembourser la somme empruntée. ☒
15. L'étudiant d'autrefois[5]) et son ancienne maîtresse, mariés depuis longtemps, vivent maintenant ensemble dans une petite rue à Paris. ☐
16. L'étudiant d'autrefois est aujourd'hui un grand acteur célèbre, son ancienne maîtresse a conservé la beauté de sa jeunesse. ☐
17. Maintenant l'ancien étudiant, devenu un vieil écrivain célèbre, n'est plus en contact avec son ancienne maîtresse à cause de sa laideur[6]) et de sa méchanceté[7]). ☒
18. L'ancien étudiant aime bien regarder encore «La Cathédrale», qui se trouve dans son salon. ☐
19. L'ancien étudiant regarde de temps en temps «La Cathédrale» au Louvre parce qu'il l'apprécie[8]) toujours beaucoup. ☒

Vocabulaire:
[1]) généreux, euse – großzügig [2]) distingué, e – vornehm [3]) lors de – bei (zeitl.) [4]) rembourser ses dettes – seine Schulden zurückbezahlen [5]) d'autrefois – von einst [6]) la laideur – Häßlichkeit [7]) la méchanceté – Boshaftigkeit [8]) apprécier – schätzen

Ü 9

Wenn du dich mit Hilfe des Lösungsheftes vergewissert hast, daß du in **Übung 8** die richtigen Aussagen angekreuzt hast, dann hast du schon alle Elemente, die du zur Lösung der nun folgenden Übung benötigst. Denn mit den angekreuzten richtigen Aussagen kannst du ohne allzu große Mühe ein Raster zu den W-Fragen erstellen. Du mußt nur die entsprechenden Sätze oder Satzteile den jeweiligen Fragen zuordnen – und schon hast du die Übung geschafft und den **HAB/R** vorbereitet.

Damit dir das Vorgehen klarer wird, haben wir das Raster bereits begonnen. (Übertrage es wieder in dein Heft und vervollständige es dann.) Wenn du deine Eintragungen überprüfen möchtest, kannst du sie mit unserem Rastervorschlag im Lösungsheft vergleichen. Natürlich muß nicht allein unser Raster richtig sein; daneben gibt es andere ebenso gute Varianten. Vielleicht gefällt dir sogar deine Lösung besser als unsere! Also, nur Mut!!!

Raster 4

Personen *(les personnages)*	**Handlungen** *(les actes)*	**Umstände** *(les circonstances)*			
Wer *Qui?*	**Was** *Quoi?*	**Wann** *Quand?*	**Wo** *Où?*	**Warum** *Pourquoi?*	**Wie** *Comment?*
un jeune étudiant	veut acheter «La Cathédrale» de Manet	au 19e siècle	à Paris	parce que la peinture l'enchante	en priant un oncle généreux de lui envoyer la somme nécessaire
	est forcé de faire des dettes	lors d'une visite de deux –···–		parce qu'il paie tout –···–	il les –···–
	–···–	–···–			
–···–	–···–	–···–			
	–···–				
–···–	–···–	maintenant		–···–	
	–···–	–···–	–···–	–···–	le cœur gros

Ü 10

Fehlt jetzt eigentlich nur noch der **HAB/R.** Auch hierfür haben wir dir einen Vorschlag erarbeitet; allerdings befinden sich seine Sätze in der falschen Reihenfolge. Mit etwas detektivischem Kombinationssinn wird es dir sicher keine großen Schwierigkeiten bereiten, einen in sich schlüssigen, sinnvollen **HAB/R** herzustellen. Die richtige Reihenfolge der Sätze trägst du in die vorgesehenen Kästchen ein.

1. Dans la première partie, on apprend qu'un jour, l'étudiant, enchanté par «La Cathédrale» d'Edouard Manet, peintre encore inconnu à l'époque, prend la décision d'acheter cette toile avec l'aide d'un oncle généreux qu'il prie de lui envoyer la somme nécessaire.
2. Il ne peut rembourser la somme empruntée qu'après avoir reçu l'argent de son oncle.
3. A la fin de sa nouvelle, Maurois nous fait savoir que l'ancien étudiant est maintenant un vieil écrivain célèbre qui n'est plus en contact avec son ancienne maîtresse, mais qui n'a pas cessé d'apprécier «La Cathédrale» qu'il regarde de temps en temps au Louvre.
4. Cette courte nouvelle, écrite par André Maurois, se divise en trois grandes parties (du début à la ligne 14, de la ligne 15 à la ligne 33, de la ligne 34 à la fin) et traite d'un étudiant vivant au 19e siècle à Paris qui se voit obligé de sacrifier une toile qui lui plaît beaucoup à un amour de jeunesse.
5. «La Cathédrale», cependant, est achetée par un collectionneur qui la lègue plus tard au Louvre.
6. L'auteur raconte ensuite que, lors d'une visite de deux amies de sa maîtresse, le jeune homme est forcé de faire des dettes parce qu'il doit tout payer pour les trois femmes qu'il promène dans Paris.

Die richtige Reihenfolge der Sätze lautet:

4	1	6	2	5	3

Zum Abschluß unserer Übungsfolge hast du die Möglichkeit, dein Textbesprechungsvokabular zu wiederholen, indem du jetzt den kompletten Text in dein Heft einträgst. Du findest im folgenden noch einmal den **HAB/R** der Novelle, diesmal in richtiger Reihenfolge. Dafür werden dir einige Lücken auffallen, die es zu schließen gilt.

Ü 11

Einmal findest du Lücken mit einem *. Hier sollst du andere Wörter und Begriffe einsetzen, als die, die wir in unserem **HAB/R**-Vorschlag benutzt haben.

In die übrigen Lücken trägst du die Wörter ein, die wir in unserem **HAB/R**-Vorschlag auch verwendet haben. Genug der Worte, c'est à toi maintenant!

.*., écrite par André Maurois, .*. trois grandes parties (du début à la ligne 14, de la ligne 15 à la ligne 33, de la ligne 34 à la fin) et .*. d'un étudiant ... au 19e siècle à Paris et qui se voit obligé de ... une .... beaucoup ... un amour de jeunesse.

Dans la première partie, .*. qu'un jour, l'étudiant, enchanté ... «La Cathédrale» d'Edouard Manet, peintre encore ..., prend la décision d'acheter cette toile ... d'un oncle ... qu'il prie ... lui envoyer la somme ...

L'auteur .*. .*. que, lors d'une visite de deux amies de sa ..., le jeune homme ... de faire des dettes parce qu'il doit tout payer pour les trois femmes ... dans Paris. Il ... peut rembourser la somme empruntée ... l'argent de son oncle. «La Cathédrale», cependant, ... par un collectionneur qui la ... plus tard au Louvre.

.*., Maurois .*., que l' ..., étudiant est maintenant un ... écrivain ... qui n'est plus en contact avec son ... maîtresse, mais qui ... d' apprecier «La Cathédrale» qu'il regarde de temps en temps au Louvre.

Hast du gemerkt, wie gut das Raster den **HAB/R** vorbereitet hat? Jetzt kannst du dir vielleicht besser vorstellen, welche Bedeutung eine solche tabellarische Übersicht als Stichwortkonzept für dich haben kann, wenn du längere und komplexere Texte zusammenfassen sollst.

Abschließend aber wollen wir dir einmal in Form von Fragen deutlich machen, daß du mit den **W-Fragen** und dem **HAB/R** tatsächlich nur die

manifesten Informationen, d. h. die offensichtlichen, klaren, eindeutigen Aussagen und Zusammenhänge

eines solchen Textes erfassen kannst. Seine

latenten Informationen, die verborgenen, nicht direkt zugänglichen Aussagen und Zusammenhänge

teilt der Text dir jedoch erst dann mit, wenn du ihn gründlich analysierst.

Hier einige Beispiele für solche Fragen:

- Welchen **Charakter** hat der Autor seinen Personen verliehen?
- Welche **gesellschaftliche Stellung** haben diese, welche **soziale Rolle** spielen sie?
- In welcher **Beziehung** stehen die einzelnen Textteile untereinander? Welche **Bedeutung** hat jeder einzelne von ihnen für das Ganze?
- Welche Rolle spielt **die Zeit** in einem handlungsorientierten Text? (In unserer Novelle wird innerhalb weniger Zeilen ein enormer Zeitraum überbrückt, kannst du richtige Zeitsprünge bemerken.)
- **Was will** *André Maurois* z. B. mit der Gegenüberstellung von „geliebter Kathedrale" und „Geliebter" **sagen?**

Zusammenfassung · Zusammenfassung · Zusammenfassung

Zusammenfassend können wir festhalten,

- daß du nach der Fertigstellung des HAB/R ziemlich genau weißt, **was der Autor** in seiner Geschichte **erzählt.**
- daß dir aber zur Zeit noch gesicherte Erkenntnisse darüber fehlen, **warum** der Autor diese im ersten Augenblick zwar ganz nette, jedoch ziemlich unwichtig erscheinende Geschichte erzählt und **was** er mit ihr **ausdrücken, zeigen, mitteilen** möchte.

Mit solchen und ähnlichen Fragen wirst du dich dann befassen müssen, wenn es um die **Analyse handlungsorientierter Texte** geht. (Siehe auch ***Atout Bac 3***.)

Beschreibend-informierende Texte (textes descriptifs)

Sicherlich hast du schon eine ungefähre Vorstellung davon, was man unter einem **beschreibenden** oder einem **informierenden Text** verstehen könnte. Deshalb wollen wir uns auch nicht mit einer langen Einleitung aufhalten, sondern dich gleich mit zwei Texten bekannt machen, die zu dieser Textart gehören.

Text 1

Elles s'appellent Pouce et Poussy, enfin, c'est le petit nom qu'on leur a donné depuis leur enfance, et pas beaucoup de gens savent qu'en réalité elles s'appellent Christèle et Christelle, de leur vrai nom. On les a appelées Pouce et Poussy parce qu'elles sont comme des sœurs jumelles[1]), et pas très grandes. Pour dire vrai, elles sont même petites, assez petites. Et très brunes toutes les deux, avec un drôle de visage enfantin[2]), et un bout de nez, et de beaux yeux noirs qui brillent. Elles ne sont pas belles, pas vraiment, parce qu'elles sont trop petites, et un peu trop minces[3]) aussi, avec de petits bras et des jambes longues, et des épaules carrées[4]). Mais elles ont du charme, et tout le monde les aime bien, surtout quand elles se mettent à rire, un drôle de rire aigu[5]) qui résonne[6]) comme des grelots[7]). Elles rient souvent, partout, dans l'autobus, dans la rue, dans les cafés, lorsqu'elles sont ensemble. Elles sont d'ailleurs presque toujours ensemble. Quand elles sont l'une sans l'autre (ça arrive, à cause des cours, ou bien quand il y en a une qui est malade), elles ne s'amusent plus. Elles deviennent tristes, on n'entend pas leur rire.

(aus „La grande vie" von J. M. G. Le Clézio)

Vocabulaire:
[1])jumeau, jumelle – Zwillinge [2])enfantin, e – kindlich [3])mince – dünn
[4])les épaules carrées – breitschultrig [5])aigu, uë – schrill
[6])résonner – Klang haben [7])grelot – Glöckchen

Text 2

L'amour à double sens

Dans le vocabulaire français, le mot amour tient une place particulière, qui montre autant son importance que son ambiguïte[1]). Masculin lorsqu'il est singulier, l'amour change de sexe dès qu'[2]) il y en a plusieurs.

Comme si quelque grammairien[3]) malin[4]) avait voulu justifier la polygamie[5]) des hommes et la monogamie[6]) des femmes! A ces particularités de la grammaire s'ajoutent celles de la signification. L'amour est en effet un mot à double sens. Il y a l'amour que l'on ressent[7]) et celui que l'on pratique. Entre l'amour-sentiment et l'amour physique, le vocabulaire est souvent imprécis. Outre que[8]) cela facilite bien des sous-entendus[9]), cela montre combien ces deux sens sont devenus inséparables l'un de l'autre.

(aus „Francoscopie", 1985, von G. Mermet)

Vocabulaire:
1) ambiguïté, f. – Zweideutigkeit 2) dès que – sobald 3) grammairien – Grammatiker 4) malin, maligne – boshaft, gerissen 5) polygamie – Mehrehe 6) monogamie – Einehe 7) ressentir – fühlen 8) outre que – abgesehen davon, daß 9) sous-entendu – Hintergedanke

Nachdem du dir einen ersten Überblick über beide Texte verschafft hast, bereitet es dir sicherlich keine große Mühe mehr zu entscheiden, welchem Text die folgenden zwei Aussagen, die du zuvor noch vervollständigen mußt, zuzuordnen sind:

Ü 1

Text:

a) Dans ce texte, l'auteur nous **informe de** l'ambiguïté sémantique du mot « amour ». — 2

b) Dans ce texte, l'auteur **trace le portrait de** deux ______________________ . — ☐

Schon die Wahl des in diesen beiden Sätzen verwendeten Besprechungsvokabulars deutet darauf hin, daß es Unterschiede zwischen den beiden Beispielsätzen gibt:

a) *l'auteur nous* ***informe de*** – informiert uns über

b) *l'auteur* ***trace le portrait de*** – entwirft das Portrait von

Einmal steht demnach ganz offensichtlich die **informierende Absicht** des Textes im Vordergrund (... ***nous informe de*** ...), im anderen Fall wird der Akzent stärker auf den **Beschreibungsvorgang** gelegt (... ***trace le portrait de*** ...).

Wenn du Lust hast, kannst du dir folgende, vielleicht etwas „akademische" Unterscheidung von „beschreibenden" und „informierenden" Texten durchlesen, denn sie wird sicherlich dein Verständnis für diese Textart erweitern, dir eventuell sogar interessant erscheinen. Du kannst aber auch gleich auf der Seite 45 weiterlesen, wenn es dir vor allem darum geht, schnell auf dem Weg zum Résumé weiterzukommen.

A. Beschreibende Texte

1. Ein beschreibender Text drückt in starkem Maße die persönliche Perspektive seines Autors aus. Der von ihm beschriebene Gegenstand, seien es Personen, Orte oder Dinge, erschließt sich dir nur so, wie ihn der **Autor** sieht.
So kann z. B. eine dir eigentlich bekannte Straße in der literarischen Beschreibung ganz andere Züge und Schwerpunkte als in einer photographischen Wiedergabe aufweisen.

2. Da die persönliche Sichtweise des Autors bzw. seine Perspektive die Beschreibung bestimmt, ist ein **beschreibender Text** sehr häufig ein **literarischer Text.**

3. Wie in einem Mosaik bemüht sich der Autor eines **beschreibenden** Textes darum, einen von ihm selbst gewählten

thematischen Rahmen

durch seine Beschreibung so weit auszufüllen, daß wir ein zusammenhängendes Bild als Ergebnis erhalten.

Die Beschreibungselemente (Mosaiksteine) präzisieren zunehmend den durch das Thema abgesteckten Rahmen.

In **Text 1** füllt der Autor z. B. den **thematischen Rahmen** *deux jeunes filles* durch die Beschreibung so aus, daß du dir nach der Lektüre des Abschnitts ein erstes Bild von den beiden jungen Mädchen machen kannst.

4. **Beschreiben** lassen sich u. a.:

- **Personen:**
  - *le* ***portrait***
  - *la* ***description du physique*** *et du* ***moral*** *d'un personnage*
- **Orte:**
  - *la* ***description des lieux*** *et des* ***paysages***
- **Zeit:**
  - *la* ***description du temps***
- konkrete oder abstrakte **Dinge** und **Sachen:**
  - *la* ***description*** *des* ***faits***
- **Situationen:**
  - *la* ***description*** *des* ***circonstances*** *et des* ***conditions***
  - *le* ***tableau*** *de la* ***situation***

5. **Beschreibende Texte** stehen häufig im Zusammenhang mit nachfolgenden oder vorangehenden Handlungen oder Ereignissen. Sie bieten z. B. Erklärungen für diese, bilden ihren Hintergrund, leiten sie ein.

So finden sich beispielsweise in einem Roman, also einer handlungsorientierten Textsorte, neben der Erzählhandlung eigentlich immer **beschreibende Teiltexte,** die die oben genannten Funktionen erfüllen.

B. Informierende Texte

1. **Informierende Texte** sind **sachbezogen,** die persönliche Perspektive des Autors tritt hinter die Sache, über die er informiert, zurück.

2. Daraus folgt, daß **informierende Texte** normalerweise **nicht literarischer** Art sind.

3. Auch **informierende Texte** füllen einen durch das Sachproblem gegebenen

thematischen Rahmen

aus; die jeweiligen Informationen versuchen, das Sachproblem in seiner Vielfalt zu verdeutlichen.

4. **Informierenden Texten** kommt somit eine **aufklärende,** häufig auch **belehrende** Funktion zu. Sie **beeinflussen** dadurch indirekt das Handeln des Lesers, ohne ihn aber direkt zu konkretem Handeln aufzufordern (vgl. hierzu die appellativen Texte **Kap. 5)**

5. **Informierende Texte** stehen oft für sich **allein,** behandeln selbständig ein Thema, das sie kurz oder ausführlich erläutern.

Wir werden, wie dies aus der Überschrift zu diesem Kapitel deutlich wird, beide Texttypen in einer Mischform zusammenfassen, weil wir meinen, daß es zwar interessant ist, sich einmal ganz kurz über die Unterschiede zwischen beiden klarzuwerden, daß ihre getrennte Behandlung dir aber keine zusätzlichen Vorteile bringen würde. Denn zum einen gibt es Texte, für die nicht alle Kriterien des einen oder anderen Typs zutreffen, die also Kriterien beider Typen erfüllen. Zum anderen spricht für ihre Zusammenfassung in einem Kapitel die Tatsache, daß die Autoren sowohl beschreibender als auch informierender Texte in gleicher Weise darum bemüht sind, einen **thematischen Rahmen** auszufüllen. Dieses Merkmal unterscheidet beschreibend-informierende Texte von anderen Textarten und macht ihre Behandlung in einem gemeinsamen Kapitel sinnvoll.

Bevor wir uns gleich noch näher mit den Unterschieden zu anderen Textarten beschäftigen wollen, kannst du dich bei der folgenden Übung etwas von den Mühen der ersten Seiten dieses Kapitels erholen.

Ü 2

Lies dir die nächsten drei beschreibend-informierenden Texte in Ruhe durch und benenne anschließend in aller Kürze den jeweiligen **thematischen Rahmen,** den der Autor auszufüllen sucht. Solltest du Schwierigkeiten dabei haben, kannst du ihn auch auf deutsch formulieren; doch besser ist es natürlich schon, wenn du es auf französisch versuchst.

Text 3

Une place dans une petite ville de province. Au fond, une maison composée d'un rez-de-chaussée et d'un étage. Au rez-de-chaussée, la devanture[1]) d'une épicerie[2]). On y entre par une porte vitrée[3]) qui surmonte[4]) deux ou trois marches. Au-dessus de la devanture est écrit en caractères[5]) très visibles le mot: «ÉPICERIE». Au premier étage, deux fenêtres qui doivent être celles du logement des épiciers[6]). L'épicerie se trouve donc dans le fond du plateau[7]), mais assez sur la gauche, pas loin des coulisses. On aperçoit, au-dessus de la maison de l'épicerie, le clocher[8]) d'une église, dans le lointain[9]). Entre l'épicerie et le côté droit, la perspective d'une petite rue. Sur la droite, légèrement en biais[10]), la devanture d'un café. Au-dessus du café, un étage avec une fenêtre. Devant la terrasse de ce café: plusieurs tables et chaises s'avancent[11]) jusque près du milieu du plateau. Un arbre poussiéreux[12]) près des chaises de la terrasse. Ciel bleu, lumière crue[13]), murs très blancs. C'est un dimanche, pas loin de midi, en été. Jean et Bérenger iront s'asseoir à une table de la terrasse.

(von Eugène Ionesco)

Vocabulaire:
[1])devanture – Fassade [2])épicerie, f. – Lebensmittelgeschäft [3])porte vitrée – Glastür [4])surmonter – hier: sich befinden über [5])caractère – Buchstabe [6])épicier, épicière – Lebensmittelhändler [7])plateau – Bühne [8])clocher – Glockenturm [9])lointain – Hintergrund [10])en biais – von der Seite [11])s'avancer – hier: sich nach vorn erstrecken [12])poussiéreux, euse – staubig [13])cru, e – grell

Text 4

On arrive à Sarcelles[1]) par un petit pont et tout à coup, un peu d'en haut, on voit tout. Oh là! Et je croyais que j'habitais dans des blocs! Ça, oui c'étaient des blocs! Ça c'était de la Cité, de la vraie Cité de l'Avenir! Sur des kilomètres et des kilomètres et des kilomètres, des maisons des maisons des maisons. Pareilles. Alignées[2]). Blanches. Encore des maisons. Maisons maisons maisons maisons maisons maisons maisons maisons maisons maisons. Maisons. Maisons. Et du ciel; une immensité[3]). Du soleil. Du soleil plein les maisons, passant à travers, ressortant[4]) de l'autre côté. Des Espaces Verts énormes, propres, superbes, des tapis, avec sur chacun l'écriteau[5]) Respectez et Faites respecter les Pelouses[6]) et les Arbres, qui

Vocabulaire:
[1]) Sarcelles – Trabantenstadt im Norden von Paris [2])aligner – in eine gerade Linie stellen [3])immensité, f. – gewaltige Weite [4])ressortir – wieder hinausgehen [5])écriteau, m. – Schild [6])les pelouses, f. – Rasen

d'ailleurs ici avait l'air de faire plus d'effet que chez nous, les gens eux-mêmes étant sans doute en progrès[7]) comme l'architecture.
Les boutiques étaient toutes mises ensemble, au milieu de chaque rectangle[8]) de maisons, de façon que chaque bonne femme ait le même nombre de pas à faire pour aller prendre ses nouilles[9]), il y avait même de la justice. Un peu à part étaient posés des beaux chalets entièrement vitrés[10]), on voyait tout l'intérieur en passant. L'un était une bibliothèque, avec des tables et des chaises modernes de toute beauté; on s'asseyait là et tout le monde pouvait vous voir en train de lire; un autre en bois imitant la campagne était marqué: «Maison des Jeunes et de la Culture»; les Jeunes étaient dedans, garçons et filles, on pouvait les voir rire et s'amuser, au grand jour[11]).

(aus „Les Petits Enfants du Siècle", von Christiane Rocheford, 1961)

Vocabulaire:
[7]) être en progrès – fortschrittlich sein [8]) rectangle – Rechteck [9]) prendre ses nouilles (fam.) – Einkäufe machen [10]) vitré, e – verglast [11]) au grand jour – am hellichten Tage

Text 5

Les enfants regardent moins la télé que leurs parents

La télévision joue dans la vie des enfants un rôle important, même s'ils la regardent moins que leurs aînés[1]): 2 heures 10 par jour entre 8 et 14 ans, contre 2 heures 44 pour les plus de 15 ans. Si le temps passé devant le petit écran[2]) varie avec l'âge (plus on grandit, plus on regarde), il varie aussi avec le sexe. Les petites filles (8–9 ans) regardent moins que les garçons du même âge, mais les grandes filles (13–14 ans) regardent plus que les grands garçons. Le statut[3]) de la mère apparaît déterminant sur le temps passé par les enfants devant le petit écran. Contrairement à une idée reçue, les enfants dont la mère travaille à l'extérieur regardent moins la télévision que ceux dont la mère reste au foyer[4]). Mais c'est surtout le niveau d'instruction[5]) de la mère qui influence la durée d'écoute des enfants: ceux dont la mère a une instruction de niveau primaire[6]) passent deux fois plus de temps devant le téléviseur que ceux dont la mère est diplômée de l'enseignement supérieur.

La télévision est partie intégrante[7]) de la vie des enfants. Le rythme familial s'organise souvent autour d'elle, ce que n'approuvent[8]) pas tous les enfants. Outil[9]) de distraction[10]), outil d'information, la télévision contribue[11]) de façon indiscutable à l'instruction des enfants, dont elle alimente[12]) aussi la sensibilité et l'imagination. (...)

(von G. Mermet)

Vocabulaire:
[1])les aînés – die Älteren [2])petit écran – Bildschirm [3])statut – Stellung [4])foyer – Haus [5])niveau d'instruction – Bildungsniveau [6])instruction de niveau primaire – Volksschulbildung [7])intégrant, e – wesentlich [8])approuver – billigen [9])outil, m. – Werkzeug, Gerät [10])distraction – Zerstreuung [11])contribuer à – beitragen zu [12])alimenter – hier: fördern

Text 3: thematischer Rahmen: ______________________________

Text 4: thematischer Rahmen: ______________________________

Text 5: thematischer Rahmen: ______________________________

Fülle nun mit den ungeordnet vorgegebenen Sprachelementen die Lücken der folgenden Sätze aus und trage in die Kästchen die Nummer des Textes ein, zu dem die vollständige Aussage gehört.

une description – la télé – décrit – Sarcelles – le décor – la vie des enfants – ville satellite – donne des informations

Aussage 1: L' auteur ______________________ sur le rôle que

Text ☐ ______________________ joue aujourd'hui dans ________

______________________ .

Aussage 2: Dans ce texte, l'auteur ______________________ minutieu-

Text ☐ sement ______________________ dans lequel se déroule le premier acte.

Aussage 3: Il s'agit d'______________________ enthousiaste de

Text ☐ ______________________, ______________________

________ près de Paris.

a) **Wie sich beschreibend-informierende Texte von handlungsorientierten Texten unterscheiden:**

Während, wie du in Kap. 2 gesehen hast (vgl. S. 15ff), **handlungsorientierte Texte** über Handlungsabläufe **in der Zeit** berichten, spielt eine **zeitliche Abfolge** in **beschreibend-informierenden Texten keine** Rolle. In einer Beschreibung **ruht die Zeit,** sie stellt nur einen kürzeren oder längeren zeitlichen **Abschnitt** dar, in den die durch die Beschreibung vermittelten Informationen einzuordnen sind, z. B. die Beschreibung einer momentanen Erscheinung oder die Beschreibung einer Epoche.

Handlungsorientierte Texte sind gekennzeichnet durch das

Aufeinanderfolgen von Handlungen,

in **beschreibend-informierenden Texten** ergibt sich der zu vermittelnde Zusammenhang durch das

gleichzeitige Nebeneinander

der Beschreibungselemente bzw. Informationen.

Damit der Unterschied etwas klarer wird, wollen wir ihn an einem kleinen Beispiel verdeutlichen. Stell dir vor, du bist gerade von einem achttägigen Aufenthalt in Paris zurückgekehrt. Natürlich wollen deine Freunde wissen, was du in dieser tollen Stadt **gemacht** hast. Also fängst du an zu **erzählen:** Am ersten Tag..., am zweiten Tag..., morgens..., mittags..., anschließend..., abends... usw.

Vielleicht gibt es aber auch einen unter deinen Freunden, den weniger deine Erlebnisse in Paris interessieren als vielmehr die Stadt selbst. Er möchte wissen, wie diese Stadt ist, wie sie auf dich gewirkt hat u.a.m. Um ihm eine Antwort zu geben, wirst du anfangen, sie zu **beschreiben,** über sie zu **informieren,** ohne daß es irgendeine Rolle spielt, wann du das, was du gerade beschreibst, gesehen hast: es kann nur während deiner acht Tage gewesen sein; das reicht als zeitliche Größe.

Am Ende deiner Ausführungen jedenfalls kann sich dein erster Freund genau vorstellen, was du wann erlebt hast, der zweite Freund aber kann sich aus deiner **Beschreibung,** aus deinen **Informationen** ein erstes Bild von der Stadt machen. Du hast ihm den **thematischen Rahmen „Paris"** durch deine Ausführungen so weit ausgefüllt, daß er nun eine vertiefte Kenntnis davon hat – natürlich nur aus deiner Perspektive.

Zusammenfassung · Zusammenfassung · Zusammenfassung

Fassen wir die Unterschiede noch einmal in aller Kürze zusammen:

1. **Handlungsorientierte Texte** berichten über **Handlungen** und **Ereignisse,** die zeitlich **aufeinanderfolgen.**

2. **Beschreibend-informierende Texte** geben Auskunft über Personen, Orte, Sachen, Situationen, Zustände u.a.m. **vor** einem bestimmten **festen zeitlichen Hintergrund.**

Ü 3

Ganz rasch eine kleine Übung, in der du nur jedesmal entscheiden sollst, ob es sich um einen handlungsorientierten oder einen beschreibend-informierenden Textausschnitt handelt. Damit du an dieser Übung auch nicht zu lange arbeiten mußt, haben wir dir zu den Minitexten diesmal keine Vokabelerläuterungen gegeben. Es geht demnach nicht darum, die 6 Beispiele im Detail zu verstehen, sondern ein Gefühl für die Unterschiedlichkeit beider Textarten zu bekommen.

Text 6

Lundi 9 mai. Le président de la République, qui vient d'être réélu, reçoit Michel Rocard dans son bureau de l'Elysée. Détendu, souriant, François Mitterrand réfléchit à haute voix. (...) Selon un proche du président, celui-ci interroge alors longuement Michel Rocard sur les urgences qui attendent le gouvernement. Et sur la nouvelle donne politique créée par sa réélection. Il raccompagne son visiteur: Il faut encore que je réfléchisse.

(aus „Le Nouvel Observateur")

Text 7

Il n'y avait que des femmes dans la maison où nous habitions tous les deux.
La petite Hélène était une brune d'une quarantaine d'années, avec un front large et des pommettes. Sa très petite taille nous la rendait proche. Elle boitait légèrement à cause d'un accident de travail. Elle avait été écuyère puis acrobate, et cela lui donnait du prestige à nos yeux.

(von Patrick Modiano)

Text 8

Elle est jeune. Elle porte des tennis blancs. On voit son corps long et souple, la blancheur de sa peau dans cet été de soleil, ses cheveux noirs. On ne pourrait voir son visage qu'à contre-jour, d'une fenêtre qui donnerait sur la mer. Elle est en short blanc. Autour des reins, une écharpe de soie noire, négligemment nouée. Dans les cheveux, un bandeau bleu sombre qui devrait faire présager d'un bleu des yeux qu'on ne peut pas voir.

(von Marguerite Duras)

Text 9

La vie familiale compte beaucoup pour les jeunes d' aujourd'hui, qu'elle se déroule chez les parents, en couple marié ou non (...), ou même seul(e) avec un ou plusieurs enfants. La famille n'est plus ce qu'elle était, mais les «nouvelles familles» de jeunes souhaitent avoir deux enfants et s'entendent bien avec leurs parents.

(von Alain Kimmel)

Text 10

Mon avocat est arrivé, en robe, entouré de beaucoup d'autres confrères. Il est allé vers les journalistes, a serré des mains. Ils ont plaisanté, ri et ils avaient l'air tout à fait à leur aise, jusqu'au moment où la sonnerie a retenti dans le prétoire. Tout le monde a regagné sa place. Mon avocat est venu vers moi, m'a serré la main et m'a conseillé de répondre brièvement aux questions qu'on me poserait, de ne pas prendre d'initiatives et de me reposer sur lui pour le reste.

(von Albert Camus)

Text 11

Les deux amies ont mangé et bu, et le champagne leur a fait tourner la tête; puis leur a donné tout d'un coup mal à la tête. Alors elles ont éteint la lumière et elles se sont couchées tout habillées sur le grand lit frais. Elles se sont endormies tout de suite.

(von J. M. C. Le Clézio)

Wie sehen denn nun deine Entscheidungen aus? Notiere die deiner Meinung nach zutreffenden Textnummern hinter das richtige Stichwort.

Handlungsorientierte Texte: Nr.: ______________________________

Beschreibend-informierende Texte: Nr.: ______________________________

Wir wollen gleich an dieser Stelle die **beschreibend-informierenden Texte** noch gegen zwei weitere Textarten abgrenzen. Diese zwei Textarten werden zwar erst im folgenden genauer behandelt, wir müssen sie aber hier schon erwähnen, damit es dir gelingt, **beschreibend-informierende Texte** wirklich eindeutig zu erkennen.

b) Wie sich beschreibend-informierende Texte von expressiv-argumentierenden Texten unterscheiden:

– Typisch für **expressiv-argumentierende Texte** (vgl. Kap. 4, S. 69ff) ist die Tatsache, daß in solchen Texten Überzeugungen argumentativ vertreten, Gegenpositionen aufgezeigt, mit anderen Worten ein **„für"** und ein **„wider"**, ein **„pour"** und ein **„contre"** erörtert werden.

– In einem **beschreibend-informierenden Text** findest du dagegen **keine** argumentativen Auseinandersetzungen, wobei es natürlich vorkommen kann, daß ein **beschreibend-informierender Text** nur gute oder auch nur schlechte Seiten eines Beschreibungsgegenstands anspricht und somit alles andere als objektiv ist; er wird aber **nicht** zu einer eigenen Wertung des Gesagten gelangen. Es bleibt dir, dem Leser überlassen, anschließend eine Person niederträchtig, eine Gegend wunderschön, eine Frau hinreißend oder eine Situation undurchsichtig zu finden.

Manchmal bereiten aber **beschreibend-informierende Texte** argumentative Auseinandersetzungen vor: Nach einer längeren Beschreibung folgt schließlich eine Bewertung. In diesem Fall ist die Beschreibung ein besonders geschickt getarntes Argument (vgl. hierzu auch S. 72).

c) Wie sich beschreibend-informierende Texte von appellativen Texten unterscheiden:

In Kapitel 5 (vgl. S. 94ff) wirst du erfahren, welche Merkmale typisch für **appellative Texte** sind. Dabei wirst du sehen, daß solche Texte die Absicht verfolgen, beim Leser eine **bestimmte konkrete Reaktion** auszulösen, ihn zu einem bestimmten Handeln **aufzufordern,** ihn dazu zu bringen, etwas im Sinne des Autors zu tun. **Beschreibend-informierende Texte** können allerdings auch das Handeln des Lesers **beeinflussen** und zwar durch die Informationen, die sie vermitteln – so wird ihn eine schlechte Wetterinformation wahrscheinlich davon abhalten, eine Bergtour zu unternehmen oder ins Freibad zu gehen –, diese Texte fordern jedoch **nicht** direkt dazu auf, etwas zu tun oder zu unterlassen.

Annäherung an beschreibend-informierende Texte

Vorsichtige Annäherung

Um dir für den Moment ein lästiges Hin- und Herblättern zu ersparen, wollen wir dir einen weiteren kurzen Text vorstellen.

Text 12

Tropisme XVI

Maintenant ils étaient vieux, ils étaient tout usés, «comme de vieux meubles qui ont beaucoup servi, qui ont fait leur temps et accompli leur tâche», et ils poussaient parfois (c'était leur coquetterie[1]) une sorte de soupir sec, plein de résignation, de soulagement[2]), qui ressemblait à un craquement[3]).

Par les soirs doux de printemps, ils allaient se promener ensemble, «maintenant que la jeunesse était passée, maintenant que les passions étaient finies», ils allaient se promener tranquillement, «prendre un peu le frais[4]) avant d'aller se coucher», s'asseoir dans un café, passer quelques instants en bavardant.

Ils choisissaient avec beaucoup de précautions[5]) un coin bien abrité[6]) («pas ici: c'est dans le courant d'air, ni là: juste à côté des lavabos»), ils s'asseyaient – «Ah! ces vieux os[7]), on se fait vieux. Ah! Ah!» – et ils faisaient entendre leur craquement.

La salle avait un éclat[8]) souillé[9]) et froid, les garçons circulaient trop vite, d'un air un peu brutal, indifférent, les glaces[10]) reflétaient durement des visages fripés[11]) et des yeux clignotants[12]).

Mais ils ne demandaient rien de plus, c'était cela, ils le savaient, il ne fallait rien attendre, rien demander, c'était ainsi, il n'y avait rien de plus, c'était cela, «la vie». Rien d'autre, rien de plus, ici ou là, ils le savaient maintenant.

Il ne fallait pas se révolter, rêver, attendre, faire des efforts, s'enfuir, il fallait juste choisir attentivement (le garçon attendait), serait-ce une grenadine[13]) ou un café? crème ou nature? en acceptant modestement de vivre – ici ou là – et de laisser passer le temps.

(von N. Sarraute)

Vocabulaire:
1)coquetterie – Eitelkeit, Eleganz 2)soulagement – Erleichterung 3)craquement – Knacken, Krachen 4)prendre le frais – frische Luft schnappen 5)faire qc avec précaution – etw. vorsichtig tun 6)abrité, e – windgeschützt 7)os, m. – Knochen 8)éclat, m. – Glanz, Pracht 9)souiller – verdrecken, beschmutzen 10)glace – Spiegelglas 11)fripé, e – faltig 12)des yeux clignotants – blinzelnde Augen 13)grenadine – Granatapfelgetränk

Ausgangspunkt für eine Annäherung an unsere Textart soll ihr charakteristisches Merkmal sein: der vom Autor mittels seines Textes ausgefüllte **thematische Rahmen.** Du mußt dich also zunächst fragen,

- **was** beschrieben wird,
- **worüber** der Text informiert.

Anschließend gehst du den Text durch und ziehst alle **Beschreibungselemente** bzw. **Informationen** heraus, die dazu beitragen, daß dieser Rahmen ausgefüllt wird.

Sehen wir uns unter diesen Überlegungen den – vollständig wiedergegebenen – **Text 12** von *Nathalie Sarraute* (geb. 1900), einer weltberühmten französischen Schriftstellerin, an. Darin geht es ganz offensichtlich um die **Beschreibung** einer sich jetzt *(maintenant)* häufig wiederholenden, gewohnheitsmäßigen (*par les soirs doux de printemps,* Gebrauch des *Imparfait*) Lebenssituation eines Paares oder – das läßt sich nicht entscheiden – einer Gruppe von Menschen *(ils):*

Das Personalpronomen ***ils*** und **die aktuelle Lebenssituation** der damit gemeinten Menschen bilden demnach den **thematischen Rahmen.**

Folgst du nun der Chronologie des Textes, so findest du nach und nach die zu diesem Rahmen gehörenden **Beschreibungselemente.** Am besten unterstreichst du sie zunächst mit einem Bleistift bzw. markierst sie mit dem Textmarker. Um mit ihrer Hilfe weiterarbeiten zu können, trägst du sie anschließend in eine **Tabelle,** ein **Raster** ein. Du kennst ja inzwischen unsere Vorliebe für solche Raster!

Das Ergebnis dieses ersten Schrittes sieht für unseren Text etwa so aus:

Raster 1

Thematischer Rahmen	**Beschreibungselemente / Informationen (mit Zeilenangabe)**	
la situation actuelle des personnages («ils»)	– vieux (2) – tout usés (3) – pousser des soupirs pleins de résignation et de soulagement (6–8) – jeunesse passée, passions finies (12–13) – se promener tranquillement (14) – passer le temps dans un café en bavardant (16–17)	

	– visages fripés, yeux clignotants (28, 29) – ne demander rien de plus (30) – ne rien attendre, ne rien demander (32) – ne pas devoir se révolter, rêver, attendre, faire des efforts, s'enfuir (36, 37) – accepter modestement de vivre (41) – laisser passer le temps (42)	

Sieh dir jetzt einmal diese noch unvollständige Tabelle an und überlege, wie wir weitergehen können auf unserem Weg zum **Résumé.**
Das Problem, das sich aus der Auflistung der Beschreibungselemente und Informationen in der zweiten Spalte ergibt, liegt darin, daß wir bisher nur die zuvor unterstrichenen Aussagen vom übrigen Text isoliert haben. Die hierbei getroffenen Entscheidungen sind sicherlich schon sehr bedeutsam, denn schließlich werden uns von nun an nicht mehr alle Textteile, sondern nur die Elemente in Spalte 2 für das zu erstellende **Résumé** interessieren. Wir haben mit anderen Worten bereits die für die **„Compréhension"** dieses beschreibend-informierenden Textes wichtigen Aussagen herausgearbeitet. Doch widerspräche es den Regeln des **Résumé,** wenn wir diese Elemente jetzt einfach wörtlich in einen Text übernehmen würden. Zum einen würden wir eine viel zu große Zahl unbedeutender Einzelheiten wiedergeben, zum anderen verstießen wir gegen die Regel (bzw. die Forderung deiner Lehrer!), Zitatcollagen zu vermeiden.

Wir kommen also nicht umhin, noch einen Zwischenschritt zu gehen, bevor wir mit der Erstellung des **Résumé** beginnen. Wie sieht dieser Schritt aus?

Du mußt versuchen,

zu **allgemeineren, abstrakteren** Begriffen

zu gelangen, d. h. zu Oberbegriffen oder Verallgemeinerungen, denen die Detailinformationen zugeordnet werden können, d. h. du mußt dich also als nächstes fragen,

was der Autor eigentlich beschreibt,

worüber er eigentlich spricht,

wenn er dieses oder jenes Detail anführt.

Gehen wir schnell wieder zu unserem Text von *Nathalie Sarraute,* damit deutlicher wird, was zu tun ist.
Nimm die ersten vier Aussagen der Spalte 2 des Rasters *(vieux, tout usés, pousser des soupirs pleins de résignation et de soulagement, jeunesse passée, passions finies)* und frag dich, worüber die Autorin hier spricht. Dabei könntest du beispielsweise zu folgenden Ergebnissen gelangen:

1. Die Autorin spricht über den Lebensabend ***(le soir de la vie)*** alter Leute:

   Le soir de la vie d'un couple ou d'un groupe de vieillards

2. Die Autorin spricht über deren körperlichen und seelischen Zustand ***(l'état physique et psychique),*** der gekennzeichnet ist durch Erschöpfung ***(épuisement),*** Müdigkeit ***(fatigue),*** aber auch Erleichterung ***(soulagement):***

   L'état physique et psychique: une grande fatigue

Wenn du weitergehst und die nächsten drei Informationen aus der Tabelle in gleicher Weise befragst, gelangst du vielleicht zu folgender Antwort:

3. Die Autorin spricht über den Zeitvertreib ***(le passe-temps)*** der alten Leute, der aus Spaziergängen ***(promenades)*** und kleinen Unterhaltungen ***(conversations)*** im Café besteht:

   Le passe-temps: promenades et conversations au café

Und schließlich bei den letzten fünf Aussagen könntest du sagen:

4. Die Autorin spricht darüber, welche Verhaltens- und Denkweisen ***(conduite et mentalité)*** für das Leben der alten Leute charakteristisch sind, wenn sie sich in der Gesellschaft ***(société)*** (der Jüngeren) bewegen: ein Leben ohne Empörungen ***(révoltes)*** und ohne Träume ***(rêves)***, ohne Forderungen ***(exigences)*** und ohne Erwartungen ***(attentes)***, stattdessen voller Resignation ***(résignation):***

Conduite et mentalité caractéristiques des gens âgés: ni révoltes ni rêves, ni exigences ni attentes, mais la résignation.

Die deutschen Aussagen laufen natürlich normalerweise nur in deinem Kopf ab, deswegen haben wir die französischen Entsprechungen auch hervorgehoben. Andererseits ist es der übliche Weg, daß wir zuerst in der Muttersprache denken und dann anschließend versuchen, unsere Gedanken in der Fremdsprache auszudrücken.
Die französischen Antworten auf die Fragen an die Einzelelemente trägst du dann später als Ergebnis dieses Schrittes (hin zum **Résumé**) in die dritte Spalte der Tabelle ein, so daß das vollständige Raster für unseren Text wie folgt aussieht:

Raster 2

Thematischer Rahmen	**Beschreibungselemente / Informationen**	**Verallgemeinerungen**
la situation actuelle des personnages («ils»)	– vieux – tout usés – pousser des soupirs pleins de résignation et de soulagement – jeunesse passée, passions finies	**le soir de la vie d'un couple ou d'un groupe de vieillards** **l'état physique et psychique: une grande fatigue**
	– se promener tranquillement – passer le temps dans un café en bavardant	**le passe-temps: promenades et conversations au café**
	– visages fripés, yeux clignotants – ne demander rien de plus – ne rien attendre, ne rien demander	**conduite et mentalité caractéristiques des gens âgés:**
	– ne pas devoir se révolter, rêver, attendre, faire des efforts, s'enfuir – accepter modestement de vivre – laisser passer le temps	**ni révoltes ni rêves** **ni exigences ni attentes** **mais la résignation**

Die **Basis** für ein **Résumé** stellt dann die **ausgefüllte Spalte 3** des Rasters dar, die es dir erlaubt, dich weitgehend vom Wortlaut des Textes selbst zu lösen, zugleich aber seine Hauptaussagen in aller Kürze wiederzugeben.
Wichtig ist, daß dir dabei die Wechselbeziehung zwischen der Spalte 2, in der sich noch Originalaussagen des Textes (ggf. ganz leicht verändert) befinden, und der dritten Spalte klar ist, die versucht, ein allgemeines und abstrakteres Niveau zu erlangen. So können im Résumé **Elemente** aus der **zweiten Spalte** als **Beispiele** dazu beitragen, die allgemeinen Aussagen so weit zu konkretisieren, daß der Bezug zum Originaltext nicht verlorengeht.

Um dir zu verdeutlichen, welch wichtiger Schritt die Arbeit an Spalte 3 ist, haben wir die dort genannten Aussagen im nun folgenden **Résumévorschlag fett**gedruckt:

Dans ce petit texte de Nathalie Sarraute extrait de «Tropismes», l'auteur décrit **le soir de la vie d'un couple ou d'un groupe de vieillards** dont on n'apprend ni le nom ni l'âge exact. Après nous avoir informés de **leur état physique et psychique,** caractérisé par **une grande fatigue,** elle parle de **leur passe-temps** régulier au printemps: à condition qu'il fasse doux, des **promenades** tranquilles et de petites **conversations au café** remplissent leurs journées. Ensuite Nathalie Sarraute attire l'attention sur **leur conduite et leur mentalité dans leur vie en société:** sachant bien devoir accepter une vie **sans révoltes ni rêves, sans exigences ni attentes,** ils **se résignent** à leur situation en laissant «passer le temps».

Zusammenfassung · Zusammenfassung · Zusammenfassung

Fassen wir noch einmal die Schritte zusammen, die zum **Résumé** eines **beschreibend-informierenden Textes** führen:

1. Feststellen des **thematischen Rahmens.**

2. Herausarbeiten der **Beschreibungselemente** und **Informationen,** die den thematischen Rahmen ausfüllen; diese können beim Résumé als erläuternde **Beispiele** dienen.

3. Ordnen und Zusammenfassen mehrerer Elemente unter **abstraktere, allgemeinere Oberbegriffe;** diese stellen die **Grundlage** des Résumé dar.

Das methodische Verfahren, das uns zum Résumé eines beschreibend-informierenden Textes geführt hat, kannst du in den folgenden Übungen vertiefen. Selbstverständlich werden wir dir dabei zahlreiche Hilfen geben, so daß du dich langsam an die hier notwendige Vorgehensweise gewöhnen kannst. Wir greifen dabei auf verschiedene dir im Laufe dieses Kapitels bereits begegnete Texte zurück.

Ü 4

Grundlage: **Text 2**, S. 42/43

In dieser Übung geben wir dir ein Raster vor, in das die verallgemeinernden, zusammenfassenden Aussagen bereits eingetragen wurden. Deine Aufgabe soll es nun sein, aus dem Text diejenigen Informationen herauszuarbeiten, die in die zweite Spalte gehören. Dazu mußt du den Text noch einmal gründlich durchlesen und in ihm die Aussagen, die den ebenfalls vorgegebenen **thematischen Rahmen** ausfüllen, unterstreichen und sie anschließend in das Raster eintragen.

Tu as bien compris? Alors, bon courage!

Raster 3

Thematischer Rahmen	Beschreibungselemente / Informationen	Verallgemeinerungen
le mot «amour»		les particularités grammaticales: «amour» varie en genre suivant le nombre
		les particularités sémantiques: sens ambigu et imprécis – le sentiment d'amour – l'acte sexuel caractère inséparable des deux significations

Ü 5

Auf der Grundlage von **Übung 4** haben wir dir nun ein **Résumé** des Textes von *Mermet* angefertigt, in dem allerdings einige Lücken zu schließen sind. Um diese richtig auszufüllen, übersetzt du einfach das angegebene deutsche Impulswort. Zur Kontrolle: Einige Begriffe entsprechen denen in der **Spalte 3** des Rasters von **Übung 4.** Sie sind in der deutschen Vorgabe unterstrichen, damit du sie wiedererkennst und vergleichen kannst.

Alle anderen „Lückenfüller" gehören aber zum allgemeinen Textbesprechungsvokabular, das für die Erstellung eines ***résumé structuré*** wichtig ist, und das wir hier ja im Grunde bereits als bekannt voraussetzen. Um dir jedoch die Wiederholung dieser Wörter zu erleichtern, haben wir sie über der Übung ungeordnet aufgeführt. (Schreibe bitte das komplette Résumé mit allen gefüllten Lücken in dein Heft.)

tiré – explique – ensuite – article – informe – rédigé – d'abord – l'auteur

Dans ce passage (entnommen)... du livre «Francoscopie» (verfaßt)... en 1985 par G. Mermet, (der Autor)... nous (informiert)... (zunächst)... (über die grammatischen Besonderheiten)... du mot «amour» en signalant qu'il varie en (Geschlecht)... suivant le nombre (masculin au singulier, féminin au pluriel). (Darauf)..., en parlant (von den semantischen Besonderheiten)..., Mermet (erklärt)... (die doppeldeutige und ungenaue Bedeutung)... du mot exprimant à la fois (das Liebesgefühl)... et (den Geschlechtsakt)..., tout en soulignant (die Untrennbarkeit der beiden Bedeutungen)... .

Ü 6

Diesmal gehen wir im Grunde genommen genau umgekehrt vor. Wir geben dir den thematischen Rahmen und die Beschreibungselemente, die ihn ausfüllen, vor. Dir bleibt die Aufgabe, die **Spalte 3** mit den entsprechenden Begriffen bzw. Aussagen zu füllen. Damit dies aber nicht zu schwer wird, stellen wir dir zunächst zu den einzelnen Teilabschnitten Fragen, deren Antworten die gesuchten Angaben für die dritte Spalte darstellen. Zur eigenen Kontrolle findest du außerdem die richtigen Antworten ungeordnet am Ende der Übung. Textgrundlage ist diesmal der **Text 1** auf S. 42)

a) De quoi l'auteur parle-t-il dans la partie A (siehe Spalte 2)?
   Il parle ... (eintragen in Spalte 3 bei 1.)
b) Qu'est-ce qu'il décrit dans la partie B (siehe Spalte 2)?
   Il décrit ... (eintragen in Spalte 3 bei 2.)
c) Quel est donc le sujet général des parties A et B dont se compose la première partie du portrait?
   C'est ... (eintragen in Spalte 3 bei I.)
d) De quels traits de caractère l' auteur informe-t-il entre autres dans la partie C (siehe Spalte 2)?
   Il informe de leur ..., de leur ... et du fait qu'elles sont presque ... (eintragen in Spalte 3 bei 3.).
e) Quels aspects des deux filles présente-t-il dans la partie C (siehe Spalte 2)?
   Il présente leur ... et leurs ... (eintragen in Spalte 3 bei II)

Raster 4

Spalte 1 **Thematischer Rahmen**	Spalte 2 **Beschreibungselemente / Informationen**	Spalte 3 **Verallgemeinerungen**
deux filles qu'on appelle Pouce et Poussy	– petites A. – brunes – visage enfantin – un bout de nez – de beaux yeux noirs qui brillent	I. ______ 1. ______
	B. – pas belles – trop minces – de petits bras – des jambes longues – des épaules carrées	2. ______
	– un drôle de rire aigu	
	C. – elles ont du charme – elles rient souvent – elles sont presque toujours ensemble – elles sont tristes quand elles sont séparées	II. ______ 3. ______ ______

Antworten: inséparables – le caractère – le corps et les membres – charme – le physique – gaîté – le visage / la figure – sentiments

Ü 7

Hast du alles richtig beantwortet und in das Raster eingetragen? Dann wirst du keine Probleme haben, das folgende Résumé dieses Textes zu vervollständigen. Du mußt jetzt nur die Begriffe aus dem Raster in die Lücken einsetzen. Deshalb haben wir diesmal auf deutsche Impulswörter verzichtet – du hast ja schon alles vorbereitet.

Dans ce texte, le début d'un conte de J.M.G. Le Clézio intitulé «La grande vie», l' auteur trace le portrait de deux filles appelées Pouce et Poussy. D'abord, Le Clézio parle de leur physique en donnant une descirption de la tête, avec une visage ___ (un ___) rappelant encore l'enfance, ainsi que du ___ et des ___ dont les formes et les dimensions empêchent de trouver les deux filles vraiment belles. Ensuite, considérant leur ___ et leurs ___ , l'auteur constate que, aimées de tout le monde pour leur ___ et leur ___ Pouce et Poussy sont presque ___

Ü 8

Textgrundlage: **Text 4,** S. 46/47

Diesmal geht es darum, einen **Résumévorschlag** zu vervollständigen. Lies dazu noch einmal den oben angegebenen Text durch, damit du genau weißt, worum es darin geht. Zur Hilfe findest du die französischen Entsprechungen der deutschen Impulswörter wieder vor der Übung ungeordnet aufgeführt, wobei die verallgemeinernden Begriffe unterstrichen sind.

Alles klar? Alors, vas-y!

Elemente für die Lücken: des institutions culturelles – la beauté des espaces verts – une description – mentionne – détails – l'architecture moderne – décrit – des facilités pour faire des achats près de chez soi – la femme auteur – respecter la verdure – une vue d'ensemble – l'intérieur accueillant

Dans ce texte tiré du roman Les Petits Enfants du Siècle paru en 1961, Christiane Rochefort fait (eine Beschreibung) ... de Sarcelles, ville-satellite près de Paris, vue par les yeux du je-narrateur. Après avoir donné (einen Gesamteindruck) ... des grands blocs de maisons s'étendant sur des kilomètres, (die Autorin) ... (beschreibt) ... quelques (Einzelheiten) ... de la ville. Elle (erwähnt) ... d'abord (die Schönheit der Grünflächen) ... sur lesquels des panneaux invitent les gens à bien (das Grün zu respektieren) .... Par la suite, elle parle (von den guten Möglichkeiten, die Einkäufe nahe von Zuhause zu tätigen) ... et (von Kultureinrichtungen) ..., par exemple de la bibliothèque dont (die moderne Architektur) ... et (das freundliche Innere) ... plaisent beaucoup au je-narrateur.

Typische Wendungen für das Résumé beschreibend-informierender Texte

Bei der Arbeit an den verschiedenen **Résumévorschlägen,** die wir dir in diesem Kapitel vorgestellt haben, ist dir wahrscheinlich aufgefallen, daß es auch für beschreibend-informierende Texte ein ganz bestimmtes **Besprechungsvokabular** zum Ausdruck des **„Autortuns"** (so heißt das nun mal in der Fachsprache) gibt. Einen Überblick über diese schon aufgetauchten Wendungen und eine Anzahl möglicher Alternativen wollen wir dir jetzt in einer ersten Aufstellung geben.

Anschließend findest du einige solcher Ausdrücke, die du für die nicht immer ganz leicht zu lösende Aufgabe, zusammenfassende bzw. verallgemeinernde Begriffe zu finden, gebrauchen kannst. Natürlich ist die hierzu angebotene Übersicht in keiner Weise vollständig, was angesichts der Vielfalt der Texte und Themen auch unmöglich wäre; sie stellt nur ein kleines, aber doch vielseitig verwendbares Angebot dar. Dabei liegt ein deutlicher Schwerpunkt auf der **Personenbeschreibung,** weil diese gerade in **literarischen Texten** von großer Bedeutung ist.

Typische „Wendungen"von Pierre . . .

Tabelle 1

Was tut der Autor? (typische Wendungen)

il donne une vue d'ensemble de	er gibt einen Überblick über
il entre dans le(s) détail(s) (en + Gérondif)	er geht auf die Einzelheiten ein, (indem . . .)
il énumère (Inf.: énumérer)	er zählt auf, führt auf
il décrit (Inf.: décrire)	er beschreibt
il dépeint (Inf.: dépeindre)	er schildert
il {fait / donne} une description de	er {gibt / macht} eine Beschreibung von
il brosse {le tableau / la peinture} de	er entwirft ein Bild von
il donne une {image / idée} de	er gibt eine Vorstellung von
il {fait / trace} le portrait de	er zeichnet das Portrait von

il informe {de / que}	er informiert {über / daß}
il renseigne sur	er unterrichtet über
il instruit qn de (Inf.: instruire)	er setzt jdn in Kenntnis von
il fait part de qc à qn	er teilt jdm etw. mit
il met qn au courant de qc	er orientiert jdn über etw.
il donne des {informations, f. / renseignements, m.} sur	er gibt {Informationen / Auskünfte} über
il parle de qc	er spricht von etw.
il mentionne qc / il fait mention de qc	er erwähnt etw.
il fait savoir qc à qn	er teilt jdm etw. mit
il évoque qc	er stellt etw. dar, er gibt eine Vorstellung von etw.
il explique qc	er erklärt etw.
il expose qc	er legt etw. dar
il signale {qc / que}	er weist auf etw. hin, erwähnt etw. / er weist darauf hin, daß
il présente qc/qn	er stellt etw./jdn vor

Bevor wir uns der nächsten Übersichtsliste zuwenden, wollen wir dir eine kleine Pause gönnen, damit du mittels der folgenden, bequem zu lösenden Übungen das neue Vokabular etwas festigen kannst.

Il fait le portrait de ...

Allerdings – und das weißt du ja sicher auch schon – kann einmaliges Üben dir noch keine Sicherheit im Gebrauch der neuen Ausdrücke geben!
Also, lieber zu viel als zu wenig üben – und vor allem die neuen Wendungen und Verben in der nächsten Zeit bewußt häufig aktiv verwenden.

Ü 9

Suche zumindest **eine** Alternative für die fett gedruckten Wörter:

1. L'auteur **décrit** (présente) d'abord les bâtiments du quartier.

2. Le texte donne beaucoup **d'informations** (de renseignements) sur la vie culturelle à Paris.

3. L'article **instruit** (informe) des grandes difficultés auxquelles les travailleurs immigrés sont confrontés en France.

4. L'auteur **fait** (trace) le portrait de deux jeunes mariés en **décrivant** (depeingant) minutieusement leur physique et leur caractère.

5. En brossant **le tableau** (le portrait) de cette famille, l'auteur nous donne **une idée** (une image) des valeurs bourgeoises du 19ème siècle.

Ü 10

Vervollständige die Wörter. Jeder Strich entspricht einem fehlenden Buchstaben.

1. Après nous avoir d_o_ _n_ _n_é une v_u_ _e_ d'_ _ _ _ _ _ _ _ble de cette ville-satellite, l'auteur en_ _ _ _ dans le _ _é_ _ _ _ _l en én_ _ _ _er_ _ _ _ _ tous les magasins, toutes les institutions culturelles et sociales qui s'y trouvent.

2. En f_ _ _ _ant une des_ _ _ _pt_ _ _ _ du petit village, le journaliste ex_ _l_ _q_ _ _ en même temps les problèmes particuliers de ses habitants.

3. Dans la première partie où l'auteur s_ _gn_ _ _ _ le problème général de cette sorte d'éducation, il m_ _ _ti_ _ _ _ _ _ aussi la situation particulière de Marie-Françoise.

Ü 11

Trage die richtigen französischen Ausdrücke ein:

1. Dans ce texte, la femme auteur (zeichnet das Portrait) ____________________ ____________ d'une jeune femme dont les cheveux noirs et les yeux bleus sont deux éléments caractéristiques de son physique.

2. L'auteur (gibt eine Beschreibung) ____________________ de ses vêtements, dont les couleurs dominantes sont le blanc et le noir.

3. Dans ce texte, l'auteur (gibt eine Vorstellung) ____________________ ______ d' Hélène, une des trois femmes qui, habitant ensemble dans la même maison, s' occupent des deux garçons.

4. L'auteur (erwähnt) ____________________ aussi les circonstances à cause desquelles celle-ci boite un peu.

5. Le texte (unterrichtet über) ____________________ l' importance de la vie familiale pour la jeune génération en nous (mitteilen – *Gérondif* –) __________ ______________ que malgré tous les changements, la famille reste un élément essentiel de leur vie sociale.

6. L'auteur (gibt eine Vorstellung) ____________________ détaillée du décor. (Er schildert) ____________________ une place villageoise en (aufführen – *Gérondif*) ____________________ tous les bâtiments et tous les objets qui s'y trouvent. A la fin, il (orientiert uns über) __________ ____________________ temps qu'il fait pendant le premier acte, en (erwähnen – *Gérondif* –) ____________________ le bleu du ciel et la violence de la lumière.

Tabelle 2

Was beschreibt der Autor? Worüber informiert er?

1. Das äußere Erscheinungsbild	
le physique	das Äußere
la physionomie	der Gesichtsausdruck
la mimique	die Mimik, das Mienenspiel
le visage la figure	das Gesicht
le corps	der Körper
les membres, m.	die Gliedmaßen
l'état (m.) physique	der körperliche Zustand
2. Der Charakter	
le caractère	der Charakter
les traits (m.) de caractère	die Charakterzüge
le moral	die innere Haltung
la psychologie	das Seelenleben
l'état d'âme l'état psychique	der seelische Zustand
l'état d'esprit	die Geisteshaltung
la mentalité	die Denkart, Geisteshaltung
la personnalité	die Persönlichkeit
la conduite	das Verhalten, die Verhaltensweise
le comportement	das Benehmen
l'attitude, (f.)	die Einstellung
le sentiment	das Gefühl
la passion	die Leidenschaft

3. Eine Auswahl verallgemeinernder Begriffe

le problème	das Problem
la difficulté	die Schwierigkeit
la particularité	die Besonderheit
l'aspect, m.	der Gesichtspunkt
l'aspect { général / particulier	der { allgemeine / besondere } Gesichtspunkt
la situation	die Lage
la situation { générale / particulière	die { allgemeine / besondere } Lage
la qualité	die Eigenschaft
la valeur	der Wert
la quantité	die Menge
l'objet, m.	der Gegenstand
la matière	der Stoff
l'événement, m.	das Ereignis
la fête	die Feier
la cérémonie	die feierliche Handlung
l'activité, f.	die Tätigkeit
l'action, f.	die Handlung
le passe-temps	der Zeitvertreib
le bâtiment	das Gebäude

Ü 12

Fülle die jeweiligen Lücken aus, indem du das deutsche Impulswort übersetzt.

1. En traçant le portrait du jeune garçon, l'auteur nous donne d'abord une idée de (seinem Äußeren) ______________________.
2. Ensuite, l'écrivain dépeint (seinen Charakter)______________________ ________en parlant de (seiner Verhaltensweise) ______________________, de (seiner Geisteshaltung) ______________________ et de (seinen Gefühlen) ______________________.

3. Après nous avoir informés des (Tätigkeiten) ______________________________ professionnelles de ce jeune homme, il expose (die Besonderheiten seiner Persönlichkeit) ______________________________ tout en évoquant (seinen schlechten seelischen Zustand) ______________________________ .

4. Avant de décrire minutieusement (die feierliche Handlung) ____________________ , ____________________ l'auteur instruit d'abord des (allgemeinen Gesichtspunkten) ______________________________ (dieses Festes) ____________________ ____________________ .

5. Dans le texte, l'auteur renseigne sur les (guten Eigenschaften) ____________________ ____________________ (dieses Stoffes) ______________________________ .

6. L'article traite des (allgemeinen Schwierigkeiten)______________________________ __________ pour faire des achats dans ce quartier et signale (das besondere Problem) ______________________________ des transports en commun.

7. L'auteur présente deux personnes dont (das Benehmen) ____________________ __________ paraît bien étrange et dont (der körperliche Zustand) ____________________ ____________________ et les vêtements évoquent une vie en marge de la société.

4. Kapitel

Expressiv-argumentierende Texte (textes d'opinion)

In diesem Kapitel geht es um Arbeitshilfen für das inhaltliche Erfassen ***(Compréhension)***, d. h. das Erfassen der **manifesten Informationen**

expressiv-argumentierender Texte.

Zur Erinnerung: **Expressiv-argumentierende Texte** nennen wir hier solche Texte, in denen die Autoren **wertend Stellung nehmen, kritisch** ihre **Meinung äußern, überzeugen** wollen (vgl. das Einleitungskapitel).

Anhand von zwei Textbeispielen wollen wir dich zunächst

1. mit **charakteristischen Merkmalen expressiv-argumentierender Texte,**
2. mit **Erschließungshilfen** für diese Textart

vertraut machen.

Zwei Beispiele für expressiv-argumentierende Texte

Im ersten Text, der bereits im Einleitungskapitel (S. 8) verwendet wurde, geht es um die Einstellung zur Freikörperkultur (FKK – *naturisme*). Im zweiten Text spricht *Ionesco* von seiner Einstellung zum Leben.

Lies dir die folgenden Texte durch. Da wir in diesem Kapitel häufiger auf sie zurückkommen werden, solltest du die beiden relativ kurzen Texte allerdings nicht nur überfliegen, sondern gründlich lesen!

Text 1

● Je suis contre le naturisme, clame Claudine, vingt-sept ans, comptable. Ses adeptes parlent de philosophie, de retour à la nature. Mais il y a belle lurette que les hommes ne vivent plus à l'état naturel. Les vêtements font partie du confort et de la civilisation. Vous avouerez quand même que porter un petit maillot de bain, ce n'est pas bien gênant! Surtout qu'aujourd'hui, ils ne sont pas très encombrants. Montrer son sexe publiquement, pour moi, c'est de l'exhibitionnisme. Le sexe doit être réservé à l'intimité, à l'amour. Le banaliser, c'est détruire une part de secret nécessaire à l'épanouissement de l'érotisme.

(aus „Femme actuelle")

Vocabulaire:
naturisme – Freikörperkultur; clamer – hinausrufen; comptable – Buchhalterin; adepte – Anhänger; il y a belle lurette – es ist schon lange her; avouer – zugeben; gênant – behindernd, einengend; encombrant – platzraubend; sexe – Geschlechtsteile; épanouissement – Aufblühen, Entfaltung

Text 2

Je ne sais pas s'il y a un sens ou non, si le monde est absurde ou non, pour nous il est absurde, nous sommes absurdes, nous vivons dans l'absurde. Nous sommes nés trompés.

Condamnés à ne rien savoir, sauf que la tragédie est universelle, on nous dit maintenant que la mort est un phénomène naturel, que la souffrance est naturelle, qu'il faut l'accepter parce qu'elle est naturelle. Ce n'est pas une solution. Pourquoi cela est-il naturel et que veut dire naturel? Le naturel c'est justement l'incurable que je n'accepte pas. (...)
On vous dira qu'il ne faut pas être obsédé par ces choses, qu'il est anormal que ces choses vous obsèdent. Il me semble qu'il est anormal que ces choses ne vous obsèdent point et que le goût de vivre, le désir de vivre endorment notre conscience.

(von Eugène Ionesco)

Vocabulaire:
absurde – sinnlos; né (naître) – geboren; souffrance – Leiden; solution – Lösung; incurable – unheilbar; être obsédé – besessen sein; goût – Lust; endormir – einschläfern; la conscience – das Bewußtsein

Ü 1

Und nun: Prüfe deine **„Lesefrüchte"**:

Kreuze die Aussagen an, die nicht zum Text passen, also in diesem Zusammenhang falsch sind.

Text 1

☐ ① Les adeptes du naturisme parlent de retour à la nature.
☐ ② Claudine pense qu'aujourd'hui nous vivons à l'état naturel.
☐ ③ Elle aime se promener sans maillot de bain.
☐ ④ Mais elle ne veut pas montrer son sexe publiquement.

Text 2

☐ ① Selon Ionesco, l'homme ne connaît pas le sens de la vie.
☐ ② Pour Ionesco, la mort est un phénomène naturel.
☐ ③ Chaque être humain est obsédé par le sens de sa vie.
☐ ④ Mais d'après Ionesco, il est anormal d'être obsédé par le sens de sa vie.

1. Charakteristische Merkmale expressiv-argumentierender Texte

Keine Angst! Wir werden dich hier nicht mit grauer Theorie belasten.

> Aber: Das **Wissen** um die **charakteristischen Merkmale** unserer Textart stellt bereits eine wichtige **Hilfe** für das **Verstehen** eines entsprechenden Textes dar!

> Die wichtigsten Merkmale **expressiv-argumentierender Texte** lassen sich mit den folgenden drei Begriffspaaren kennzeichnen:
>
> (a) **Überzeugung** – **Ich-Position**
> (b) **Begründung** – **Argumente**
> (c) **Abgrenzung** – **Gegenpositionen**

(a) **Überzeugung / Ich-Position:**

In **expressiv-argumentierenden Texten** bringen die Autoren ihre **eigenen,** durchaus **subjektiven Überzeugungen, Meinungen, Standpunkte, Einstellungen** zum Ausdruck.

Dies ist in dem Wort **expressiv** angedeutet! Die Autoren sprechen standpunktbezogen, **drücken** ihre Überzeugung **aus.** Das zeigt sich formal darin, daß die erste Person verwendet wird. Die **Überzeugung/Ich-Position** der Autoren ist in Texten unserer Textart meist recht leicht festzustellen:

In **Text 1** vertritt *Claudine* ihre Ablehnung des „*naturisme*“, in **Text 2** spricht sich *Ionesco* für eine Bewußtmachung der tragischen Situation des Menschen in der Welt aus.

(b) **Begründung / Argumente:**

Meist bleibt es in **expressiv-argumentierenden Texten** nicht bei der bloßen Verdeutlichung des eigenen Standpunktes, sondern die Autoren führen **Argumente** an, mit denen sie ihren Standpunkt **begründen,** stützen.

In **Text 1** ist dies ganz eindeutig: Der Satz *„les hommes ne vivent plus à l'état naturel"* (Zeile 4–5) enthält ein **Argument** (u. a.), mit dem *Claudine* ihren Standpunkt **begründet.**
In **Text 2** ist die Begründung weniger eindeutig. In ihm dominieren die „expressiven" Anteile gegenüber den „argumentierenden". Das ist nicht untypisch für *Ionesco*. Immerhin **argumentiert** auch er, wenn auch versteckter: Der Hinweis auf das eingeschlafene Bewußtsein derer, die ihm widersprechen, stützt indirekt seinen Standpunkt: ... ein waches Bewußtsein ist besser als ein eingeschlafenes!

Wichtiger Hinweis: In expressiv-argumentierenden Texten finden sich bisweilen kürzere und längere Passagen, in denen bloße Fakten und Sachverhalte wiedergegeben, beschrieben werden. **Diese informierenden Passagen haben hier die Rolle und Funktion von Argumenten.**

Beispiel: In einem Text zur Ausländerproblematik schreibt der Autor: *„Les Français sont choqués par deux chiffres. Celui des chômeurs qui dépasse 2 millions; celui des travailleurs étrangers dans notre pays qui atteint 4,2 millions. C'est trop."* Die Zahlenangaben dienen dem Autor hier als Argument für seine ablehnende Einstellung gegenüber Ausländern.

(c) **Abgrenzung / Gegenpositionen:**

In **expressiv-argumentierenden Texten** wird die eigene Meinung oft nicht nur mit Argumenten begründet, sondern auch durch **Abgrenzung** und **Ablehnung** von anderen, entgegengesetzten Überzeugungen unterstrichen. Dieses Merkmal ist besonders charakteristisch für die vorliegende Textart.

Die **Gegenposition** bedarf nicht einmal immer einer direkten Erwähnung, um dem Leser klar zu werden. Unser Sprechen und Denken ist grundsätzlich so angelegt, daß jedem **„pro"** automatisch ein **„contra"** zugeordnet wird. Wer sagt „Ich bin für die Todesstrafe", grenzt sich automatisch von jenen ab, die die Todesstrafe ablehnen, ohne daß dies einer besonderen Erwähnung bedarf! Oft kommen jedoch in expressiv-argumentierenden Texten die Gegenpositionen oder Argumente, die diese stützen, auch direkt zur Sprache.

In **Text 1** z. B. geht die Autorin direkt auf ein Argument der Anhänger der FKK ein: *„Ses adeptes parlent de philosophie, de retour à la nature"* (vgl. Zeile 2–3).
In **Text 2** grenzt sich *Ionesco* von der Überzeugung ab, *„que la mort est un phénomène naturel, que la souffrance est naturelle, qu'il faut l'accepter parce qu'elle est naturelle."* (vgl. Zeile 8–11).

In expressiv-argumentierenden Texten wird die Abgrenzung oft sogar in einer **Abwertung** der Gegenposition und ihrer Vertreter ausgedrückt.

In **Text 1** z. B. werden die Anhänger der FKK des Exhibitionismus bezichtigt (vgl. Zeile 10–12: *„Montrer son sexe publiquement, pour moi, c'est de l'exhibitionnisme.")*.
in **Text 2** bewertet *Ionesco* die Gegenposition als *„anormal"* und Ausdruck mangelnder Klarsicht (vgl. Zeile 17–20).

Zusammenfassung · Zusammenfassung · Zusammenfassung

In Texten ganz unterschiedlichen Inhalts und Reflexionsniveaus lassen sich – wofür unsere beiden Texte ein Beispiel sind – **drei deutliche Merkmale** nachweisen, die für **expressiv-argumentierende Texte** charakteristisch sind:

Überzeugung – Begründung – Abgrenzung.

Dieses „Vorwissen" wollen wir uns beim **Erfassen der manifesten Informationen expressiv-argumentierender Texte** zunutze machen!

Die folgende Übung soll dir eine größere Sicherheit geben beim Zuordnen von Einzelaussagen zu einem der drei Hauptmerkmale expressiv-argumentierender Texte.

Ü 2

Ordne die folgenden Aussagen den oben erläuterten Merkmalen zu, indem du in die leeren Kästchen den dem jeweiligen Merkmal entsprechenden Buchstaben einträgst, d. h.

[a] für den Ausdruck einer **Überzeugung** –

[b] für **Begründungen** und **Argumente** –

[c] für **Gegenpositionen,** die zurückgewiesen, abgelehnt werden.

Zu deiner Orientierung geben wir dir (in Klammern) jeweils das Thema an, auf das sich die Aussage bezieht.

Und nun viel Spaß und Anregung beim „Nachfühlen" der engagierten Aussagen:

1. (Radiohören) Moi, ça m'intéresse davantage d'entendre parler d'un certain sujet à la radio que de passer des heures à lire un livre. ☐
2. (Intelligenztest) Le test d'intelligence permet l'orientation scolaire. ☐
3. (Todesstrafe) Je ne partage pas l'opinion de ceux qui sont pour la peine capitale parce que c'est moins cher! ☐
4. (Fernsehen) Je pense que beaucoup de gens sont esclaves de la télévision. ☐
5. (Fernsehen) On devient passif devant l'écran. C'est pourquoi je regarde très peu la télé. ☐
6. (Gastarbeiter) Je suis contre les immigrés, car ils nous prennent notre travail, ils sont sales et bruyants et ils détruisent notre civilisation. ☐
7. (Leben auf dem Lande / in der Stadt) Je ne comprends pas tous ces jeunes qui quittent la ville pour vivre à la campagne. ☐
8. (Intelligenztest) On me dit que le test est une attaque contre la liberté de l'individu – mais ce n'est pas vrai! ☐
9. (Romanfigur) A mon avis, Meursault est un homme qui, sans aucune attitude héroïque, accepte de mourir pour la vérité. ☐
10. (Hausbau) Je n'achète pas de maison. J'aime voyager, sortir avec mes amis et m'habiller. Tout cela coûte cher. Voilà pourquoi je n'achète pas de maison. ☐

2. *Arbeitshilfen zum Erschließen expressiv-argumentierender Texte*

Um expressiv-argumentierende Texte schneller und genauer zu erschließen, orientierst du dich am besten an den drei im vorangegangenen Abschnitt vorgestellten Merkmalen.
Das heißt: Nachdem du, unterstützt von deinem Vorwissen, nach der Erstlektüre der Überzeugung bist, daß der vor dir liegende Text ein expressiv-argumentierender Text ist, erschließt du dir seine wichtigsten manifesten Informationen mit Hilfe von **drei Leitfragen:**

(a) Welche **persönlichen Überzeugungen** vertritt der Autor?

(b) Mit welchen **Argumenten begründet** er seine **Überzeugungen?**

(c) Welche **Gegenpositionen/Gegenargumente** kommen zur Sprache, von denen er sich **abgrenzt,** die er **abwertet?**

Achtung!

Es müssen sich in einem expressiv-argumentierenden Text nicht immer Antworten auf alle Leitfragen finden. Der Ausfall einer „Antwort" sagt auch etwas über den Text aus (z. B. daß er mehr „expressiv" als „argumentierend" ist oder umgekehrt – vgl. S. 72)!

Als Überblickshilfe fertige dir wieder ein Raster an, in das du deine Befunde eintragen kannst.

Mit Beispielen von Rastern zu den **Texten (1)** und **(2)** veranschaulichen wir dir hier zunächst einmal das Verfahren zum Erschließen expressiv-argumentierender Texte.

R

1. Beim Formulieren mußt du – Vorarbeit für das Résumé – auf die **Umformung der ersten Person in die dritte** achten!

Beispiele: Aus *„Je suis contre le naturisme"* wird im Raster: *Le naturisme n'est pas acceptable* –

aus *„Pour nous le monde est absurde"* wird im Raster: *Pour les êtres humains le monde est absurde.*

2. Bei der Formulierung deiner Befunde können sowohl **wörtliche Wendungen** aus dem Text als auch – ebenfalls wichtig für das Résumé – **zusammenfassende Angaben** für einen guten Überblick hilfreich sein!

Raster 1 zu **Text 1:**

Überzeugung:	Le naturisme n'est pas acceptable.
Argumente:	– Les hommes ne vivent plus à l'état naturel. – Les vêtements font partie du confort et de la civilisation. – Porter un petit maillot de bain ce n'est pas gênant. – La vue du sexe doit être réservée à l'intimité. – L'épanouissement de l'érotisme a besoin de secret.
Gegenpositionen und **Bewertungen:**	– Le naturisme exprime la volonté d'un retour à la nature. – Montrer son sexe publiquement, c'est de l'exhibitionnisme. – Les naturistes banalisent le sexe et détruisent une part de secret nécessaire à l'érotisme.

Raster 2 zu **Text 2:**

Überzeugung:	Pour les êtres humains le monde est absurde et, il faut en être conscient.
Argumente:	– Les hommes ne connaissent pas le sens de la vie, le sens du mal (mort / souffrance). – Il est normal que l'homme soit conscient de sa condition fondamentale dans le monde.
Gegenpositionen und **Bewertungen:**	– La vie n'est pas absurde. – La mort et la souffrance sont naturelles. Il faut les accepter. – Il est anormal d'être obsédé par la question de savoir pourquoi le mal existe. – Accepter la mort et la souffrance, ce n'est pas une solution. – Il est anormal de ne pas être obsédé par la question du mal / de ne pas être conscient de la tragédie de l'existence humaine.

Angesichts der ausgefüllten Raster wirst du dich jetzt sicher fragen, ob sich denn dieser Aufwand lohne. Ja! Er lohnt sich! Das dargestellte Verfahren hat drei nennenswerte Vorteile:

1. Die Erstellung eines solchen **Rasterüberblicks** kostet dich nicht viel Zeit!

2. Das Raster bietet einen klaren Überblick über **wichtige Inhalte** und **Strukturen** des jeweiligen Textes!

3. Die übersichtlich geordneten Angaben stellen vor allem eine ausgezeichnete **Basis** für die weitere Arbeit dar:

 a) für das **Erstellen eines Résumé**

 b) für die **Textanalyse** (*Analyse* im Anschluß an die *Compréhension*)

 c) für die **persönliche Stellungnahme** *(Commentaire personnel)!*

Wichtiger Zusatzhinweis:

Im Einzelfall – vor allem bei wertenden / abwertenden Aussagen des Autors – kann man sich darüber streiten, in welche Spalte eine bestimmte Aussage gehört.

Beispiel **(Text 1):** *„Les naturistes banalisent le sexe“ ...*

Der Satz drückt eine Meinung des Autors aus – könnte also auch in die Spalte **„Überzeugung“** eingeordnet werden.

Sollte die in dem Satz ausgesprochene Bewertung (objektiv!) stimmen, könnte man die Aussage auch als **Argument** gegen die FKK betrachten und in die entsprechende Spalte eintragen.

Solche Überlegungen und kritischen Rückfragen sind nicht überflüssig, sie schärfen deine **Fähigkeit zur Differenzierung!** Sie sollen dich bei deiner Texterschließung aber auch nicht belasten.

Denn: so ein Raster ist keine „Zwangsjacke“! Es soll dir nur den Überblick über wichtige Inhalte und Strukturen eines expressiv-argumentierenden Textes verschaffen. Das soll und kann so ein Raster leisten, auch wenn eine bestimmte Aussage bei differenziertem Nachdenken in mehr als einer Spalte eingesetzt werden kann!

Ü 3

In dem folgenden Text sind die für ein Raster wichtigen Aussagen unterstrichen. Ordne sie – eventuell leicht umgeformt (s. o.) – in ein leeres Raster ein nach den Modellen für die **Texte (1)** und **(2).** Übertrage das Raster in dein Heft!

Le problème de l'immigration

Les Français sont choqués par deux chiffres. Celui des chômeurs qui dépasse 2 millions; celui des travailleurs étrangers dans notre pays, qui atteint 4,2 millions. C'est trop. Il faut diminuer le nombre des travailleurs immigrés. Il faut se passer[1]) de ceux qui ne correspondent pas à une nécessité économique. Le travail doit aller en priorité aux Français. Ceux qui doivent être renvoyés en premier lieu sont: les travailleurs immigrés clandestins[2]) dont le gouvernement a

Vocabulaire:
[1]) se passer de – verzichten auf [2]) clandestin – heimlich, Schwarz...

Vocabulaire:
[3])à tort – zu Unrecht [4])scrutin – Wahl [5])impensable – undenkbar, nicht auszudenken [6])syndicat – Gewerkschaft [7])grève – Streik [8])nuisible – schädlich [9])atteinte – Angriff

régularisé à tort[3]) la situation et les criminels, malheureusement bien nombreux parmi eux.
En outre, il n'est pas normal que les travailleurs étrangers participent à des scrutins[4]) concernant la vie des Français. Je suis contre leur participation aux élections municipales. Dans les entreprises, ils doivent pouvoir dire leur mot, mais il est impensable[5]) que des étrangers, comme chez Renault, puissent contrôler les syndicats[6]) et provoquer des grèves[7]) nuisibles[8]) à notre pays. Il y a atteinte[9]) à notre identité.

(aus „L'Express")

Rastermodell für **Text 3**

Noch ein paar Hilfen zum Ausfüllen des Rasters:
Die Spiegelstriche zeigen dir an, wieviele Aussagen in die jeweiligen Spalten kommen! Wir raten dir dringend, das folgende Raster selbständig auszufüllen. Du verfügst über alle notwendigen Voraussetzungen dazu, und es steigert deine Sicherheit im Erfassen der manifesten Informationen!

Solltest du jedoch an einem schnellen Ergebnis interessiert sein (mit geringerem Übungseffekt!), dann ordne die unten einfach aneinandergereihten Aussagen an die richtigen Stellen im Raster ein!

Überzeugungen:	— — —
Argumente:	— — —
Gegenpositionen und **Bewertungen:**	— —

Falls du also nicht so viel Zeit hast: Ordne die folgenden Einzelaussagen der entsprechenden Spalte zu.

(1) Il est impensable que des étrangers, comme chez Renault, puissent contrôler les syndicats et provoquer des grèves nuisibles à la France.

(2) Il y a atteinte à l'identité des Français.

(3) Le travail doit aller aux Français en priorité.

(4) Il y a trop de travailleurs étrangers en France.

(5) Le gouvernement a régularisé à tort la situation des travailleurs clandestins.

(6) La participation des travailleurs étrangers aux élections municipales n'est pas acceptable.

(7) Il n'est pas normal que les travailleurs étrangers participent aux scrutins concernant la vie des Français.

(8) Il faut diminuer le nombre des travailleurs immigrés.

3. Wiedergabe der manifesten Informationen/ Erstellen eines Résumé

Nachdem du die manifesten Informationen erfaßt und dir mit Hilfe des Rasters einen Überblick über sie verschafft hast, geht es nun um die Wiedergabe der Textbefunde in der Form eines Résumé, dessen Grundstruktur du ja bereits kennst.
Wir wollen dir hier das Erstellen eines **Résumé für expressiv-argumentierende Texte** zunächst einmal am Beispiel von **Text 1** vorführen.

Empfehlung:

Bei der Abfolge der Aussagen in deinem **Résumé** hältst du dich am besten an die Abfolge in deinem Rasterüberblick!

Bevor du dich aber nun an die Formulierung des Résumé machen kannst, hast du noch eine wichtige Entscheidung zu fällen, nämlich die, **welche Aussagen** deines Rasterüberblicks du in dein **Résumé** aufnehmen willst. Eine solche Entscheidung ist nie hundertprozentig sachlich zwingend, sie bleibt letztlich eine subjektive, persönliche Entscheidung. Trotzdem sollten Streichungen nicht beliebig, sondern begründet erfolgen, wenn auch nur mit der schwer beweisbaren Begründung geringerer Wichtigkeit bestimmter Aussagen!

Am Beispiel des Rasterüberblicks zu **Text 1** wollen wir dir die Streichung von Aussagen einmal zeigen:

Raster 4 zu **Text 1:**

Überzeugung:	Le naturisme n'est pas acceptable.
Argumente:	– Les hommes ne vivent plus à l'état naturel. – Les vêtements font partie ~~du confort[1]) et~~ de la civilisation. – ~~Porter un petit maillot de bain ce n'est pas gênant[2]~~). – La vue du sexe doit être réservée à l'intimité. – ~~L'épanouissement de l'érotisme a besoin de secret[3]~~).
Gegenpositionen und **Bewertungen:**	– Le naturisme exprime la volonté d'un retour à la nature. – ~~Montrer son sexe publiquement[4]~~) c'est de l'exhibitionnisme. – Les naturistes banalisent le sexe et détruisent une part de secret nécessaire à l'érotisme.

Die durchgestrichenen Informationen können unserer Meinung nach im Résumé entfallen und zwar aus folgenden Gründen:

1) *„ de la civilisation"* ist umfassender, umfaßt auch *„du confort"*.

2) Das Argument erscheint im Vergleich mit den anderen als weniger gewichtig. Mehr als drei Argumente sollte man nicht anführen!

3) Die Aussage ist in der letzten der beiden Bewertungen mitenthalten, läßt sich da einbinden. Mehr als drei Argumente sollte...

4) Die Aussage ist in dem Wort *„exhibitionnisme"* bereits enthalten. Mit der Streichung vermeidet man die im Résumé nicht gewünschte Redundanz (mehrfache Wiederholung einer Information).

Nach der Entscheidung über die notwendigen/möglichen Streichungen in der Stoffsammlung, kannst du dich nun an die **Abfassung des Résumé** machen. Du müßtest über alle notwendigen Voraussetzungen dazu verfügen:

- Du kennst (hoffentlich!) die **allgemeinen Regeln** für die Abfassung eines Résumé (aus dem Unterricht oder auch aus *Atout Bac* Bd. 1 Kap. 5),
- du beherrschst **Verkürzungstechniken** (wenn nicht, dann lies auf der Seite 129 ff. nach!) und
- du hast alle **inhaltlichen Einzelheiten** in dem **Rasterüberblick,** die **Reihenfolge** der Darstellung und das **Vokabular,** das du brauchst.

Trotzdem fehlt dir noch etwas! Was das ist, erfährst du, wenn du dir das folgende Résumé zu **Text 1** genau ansiehst!

Résumé von Text 1:

Dans le texte, une jeune femme exprime son aversion pour le naturisme. Pour expliquer son opinion, elle avance plusieurs arguments: les hommes ne vivent plus à l'état naturel, les vêtements font partie de la civilisation et enfin, la vue du sexe doit être réservée à l'intimité. De plus, elle désapprouve l'idée d'un retour à la nature, idée chère aux naturistes qu'elle critique fort, en leur reprochant d'être des exhibitionnistes, de banaliser le sexe et de détruire une part de secret nécessaire à l'érotisme.

Es wird dir sicher nicht schwerfallen zu entdecken, welche Sprachelemente dir noch fehlen für ein erfolgreiches Resümieren expressiv-argumentierender Texte. – Es handelt sich um die **Ausdrücke** für das, **was der Autor** in expressiv-argumentierenden Texten **tut** (entsprechend den drei charakteristischen Merkmalen der Textart: **Überzeugung äußern – begründen – sich abgrenzen!**).

Im oben gezeigten **Résumé** findest du die folgenden Wendungen, auf die wir noch näher eingehen werden, die du dir aber schon einmal einprägen solltest:

Tabelle 1

– exprimer son aversion pour	– seine Ablehnung ausdrücken gegenüber
– expliquer son opinion	– seine Meinung verdeutlichen
– avancer un argument	– ein Argument vorbringen
– désapprouver	– mißbilligen, tadeln
– critiquer (fort)	– kritisieren
– reprocher qc à qn	– j-m etwas vorwerfen

exprimer son aversion pour . . . !

Bevor du dich nun gleich selbst an einem **Résumé** des *Ionesco*-Textes **(Text 2)** erproben wirst, sollst du dich noch mit einigen weiteren charakteristischen Wendungen zum **Ausdruck des „Autortuns" in expressiv-argumentierenden Texten** vertraut machen!

4. Wendungen zum Ausdruck des „Autortuns" in expressiv-argumentierenden Texten

Beim Zusammenstellen von einigen charakteristischen Wendungen zum Ausdruck des **„Autortuns"** in expressiv-argumentierenden Texten orientieren wir uns wieder an den drei Begriffen, die für expressiv-argumentierende Texte kennzeichnend sind:

Überzeugung – Begründung – Abgrenzung.

Ü 4

Im vorigen Abschnitt hast du schon einige Wendungen zum **Ausdruck des „Autortuns" in expressiv-argumentierenden Texten** kennengelernt. Die sollst du dir jetzt noch einmal in einer kurzen Übung einprägen. Setze die folgenden Wendungen mit Bedacht in die entsprechenden Lücken des **Résumé** von **Text 1** ein! (Nicht im Résumé nachgucken! Das mindert den Lernerfolg!)

désapprouve – reprochant – exprime son aversion pour – elle avance plusieurs arguments – critique

Dans le texte, une jeune femme ______________________ le naturisme.

Pour expliquer son opinion, ______________________

______________________ les hommes ne vivent plus à l'état naturel, les vêtements font partie de la civilisation et enfin, la vue du sexe doit être réservée à l'intimité. De plus, elle

______________________ l' idée d'un retour à la nature, idée chère aux

naturistes qu'elle ______________________ fort, en leur ______________

______________________ d' être des exhibitionnistes, de banaliser le sexe et de détruire une part de secret nécessaire à l'érotisme.

(Die richtige Lösung bietet dir das Résumé von **Text 1** – s. o.)

a) Wendungen zum Stichwort **Überzeugung . . .**

In expressiv-argumentierenden Texten bringen die Autoren ihre **eigenen Überzeugungen, Meinungen, Standpunkte, Einstellungen** zum Ausdruck. Um dieses **„Autortun"** in deinem Résumé auszudrücken, stehen dir eine ganze Reihe von Wendungen zur Verfügung. Einige sollst du hier kennenlernen und dir einprägen. Aus dem **Résumé** zu **Text 1** kennst du die erste bereits: *Elle explique son opinion sur . . .*

Tabelle 2

Weitere Wendungen sind:

– L'auteur est d'avis que ...	– ... ist der Meinung, daß ...
– Il donne son avis sur ...	– ... teilt seine Meinung mit über ...
– Il est convaincu que ...	– ... ist überzeugt, daß ...
– Il trouve que ...	– ... findet, daß ...
– Il pense que ...	– ... denkt, daß ...
– Il croit que ...	– ... glaubt, daß ...
– Il est certain que ...	– ... ist sicher, daß ...
– Il expose son avis sur ...	– ... stellt seine Ansicht dar von ...
– Il montre ce qu'il pense de ...	– ... zeigt, was er denkt von ...
– Il s'exprime pour/contre	– ... äußert sich für/gegen ...
– Il approuve ...	– ... billigt, befürwortet ...
– Il prend le parti de ...	– ... ergreift (die) Partei für ...
– Il défend qn/qc ...	– ... verteidigt j-n/etwas ...

Wenn du genau hinsiehst, wirst du in diesem kurzen Überblick zwei verschiedene Arten von Ausdrücken für das „Autortun“ entdecken.

Ein Teil der Ausdrücke spricht von einem **„inneren“ Tun** des Autors

(vgl. z. B. *„Il pense“* oder *„Il est convaincu“*),

ein anderer Teil meint ein **„äußeres“ Tun** des Autors

(vgl. z. B. *„Il donne son avis sur“* oder *„Il montre ce qu'il pense de“*).

Die letzteren sind Einleitungswendungen zu dem, **worüber** der Autor etwas meint (Thema / Problem).

Die ersteren sind Einleitungswendungen zu dem, **was** der Autor meint (Überzeugung).

Genau wie im Deutschen geht dabei eine Wendung des „äußeren“ Tuns wie

– ***Il montre ce qu'il pense de ...***

eine Wendung des „inneren“ Tuns wie

– ***Il pense que ...***

in der Abfolge des **Résumé** voran!

Beispiele für die Aussagenfolge im Résumé:

Dans ce texte, (1.) l'auteur **donne son avis sur** le naturisme.

(2.) Il **pense** que le naturisme n'est pas acceptable.

Dans ce texte, (1.) l'auteur **explique ce qu'il pense** du naturisme.

(2.) Il **trouve** que le naturisme n'est pas acceptable.

b) Wendungen zum Stichwort **Begründung ...**

In deinem **Résumé** kannst du auf zweierlei Weise ausdrücken, daß der Autor seine **Meinung** auch **begründet,** mit **Argumenten** stützt:

1. indem du vom Autor genannte Gründe direkt anführst

   Beispiel: *Elle est contre le naturisme **parce que** celui-ci banalise le sexe.*

2. indem du extra erwähnst, daß der Autor Gründe, Argumente anführt

   Beispiel: *Elle **explique son opinion en avançant plusieurs arguments,** par exemple que le naturisme banalise le sexe.*

Beispiel 2 ist dabei eine deutlich akzentuiertere Form der Mitteilung als Beispiel 1.

Du mußt im Einzelfall selbst entscheiden, ob die akzentuiertere oder die beiläufigere Form der Mitteilung angemessen ist! Für beide Arten der Mitteilung benötigst du einige gängige **Anschluß-/Verknüpfungswendungen,** die du dir zu eigen machen solltest!

Ausdrucksvarianten zu 1.:

Es geht hier um die vielfältigen Ausdrucksmöglichkeiten zur Angabe von **Grund *(cause)*** und **Folge *(conséquence).***

Unser Stichwort heißt zwar **Begründung,** aber, wie du wohl weißt, kannst du für die Feststellung **„A** ist der **Grund** für **B"** oft auch ebenso sagen **„B** ist die **Folge** von **A"**, ohne den Sinn deiner Aussage wesentlich zu verändern.

Bei den hier für dich ausgewählten **Ausdrucksvarianten zu 1.** unterscheiden wir deshalb nicht zwischen Wendungen zur Angabe des Grundes und Wendungen zur Angabe der Folge.

Tabelle 3

<table>
<tr><td>– Le naturisme banalise le sexe.

C'est la raison pour laquelle . . .
C'est pourquoi . . .
Pour cette raison . . .
A cause de cela . . .</td><td>l'auteur est contre le naturisme.</td></tr>
<tr><td>– Le naturisme banalise le sexe.</td><td>L'auteur est donc contre.
Par conséquent, l'auteur est contre.
Il s'ensuit que l'auteur est contre.</td></tr>
<tr><td colspan="2">– Comme le naturisme banalise le sexe, l'auteur est contre.
– L'auteur est contre le naturisme, car celui-ci banalise le sexe.</td></tr>
<tr><td colspan="2">– Eine weitere Möglichkeit zur Angabe eines Grundes bietet das Partizip Präsens (le participe présent – vgl. dazu die Seiten 136ff)

Beispiel: L'auteur est contre le naturisme, ne pouvant y voir que de l'exhibitionnisme (= parce qu'elle ne peut y voir que de l'exhibitionnisme).</td></tr>
</table>

Ausdrucksvarianten zu 2.:

Tabelle 4

– L'auteur **étaye son point de vue de plusieurs raisons,** par exemple que le naturisme banalise le sexe.	– . . . unterstützt seinen Standpunkt mit einigen Gründen . . .
– L'auteur **justifie son opinion** en disant que le naturisme . . .	– . . . rechtfertigt seine Meinung . . .
– L'auteur **mentionne plusieurs raisons** pour lesquelles elle est contre le naturisme.	– . . . erwähnt mehrere Gründe . . .

Ü 5

Und nun eine leichte Übung zur Festigung der Anschluß- und Verknüpfungswendungen, die du eben kennengelernt hast.
Ersetze die deutschen Ausdrücke durch die französischen Wendungen:

1. Selon lui, les immigrés sont responsables du chômage. (Aus diesem Grunde) ________

   ________ il est contre les immigrés.

2. Les Arabes ne s'adaptent pas à la culture française. (Das ist der Grund, aus dem) ________

   ________ il est contre l'immigration des Algériens.

3. L'auteur (rechtfertigt seine Meinung) ______________________________ en disant que les Arabes ne veulent pas s'intégrer.

4. Il se bat contre la peine de mort, (da er die Idee nicht annehmen kann / „nicht könnend annehmen“ die Idee) ______________________________ accepter l'idée de tuer consciemment un être humain.

5. L'auteur souligne qu'il est pour la peine de mort, (weil) ______________________________ ______________ il la croit juste pour un meurtrier.

6. L'auteur (erwähnt mehrere Gründe) ______________________________ pour lesquelles il est contre la peine de mort.

c) Wendungen zum Stichwort **Abgrenzung . . .**

Abgrenzung und **Bewertung / Abwertung** behandeln wir zusammen, weil sie oft eng miteinander verbunden sind. Wenn ein Autor sich von einer anderen Meinung **abgrenzt,** ist das oft verbunden mit einer **Abwertung** der anderen Meinung (s. o.).

Du hast bereits drei Wendungen, in denen sich **Abgrenzung** und **Abwertung** verbinden, in dem **Résumé** von **Text 1** kennengelernt (vgl. S. 81):

- ***désapprouver***
- ***critiquer*** (fort)
- ***reprocher*** qc à qn

Erinnerst du dich noch an ihre Bedeutungen?

Hier sind noch einige weitere Wendungen, die du dir einprägen solltest:

Tabelle 5

– L' auteur **n'est pas d'accord avec . . .**	– . . . ist nicht einverstanden mit . . .
– Il **n'accepte pas l'avis . . .**	– . . . akzeptiert nicht die Meinung . . .
– Il **ne partage pas l'opinion** que . . .	– . . . teilt nicht die Meinung, . . .
– Il **rejette l'idée** / la pensée . . .	– . . . weist den Gedanken zurück . . .
– Il **déprécie** la pensée . . .	– . . . entwertet die Ansicht . . .
– Il **accuse** les adhérents du naturisme **d'**exhibitionnisme.	– . . . klagt die Anhänger des FKK des Exhibitionismus an.
– Il **conteste . . .**	– . . . bestreitet . . .
– Il **s'oppose à . . .**	– . . . spricht sich gegen . . . aus

Gesamtüberblick über die Wendungen zu den Stichworten:
(a) **Überzeugung** (b) **Begründung** (c) **Abgrenzung**

Tabelle 6

(a) **Überzeugung**	
– expliquer son opinion sur	– seine Meinung verdeutlichen
– donner son avis sur	– seine Meinung mitteilen über
– exposer son avis sur	– seine Ansicht darstellen
– montrer ce qu'on pense de	– zeigen, was man denkt von/über
– s'exprimer en faveur de/contre	– sich äußern für/gegen
– approuver	– billigen, befürworten
– prendre le parti de	– (die) Partei ergreifen für
– défendre qn/qc	– j-m/etwas verteidigen
– être d'avis	– der Meinung sein
– être convaincu	– überzeugt sein
– trouver	– finden, meinen
– penser	– denken, meinen, glauben
– croire	– glauben
– être certain	– sicher sein
(b) **Begründung**	
(Ausdrücke zur Angabe des Grundes und der Folge)	
– parce que	– weil
– c'est la raison pour laquelle	– das ist der Grund, weshalb
– c'est pourquoi	– deshalb
– pour cette raison	– aus diesem Grunde
– à cause de cela	– deswegen
– donc	– folglich, also
– par conséquent	– folglich, infolgedessen
– il s'ensuit	– daraus folgt
– comme	– da, weil (am Satzanfang!)
– car	– denn
– ne pouvant faire cela	– weil er das nicht tun konnte
(Ausdrücke für das „Autortun")	
– avancer un argument	– ein Argument vorbringen
– donner une raison	– einen Grund anführen
– étayer son point de vue de quelques raisons	– seinen Standpunkt mit einigen Gründen stützen
– justifier son opinion	– seine Meinung rechtfertigen
– mentionner plusieurs raisons	– mehrere Gründe erwähnen

(c) **Abgrenzung**

– désapprouver	– mißbilligen
– critiquer	– kritisieren
– reprocher qc à qn	– j-m etwas vorwerfen
– ne pas être d'accord avec	– nicht einverstanden sein mit
– exprimer son aversion pour	– seine Ablehnung ausdrücken gegen(über)
– ne pas accepter l'avis	– die Meinung nicht akzeptieren
– ne pas partager l'opinion	– die Meinung nicht teilen
– rejeter l'idée	– den Gedanken verwerfen, zurückweisen
– déprécier	– entwerten
– accuser qn de qc	– j-n einer Sache anklagen
– contester	– in Frage stellen, bestreiten
– s'opposer à	– sich entgegenstellen, sich aussprechen gegen

ne pas être d'accord avec . . . !

Ü 6

Ordne aus den zwei Gruppen von Wendungen immer zwei, die sich entsprechen oder einen ähnlichen Aussagegehalt haben, einander zu.

1. L'auteur trouve que …	☐	a) Il n'est pas d'accord avec …
2. Il déprécie l'idée …	☐	b) Pour cette raison …
3. Il donne des raisons contre …	☐	c) Il désapprouve la pensée …
4. Il explique son avis …	☐	d) Il avance des arguments contre …
5. Il étaye son point de vue …	☐	e) Il défend sa conviction …
6. C'est pourquoi …	☐	f) Il pense que …
7. Ne pouvant accepter … il …	☐	g) Il justifie son opinion …
8. Il leur reproche …	☐	h) Comme il ne peut pas accepter …
9. Il est convaincu …	☐	i) Il est certain …
10. Il ne partage pas l'opinion …	☐	k) Il les accuse de …

5. Übungen

a) Résumé des Ionesco-Textes

(vgl. S. 70 und 76)

Sooo! Nun müßtest du eigentlich über alle Voraussetzungen verfügen, um ein schönes **Résumé des *Ionesco-Textes*** abfassen zu können. Wir nennen dir hier noch einmal die Punkte, die für dich wichtig sind:

Wichtig für die Abfassung des Résumé:

- Kenntnis der **allgemeinen Regeln** für die Abfassung eines Résumé
- **Rasterüberblick** mit allen wichtigen **inhaltlichen Einzelheiten** (s. S. 76)
- **Abfolge der Aussagen** im Résumé (entsprechend der Abfolge im Raster s. S. 79)
- **charakteristische Wendungen** zur Beschreibung des „Autortuns“ in expressiv-argumentierenden Texten (s. S. 87f)

Um dir an dieser Stelle ein schnelleres Vorgehen zu ermöglichen, machen wir dir einige Vorgaben, die du ohne größere Anstrengung mit Hilfe des Rasters ergänzen kannst.

Ü 7

Vervollständige das folgende Résumé (mit Hilfe des Rasters (vgl. S. 76)
und unter Rückgriff auf Wendungen, die du gerade gelernt hast – vgl. S. 87f):

Dans son texte, Ionesco montre ce qu'il pense de la condition humaine. Il est ____________

______________________________ que les êtres humains, pour qui la vie ____________

______________________________, parce qu'ils n'en connaissent pas ________________

__________________________, doivent être ____ de leur destin dans le monde. Ionesco n'accepte pas comme solution de regarder ___________

_______________________________ comme quelque chose de naturel, et il _____________

___________________________ l' idée qu'il est anormal _____________________________

_____________ par la question du mal.

b) Übung zum Rastern und Resümieren eines Chansontextes

In dieser Übung wirst du einen neuen **expressiv-argumentierenden Text** kennenlernen und sollst, gestützt auf dein inzwischen beachtliches Vorwissen, selbständiger die **manifesten Informationen** des Textes erfassen und sie in einem **schriftlichen Résumé** wiedergeben!

1. Schritt: Textverständnis

Lies dir den folgenden Text genau durch und versuche, ihn, so gut es geht, zu verstehen.

Je suis pour

Tu as volé mon enfant,
versé le sang de mon sang.
Aucun dieu ne m'apaisera[1],
j'aurai ta peau – tu périras[2]!
Tu m'as retiré du coeur
et la pitié et la peur,
tu n'as plus besoin d'avocat,
j'aurai ta peau, tu périras!
Tu as tué l'enfant d'un amour;
Je veux ta mort – je suis pour!

Les bons jurés[3] qui s'accommodent[4]
des règles prévues par le Code[5]
ne pourront jamais t'écouter
– pas même un Christ à tes côtés[6].
Les philosophes[7] – les imbéciles[8] –
parce que ton père était débile[9]

te pardonneront mais pas moi,
j'aurai ta tête en haut d'un mât[10].
Tu as tué l'enfant d'un amour,
je veux ta mort – je suis pour!

Tu as volé mon enfant,
versé le sang de mon sang.
Aucun dieu ne m'apaisera,
j'aurai ta peau, tu périras.
C'est trop facile et trop beau[11]:
il est sous terre – tu es au chaud[12].
Tu peux prier qui tu voudras,
j'aurai ta peau, tu périras.
Tu as tué l'enfant d'un amour,
j'aurai ta mort – je suis pour – je suis pour!

(von Michel Sardou; von einer Schülerin nach einer Schallplatte mitgeschrieben)

Vocabulaire:
1) apaiser – besänftigen, beschwichtigen 2) périr – umkommen, vernichtet werden 3) le juré – der Geschworene 4) s'accomoder de – sich abfinden mit 5) le Code – das Gesetzbuch 6) à tes côtés – an deiner Seite 7) philosophes – hier: ceux qui réfléchissent sur les causes et les effets, qui cherchent des excuses 8) un imbécile – Schwachkopf, Einfaltspinsel 9) débile – schwächlich, zurückgeblieben 10) mât – Mast 11) beau – hier: ironisch für „injuste" 12) être au chaud – im Warmen hocken

Wörter, die du im Hinblick auf den inhaltlichen Schwerpunkt noch kennen solltest:
la peine de mort – Todesstrafe; exécuter qn – j-n hinrichten; assassiner – ermorden; assassin – Mörder; innocent/coupable – unschuldig/schuldig; juste/injuste – gerecht/ungerecht

Ü 8

Und nun: Prüfe deine **Lesefrüchte:**

Kreuze die falschen Aussagen an.

- ☐ (1) L'auteur est pour la peine de mort.
- ☐ (2) Quelqu'un a tué l'amour, la femme de l'auteur.
- ☐ (3) L'auteur cherche un avocat.
- ☐ (4) L'auteur ne veut pas écouter les arguments en faveur de l'assassin.
- ☐ (5) Pour l'amour de Dieu, il accepte de pardonner à l'assassin.
- ☐ (6) L'auteur pense qu'il est injuste que l'assassin continue de vivre.

Ü 9

2. Schritt: Raster für das Chanson von Michel Sardou

Wir raten dir wieder dringend, das folgende Raster selbständig auszufüllen. Du verfügst über alle notwendigen Voraussetzungen dazu, und es steigert deine Sicherheit im Erfassen der manifesten Informationen. Solltest du jedoch an einem schnelleren Ergebnis interessiert sein (mit einem geringeren Übungseffekt!), dann ordne die unten aneinandergereihten Aussagen an die richtigen Stellen im Raster ein! Mache die Übung ins Heft.

Raster 5

Überzeugungen:	....
Argumente:	....
Gegenpositionen und **Bewertungen:**	....

Falls du also nicht so viel Zeit hast, ordne die folgenden Einzelaussagen der jeweils entsprechenden Spalte zu.

(1) Il faut qu'on tue celui qui a assassiné.
(2) L'auteur est pour la peine de mort.
(3) Ceux qui cherchent des excuses sont des imbéciles.
(4) Il est injuste que l'enfant soit mort et l'assassin en vie.
(5) Les jurés s'accomodent des règles prévues par le code.
(6) L' auteur veut que l'assassin d'un enfant périsse/soit exécuté.
(7) L'assassin a tué l'enfant d'un amour.
(8) Les philosophes pardonnent le crime à l'assassin parce que celui-ci a eu un père débile.
(9) Il est trop facile et trop beau de laisser vivre celui qui a assassiné un enfant.
(10) Dieu/le Christ pardonne au coupable.

3. Schritt: Wiedergabe der manifesten Informationen – Résumé des Chansontextes

Ü 10

Mit Hilfe des ausgefüllten Rasters und der Wendungen auf den Seiten 87 und 88 müßtest du nun in der Lage sein, ohne größere Mühe selbständig ein **Résumé** des Chansontextes zu erstellen.

Wir empfehlen dir auch hier, um des Übungseffektes willen, das Résumé völlig selbständig abzufassen! – Solltest du jedoch wenig Zeit haben und dich mit einem geringeren Übungseffekt zufrieden geben, so vervollständige das folgende Résumé mit konzentriertem Rückgriff auf die Lernhilfen in diesem Kapitel. Schreibe das fertige Résumé in dein Heft.

Dans sa chanson, l'auteur s'exprime pour .... Il ... qu'il faut ..., car, selon lui, ... Il ne partage pas ... et il déprécie tous ceux qui ... et pardonnent ....

4. Schritt: Manifeste Informationen – Latente Informationen

Nachdem du die **manifesten** Informationen des Chansons erfaßt und wiedergegeben hast – eine wichtige Leistung!!! – mache dir für einen Augenblick bewußt, daß damit noch nicht der gesamte Informationsgehalt des Chansons zur Sprache gekommen ist! Der Chansontext enthält noch eine Reihe wichtiger **latenter** Informationen, die es zu ermitteln und zu **interpretieren** gilt. Beachte z. B.:

- die **häufigen Wiederholungen** (u. a. die wörtliche Wiederholung ganzer Verse!)
- **Kontraste** *(philosophes – imbéciles / ... te pardonneront* ***mais*** *pas moi)*
- **superlativische Ausdrucksweise:**
  - ***aucun*** *dieu ne m'apaisera*
  - *ne pourront* ***jamais*** *t'écouter*
  - ***pas même*** *un Christ*
  - ***trop*** *facile et* ***trop*** *beau*
  - *prier* ***qui tu voudras***
- **Hervorhebung** durch Reime
- Aufbau nach dem **Schema** a-b-a
- **Betonung** der Tötungsandrohung

Das ist aber ein Thema, das den Rahmen dieses Bandes sprengen würde. Im nächsten Band **„Texte analysieren"** findest du alle wichtigen Hilfen für das Erfassen und Interpretieren der **latenten** Informationen in expressiv-argumentierenden Texten.

5. Kapitel

Appellative Texte (textes d'appel)

Wir kommen zur letzten der vier Textarten, den sogenannten

appellativen Texten.

Es handelt sich dabei um Texte, die sich mehr oder weniger **direkt an den Leser wenden** in der Absicht, bei ihm eine bestimmte **konkrete Reaktion auszulösen.**

Du wirst lernen,
appellative Texte zu **erkennen,**
ihnen die wichtigsten **Informationen** zu **entnehmen** und
sie in einem **strukturierten Résumé** zusammenzufassen.

Um dieses Ziel zu erreichen, wollen wir drei Beobachtungsschwerpunkte wählen:

A) Das **Erkennen** appellativer Texte sowie verschiedener Typen appellativer Texte.

B) Das **Erschließen** und **Zusammenfassen** wichtiger Textinformationen appellativer Texte durch Fragen nach:
   - der **Wirkungsabsicht,**
   - der **Zielgruppe,**
   - der **Textsituation,**
   - dem **Textaufbau.**

C) Das Erschließen und Zusammenfassen von

Werbetexten.

A) Das Erkennen appellativer Texte sowie verschiedener appellativer Texttypen

Um nicht zu sehr in graue Theorie zu verfallen, wollen wir uns zunächst ein paar konkrete Beispieltexte anschauen, die wir in einem bunt gemischten Textcocktail zusammengestellt haben. Da wir in diesem Kapitel noch mehrmals auf sie zurückkommen werden, solltest du dir ein wenig Zeit für die Lektüre nehmen.

Text 1

M. Mitterrand : le respect des autres

M. Mitterrand a prononcé à Château-Chinon (Nièvre) la courte déclaration suivante :

« Françaises, Français.

» A vous qui m'avez apporté vos suffrages aujourd'hui, je veux dire ma gratitude. Vous êtes engagés avec moi dans le combat pour l'union des Français autour des valeurs de la démocratie : progrès, justice sociale, égalité des chances, finalement respect des autres.

» A vous qui n'avez pas émis le même vote pour ce premier tour de scrutin et qui croyez dans ces mêmes valeurs je dis : nous allons nous rejoindre, désormais le choix est simple.

» A vous tous qui aimez et servez la France, j'exprime ma confiance. Nous avons devant nous de grandes tâches : le chantier de l'Europe, la cause de la paix.

» Françaises et Français, rassemblons-nous, ne négligeons aucun effort pour gagner le 8 mai ».

(aus „Le Monde")

Text 2

(nach einer Werbung für „Femme actuelle")

Text 3

Rôti de porc boulangère

1,250 kg d'échine de porc ou de palette fraîche,
1,200 kg de pommes de terre,
2 gousses d'ail,
3 feuilles de sauge,
50 g de beurre, sel, poivre.

Demandez au charcutier de saler et poivrer votre rôti avant de le ficeler. Pratiquez quelques incisions dans la viande pour y glisser une gousse d'ail et les feuilles de sauge. Frottez l'intérieur d'un plat en terre avec l'autre gousse d'ail, puis beurrez le plat.
Épluchez et lavez les pommes de terre, essuyez-les et coupez-les en fines rondelles. Disposez-les dans un plat en terre en les salant et en les poivrant. Ajoutez de l'eau jusqu'à ce que les pommes de terre en soient recouvertes. Disposez sur le dessus des noisettes de beurre. Mettez à four doux préalablement chauffé pendant une heure. A ce moment augmentez le four, posez la viande sur les pommes de terre. Laissez-la dorer, retournez-la. Lorsqu'elle est dorée des deux côtés, ramenez le feu à doux, et laissez cuire une bonne heure. Pour servir, découpez la viande en tranches, posez-la sur les pommes de terre qui restent dans le plat de cuisson.

(franz. Rezept)

Text 4

(aus dem
französischen Wahlkampf)

Text 5

Blanche-neige
A toi qui aimerais vivre à la campagne, à toi qui aimes bricoler et jardiner, voudrais-tu venir me rejoindre dans une petite maison dans la campagne sarthoise? Je suis seule et c'est un peu triste quand on a envie de partager plein de choses. J'aime une vie à la fois calme et passionnante. J'aime vivre joyeusement. Bientôt trente ans et je n'arrive pas à réaliser mes rêves. Peut-être qu'à deux ce serait plus facile? (j'aimerais vivre en communauté, mais ce n'est pas évident de rencontrer les gens avec qui ça peut marcher) Ecris-moi et on verra si c'est possible.

(aus „Le Nouvel Observateur")

Text 6

Les dix commandements de la Montagne

1. Lire, marcher, grimper, apprendre le métier.
2. S'équiper comme il faut et former bonne équipe.
3. S'entraîner peu à peu, ne pas courir la poste.
4. Respecter la nature, le silence et les gens.
5. Laisser en paix les bêtes, et le refuge propre.
6. Ne pas vouloir monter plus haut que sa culotte.
7. S'engager sans compter sur l'hélico sauveur.
8. Descendre sans tarder si le temps se détraque.
9. Etre serviable. Aider les copains dans l'ennui.
10. Admirer. Retenir la leçon des montagnes.

(allgemeine Bergsteigerregeln)

Text 7

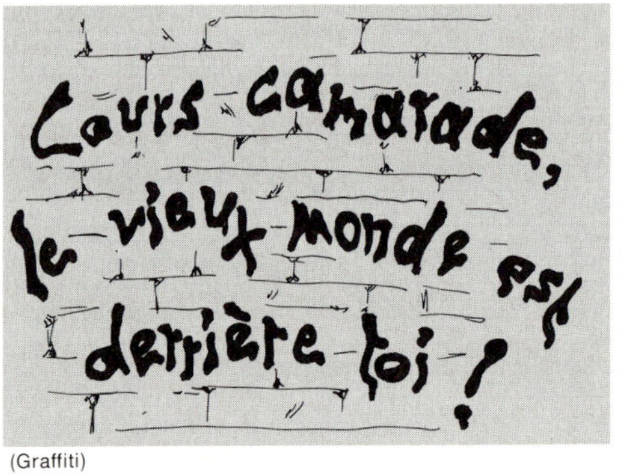

(Graffiti)

Text 8

(Aufkleber)

Text 9

LE « BOUCHE A BOUCHE »

Un moyen rapide et efficace pour ramener NOYÉS ou ASPHYXIÉS à la vie

Après le dégagement

● Desserrez les vêtements (ouvrir le col, dégager cravate et foulard, dégrafer soutien-gorge et gaine, déboucler la ceinture du pantalon, voire les premiers boutons)

● Retirez avec le doigt replié en crochet les corps étrangers (caillots de sang, muscosités, vomissements, prothèses) dans le fond de la gorge.

● Renversez la tête le plus possible en arrière en effectuant une légère traction

BOUCHE A BOUCHE

● Insufflez dans la bouche

● Observez la poitrine

BOUCHE A NEZ

● Fermez la bouche de la victime

● Insufflez par le nez

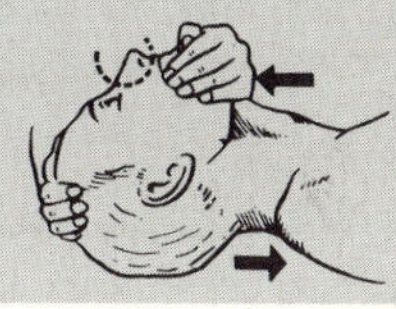

(Regeln zur ersten Hilfe)

Text 10

Zunächst wollen wir klären, inwiefern sich **appellative Texte** von den anderen Textarten unterscheiden. Die Beantwortung zweier Fragen kann uns dabei eine Hilfe sein:

1. Enthält der Text **sprachliche Strukturen,** die ihn als appellativen Text ausweisen?
2. Um welchen besonderen **Texttyp** handelt es sich?

Frage 1: Enthält der Text **sprachliche Strukturen,** die ihn sofort als appellativen Text ausweisen?

→ ***Y a-t-il dans le texte des structures qui soulignent son caractère d'appel?***

Beim Überfliegen unserer Textsammlung (S. 95ff) ist dir vielleicht aufgefallen, daß **appellative Texte** häufig mit **„ins Auge springenden appellativen Strukturen"** arbeiten.

Tabelle 1

Appellative Strukturen	Beispiele
a) Die direkte, zu einem bestimmten Handeln auffordernde Anrede des Lesers durch den **Imperativ/die Befehlsform** ***(l'impératif, m)***	**Ouvrez vos yeux...** **Cours, camarade...** **Touche pas à...** (Rühr nicht an...)
oft verstärkt durch die **„nous"-Form,** die Interessengemeinschaft suggerieren und (soziale) Barrieren beseitigen soll.	**Rassemblons-nous...** **Ne négligeons pas...**
Oft wird der Imperativ dabei durch den **„Infinitiv"** ersetzt, der neutraler, weniger direkt wirkt (vgl. **Text 6**)	**Lire, marcher, grimper, apprendre...** **S'équiper comme il faut et former...**
b) Die **direkte Anrede** des Lesers ***(l'apostrophe, f),*** die Solidarisierung, Identifikation, Gemeinschaftsgefühl auslösen soll.	**Françaises, Français...** **A vous qui m'avez apporté...** **Moins de 21 ans...** **Vous êtes engagés dans...** **Toi qui es...**

Appellative Strukturen	Beispiele
c) Der Gebrauch des **Possessivartikels** (l'emploi de ***l'article possessif)***	***vos*** suffrages ***votre*** bulletin de vote ***vos*** désirs ***notre*** tâche commune
d) Ausdrücke mit **imperativischer Funktion** ***(expressions qui expriment une nécessité)***	**il faut que** **il est nécessaire que** **il est important que** **il importe que**
e) **Ausrufe** ***(exclamations, f)***	**Avec Le Pen,* les Français à l'Elysée!**
f) **Rhetorische Fragen** ***(questions rhétoriques, f),*** d. h. Fragen, die eigentlich keine Antwort erwarten.	**Vous voulez un président qui tienne ses promesses et reste fidèle à ses électeurs?**
g) Der Gebrauch des **Personalpronomens „nous"** *(l'emploi du* ***pronom personnel „nous"****)*	**Nous** sommes tous dans le même bateau.
h) Der Gebrauch des vereinnahmenden, normensetzenden **„on"** *(l'emploi du* ***„on" normatif****)*	**On** ne parle plus de l'émancipation de la femme. (Gemeint ist: Wenn „man" nicht mehr von der Emanzipation der Frau spricht, dann wirst du, lieber Leser, doch wohl auch nicht mehr davon sprechen!!)

Das Auffinden dieser appellativen Strukturen ist auch für die **Analyse** nützlich; denn sie geben Einblick in die Überzeugungsstrategie des Autors. Für uns ist aber zunächst nur wichtig, daß wir Texte aufgrund der Verwendung solcher appellativen Strukturen als „appellative" Texte erkennen.

* Le Pen: 1988 Führer der rechtsradikalen Partei „Front National"

Da du die französischen Bezeichnungen häufig brauchen wirst, solltest du sie gut lernen. Deshalb hier noch einmal eine Zusammenstellung:

Tabelle 2

impératif, m	Imperativ, Befehlsform
apostrophe, f	direkte Anrede des Lesers
article possessif, m	besitzanzeigender Artikel
expressions (f) **à valeur impérative**	Ausdrücke mit imperativischer Funktion
exclamations, f	Ausrufe
questions rhétoriques, f	Rhetorische Fragen
le pronom personnel „nous“	Personalpronomen „nous“
le pronom personnel „on“	Personalpronomen „on“

Ü 1

Machen wir dazu eine kleine Übung.
Welche **appellativen Strukturen** weisen die einzelnen Texte unserer Textsammlung auf (S. 95–97)? Du sollst sie benennen und jeweils durch ein Beispiel belegen.

Textnummer	**appellative Struktur**	Beispiel
1	– **apostrophes** – **emploi du pronom personnel „nous“**	– Françaises, Français ... – A vous qui ... – nous allons nous rejoindre ...
2		

Setze die Übung in deinem Heft fort.

Ein einziger der 10 Texte weist keine der genannten Strukturen auf. Hast du herausgefunden, um welchen Text es sich handelt?

Nr. ☐ ?

Dieser Text führt uns zur zweiten Frage, die für das **Erkennen von appellativen Texten** wichtig ist, nämlich:

Frage 2: Um welchen **Texttyp** handelt es sich?

→ ***Quel type de texte, quelle sorte de texte est-ce?***

Obwohl der zuletzt genannte Text keine direkten appellativen Strukturen enthält, wirst du ihn unschwer als appellativen Text identifiziert haben. Es handelt sich um einen

Werbetext.

Daß **Werbetexte** sich an mögliche / gedachte Käufer wenden, um sie zum Kauf eines bestimmten Produktes anzuregen, ist eine Binsenweisheit. Ähnliches gilt beispielsweise auch für (politische) **Flugblätter,** die in einem Wahlkampf verteilt werden. Der Leser weiß, daß sie vor allem dem Zweck dienen, den Wähler für die Wahl eines bestimmten Kandidaten oder einer bestimmten Partei zu gewinnen.

Was bedeutet das für uns?

Allein das Erkennen des Texttyps (ohne die eingehende Lektüre und Analyse des Textes) reicht oft schon aus, Mutmaßungen über die **Wirkungsabsicht** des Textes anstellen zu können. Das Wissen um die Wirkungsabsicht erleichtert erheblich das Auffinden der wichtigen Textinformationen.

Wie vielfältig appellative Texte sein können, hat ja schon unser Textcocktail auf S. 95ff verdeutlicht.

Hier nun eine kleine **Übersicht über appellative Texttypen** mit ihren französischen Entsprechungen, die du lernen solltest.

Tabelle 3

Es gibt:

1. Kochrezepte	recettes (f) de cuisine
2. Gebrauchsanweisungen	modes (m) d'emploi (m)
3. Wandschriften	graffiti (m)
4. Hinweisschilder, Gebots-/Verbotstafeln	panneaux (m)
5. Sticker/buttons	badges (m) / insignes (m)
6. Flugblätter	tracts (m)
7. (politische) Plakate	affiches (f) (politiques)
8. Kleinanzeigen	petites annonces (f)

9. Werbeanzeigen/Werbeplakate	publicités (f) annonces (f) publicitaires affiches (f) publicitaires
10. Karikaturen	caricatures (f)
11. politische Reden/Erklärungen	discours (m)/déclarations (f) politiques
12. Plädoyers (Staatsanwalt/Verteidiger)	plaidoiries (f)
13. Predigten	sermons (m)

Es ist nicht möglich, in diesem Rahmen jeden dieser Texttypen mit seinen spezifischen Textmerkmalen vorzustellen. Beim Erschließen dieser Texttypen wird dir aber deine Leseerfahrung eine große Hilfe sein.

Daß es gar nicht so schwer ist, die verschiedenen Texttypen zu unterscheiden, kannst du in der folgenden Übung sehen.

Ü 2

Versuche, die Ziffern der eben genannten Texttypen (Tab. 3) den auf S. 95ff zusammengestellten Texten zuzuordnen.

Textnummer	1	2	3	4	5	6	7	8	9	10
Texttyp										

Zusammenfassung · Zusammenfassung · Zusammenfassung

Halten wir fest:

1. Ein appellativer Text unterscheidet sich von den anderen Textarten meist durch die Verwendung **typischer appellativer Strukturen** (Tab. 1).

2. Oft ermöglicht das **Erkennen des Texttyps** (Tab. 3) schon Rückschlüsse auf die **Wirkungsabsicht** des Textes und damit einen Zugriff auf wichtige **Textinformationen.**

Sonderfall: Rezepte und Gebrauchsanweisungen

Wir sind bisher davon ausgegangen, daß alle in unserer Textsammlung zusammengestellten Texte **appellative Texte** sind.

Nun müssen wir aber eine wichtige Einschränkung vornehmen.
Zwei Texte dieser Sammlung stellen nämlich einen Sonderfall dar. Es handelt sich um die Texte (3) und (9) (Koch**rezept** und Handlungs**anweisung** für die Mund-zu-Mund-Beatmung).

Warum?

Beide Texte enthalten zwar eine Fülle von **Imperativen,** der **direktesten** Form der Handlungsaufforderung, und weisen sich damit offensichtlich als **appellative Texte** aus. Es geht aber den (anonymen) Autoren weniger darum, das Verhalten des Lesers in einer bestimmten Weise zu beeinflussen, als vielmehr darum, ihm **Anweisungen / Instruktionen** für korrektes Verhalten und praktisches Handeln in einer bestimmten Situation zu geben. Um das Gelingen der Handlung zu sichern, muß eine ganz bestimmte Abfolge von Einzelschritten eingehalten werden.

Vergleiche dazu den Ausschnitt aus der Gebrauchsanleitung (le mode d'emploi) eines technischen Gerätes:

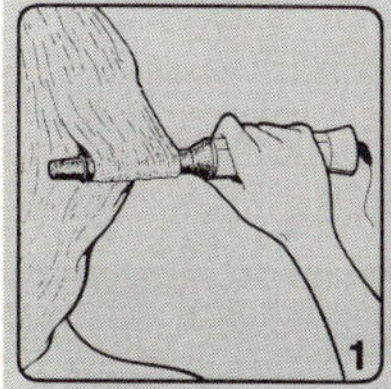

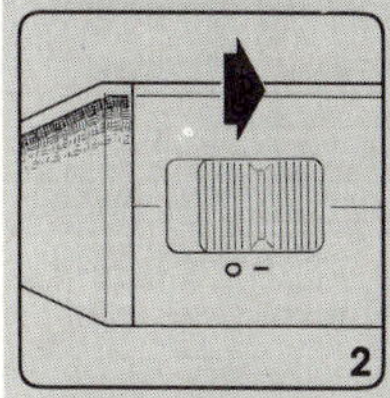

Utilisation

Brancher l'appareil. Ne l'utiliser qu'après avoir séché vos cheveux avec une serviette éponge ou quand vos cheveux sont secs ①. Mettre en marche ②. L'air chaud va de l'intérieur vers l'extérieur pour former les boucles. Grâce au cordon rotatif, le fil ne s'emmèle pas ③.

Recommandations importantes

Ne pas utiliser le Dry and Curl dans la baignoire, sous la douche ou au-dessus d'un récipient plein d'eau.

Ne pas obturer la partie arrière de l'appareil avec la main (sinon l'appareil s'arrête automatiquement et ne redemarre qu'après quelques minutes de refroidissement).

Ne pas poser l'appareil en marche.
Avant de le nettoyer, ne pas oublier de le débrancher.

Ne l'entretenir qu'avec un chiffon humide.

L'appareil ne peut être ouvert, c.-a.-d. qu'il ne peut donc être réparé (cordon d'alimentation inclu). Notre garantie signifie que l'appareil est échangé.

(aus einer Gebrauchsanweisung für einen Lockenstab)

Wir wollen diesen Texttyp

direktiv-instruktive Texte / *textes d'instruction*

nennen und von den eigentlich **appellativen Texten** abgrenzen. Denn bei dieser Art von Texten ist die Mitteilungsabsicht eine andere als bei den eigentlichen appellativen Texten. Der Leser wird zwar **zu Handlungen aufgefordert,** er soll die Handlungen auch möglichst präzise ausführen, **die Bereitschaft zur Handlung aber wird vorausgesetzt.** Der Leser braucht also nicht erst überredet, von der Notwendigkeit seines Handelns überzeugt zu werden.

Tabelle 4

Zu diesem Texttyp gehören z. B.

– **les modes d'emploi** (m)	Gebrauchsanleitungen (z. B. für technische Geräte)
– **les instructions** (f)	Handlungsanweisungen (unterschiedlichster Art)
• de montage	• Montageanleitung
• de production	• Herstellungsanleitung
• de bricolage	• Bastelanleitung
– **les recettes** (f) **de cuisine**	Kochrezepte
– **les conseils** (m) **pratiques** (pour toutes les circonstances de la vie)	Praktische Ratschläge für alle Lebenslagen

Natürlich ist es wichtig, auch solche Texte zu verstehen. Nur werden diese Art von Texten kaum Gegenstand der Analyse schulischen Französischunterrichts sein, auch wenn es durchaus attraktiv wäre, einmal ein französisches Kochbuch zur Hand zu nehmen und in der Praxis französische Rezepte auszuprobieren oder unter Anleitung des sehr „bemühten" Pierre ein wenig Auflockerungsgymnastik zu betreiben. Da wir dich aber auf die „harte" Wirklichkeit, sprich die fremdsprachliche Textanalyse vorbereiten und dir dafür Hilfen anbieten wollen, können wir Texte des **direktiv-instruktiven** Typs im folgenden unberücksichtigt lassen.

10 minutes de gym – Bougez en musique

Travaillez votre équilibre

Assise, dos droit, jambes pliées, pieds au sol. Prenez la pointe de vos pieds dans vos mains puis levez les jambes bien droites. Penchez-vous légèrement en arrière pour l'équilibre. Pliez les jambes, ramenez-les au sol. A faire 10 fois.

(nach „Femme Actuelle")

B) *Das Erschließen und Zusammenfassen wichtiger Textinformationen appellativer Texte*

Im zweiten Teil dieses Kapitels wollen wir uns nun Fragen zuwenden, deren Beantwortung wichtig für das **Erschließen** und **Zusammenfassen** appellativer Texte ist.

In diesem Zusammenhang mußt du Antworten auf **vier weitere Fragen** finden, und zwar die Fragen

3. nach der **Wirkungsabsicht** des Autors/Textes,
4. nach der **Zielgruppe,**
5. nach der **Textsituation,**
6. nach dem **Textaufbau**

Jeder dieser Fragen wollen wir uns kurz zuwenden.

Frage 3: Welche **Absicht** verfolgt der Autor?
Wozu will der Autor den Leser **überreden**?

→ ***Quelle est l'intention de l'auteur/du texte?***

Wie wir gesehen haben, erlaubt das Erkennen des **Texttyps** schon gewisse Schlußfolgerungen im Hinblick auf die **Intention des Autors / Textes.** Darüber hinaus gibt es bestimmte

sensible Stellen

in einem Text, die Hinweise auf die **Wirkungsabsicht** geben:

– die **Überschrift** des Textes	*(le titre)*
– die **ersten Sätze**	*(les premières phrases)*
– die **letzten Sätze**	*(les dernières phrases)*
– **Hervorhebungen**	*(des mises en relief)*
– bei Werbetexten das **Bild**	*(l'image)*
– die **Wiederholung** bestimmter Schlüsselbegriffe	*(la répétition de mots-clés)*

Dazu ein Beispiel:

SI VOUS VOULEZ UN PRÉSIDENT DE LA RÉPUBLIQUE QUI:

- défende les valeurs fondamentales de notre pays;
- tienne ses promesses et reste fidèle à ses électeurs;
- assure l'identité, l'unité, la sécurité et la prospérité de la Nation;
- donne la priorité aux Français et suscite entre eux la fraternité;
- soit fier de la France et de son histoire;
- ait confiance dans les Français pour leur redonner un avenir;
- défende les plus pauvres et les plus malheureux;
- mène une politique de rupture avec le socialisme;
- combatte la fatalité, la résignation et l'abandon;
- soit prêt à sacrifier sa carrière, sa réputation ou sa vie pour son pays.

AIDEZ JEAN-MARIE LE PEN

(aus dem französischen Wahlkampf)

Der **Einleitungssatz** und die **Schlußformulierung,** die durch den Schrifttyp besonders hervorgehoben werden und typische appellative Strukturen aufweisen, verdeutlichen, daß der Leser davon überzeugt werden soll, *Le Pen* (s. Anm. S. 99) zum Präsidenten zu wählen.

Was man allerdings von der Kandidatur *Le Pens* zu halten hat, hat *Wolinski* mit einer Karikatur in recht anschaulicher Weise verdeutlicht.

Zwischenstop · Zwischenstop · Zwischenstop · Zwischenstop

Sprachliche Mittel, um die Wirkungsabsicht des Autors auszudrücken:

Wir wollen nicht aus den Augen verlieren, daß du die Ergebnisse deiner Erschließungstätigkeit ja irgendwann auch in französischer Sprache wiedergeben mußt. Deshalb an dieser Stelle einige wenige **Ausdrücke**, mit denen du die **Wirkungsabsicht des Autors/Textes** „versprachlichen" kannst.

Tabelle 5

l'auteur / le texte	veut	que (+ subjonctif)			will, daß ...
		inviter	le lecteur	à + Inf.	einladen
		amener		à + Inf.	dazu bringen
		inciter		à + Inf.	anregen
		encourager		à + Inf.	ermutigen
		persuader		de + Inf.	überreden
		convaincre		de + Inf.	überzeugen
l'auteur/le texte		fait appel à ...			appelliert an
		s'adresse à ...			wendet sich an
		fait de la propagande	pour		macht Propaganda für
		veut faire croire au lecteur	que		möchte den Leser glauben machen, daß
		Le but de l'auteur est	de + Inf.		Ziel des Autors ist es, ...

Dazu sollten wir eine kleine Übung machen.
Versuche einmal, die **Wirkungsabsichten** der appellativen Texte unserer Textsammlung auf S. 95–97 herauszufinden und zu beschreiben.

Ü 3

Im ersten Teil der Übung helfen wir dir ein wenig, indem wir die **Wirkungsabsichten** der Autoren vorgeben. Deine Aufgabe besteht darin, die Textnummern den entsprechenden Aussagen zuzuordnen.

Im zweiten Teil sollst du dann unter Zuhilfenahme des eben genannten Vokabulars die Autorenintention selbst beschreiben und in dein Heft eintragen.

☐ L'auteur s'adresse aux jeunes qui n'ont pas encore le droit de vote[1] pour les encourager[2] à exprimer activement leurs idées politiques sous forme de combats de rue[3].

Vocabulaire:
[1]) droit (m) de vote – Wahlrecht [2]) encourager – ermutigen [3]) combats (m) de rue – Straßenkämpfe

☐ L'auteur appelle les jeunes femmes à s'acheter un magazine féminin.

☐ L'auteur veut amener le lecteur à se méfier[4] de la société établie[5] / hiérarchisée[6], à éviter de se laisser intégrer dans des structures politiques et sociales périmées[7].

☐ Le porteur de ce badge[8] veut appeller à lutter contre le racisme, à respecter les travailleurs immigrés[9].

Zu den Texten [1] [5] [6] [10] äußere dich jetzt selbst.

Vocabulaire:
[4]) se méfier – mißtrauen [5]) la société établie – die etablierte Gesellschaft [6]) hiérarchisé – hierarchisch gegliedert
[7]) périmé – veraltet, verkrustet [8]) le badge – der Sticker [9]) travailleur immigré – Gastarbeiter

Kommen wir nun zur nächsten Frage. Der Autor eines appellativen Textes hat in den meisten Fällen

eine bestimmte **Zielgruppe** ***(le groupe-cible)***

vor Augen. Diese gilt es herauszufinden. Dementsprechend wäre die Frageformulierung:

Frage 4: **An wen wendet** sich der Autor/der Text?

→ ***A qui s'adresse l'auteur / le texte?***

Die Beantwortung dieser Frage ist deshalb wichtig, weil der Autor sich in seiner Sprache, seinem Ausdruck, seiner Überredungs- und Überzeugungsstrategie auf die **Zielgruppe** einstellt, die er mit seinem Text erreichen will. So wird er sich bemühen, ihre Sprachgewohnheiten, ihren Bildungsstand, ihre gesellschaftliche Herkunft, ihr Alter, ihre politische Einstellung, ihr Selbstverständnis, ihre Vorlieben, ihre „geheimen" oder als solche angesehenen Wünsche und Sehnsüchte usw. zu berücksichtigen.

So wird sich ein Text, der sich ausschließlich an Jugendliche wendet, einer anderen Sprache bedienen als ein Text, der sich an Akademiker oder an die Franzosen in ihrer Gesamtheit wendet. *Wolinski* benutzt z. B. in **Text 10** eine bewußt familiäre *(T'as intérêt)*, fast vulgäre *(la gueule)* Sprache, um die jugendlichen Wähler erreichen zu können.
Einer wesentlich neutraleren Sprache bedient sich dagegen *Mitterrand* in seiner politischen Erklärung **(Text 1)**, mit der er sich an die französischen Wähler wendet.

Diesen Zusammenhang zwischen Zielgruppe und bestimmter Art der Leseransprache gilt es aber erst bei der Text**analyse** herauszuarbeiten und zu kommentieren. Bei der Erarbeitung der manifesten Informationen geht es zunächst nur darum, die **Zielgruppe** zu benennen.

Les groupes-cibles

Versuchen wir doch einmal, die Zielgruppen unserer Texte zu bestimmen, und zwar in Form einer Zuordnungsaufgabe. Du erhältst eine Kurzbeschreibung der Zielgruppen und ordnest jeweils den nach deiner Meinung zutreffenden Text (Ziffer) zu.

Ü 4

- [ ] les touristes qui font de la promenade dans les Alpes
- [ ] une jeune femme qui cherche un partenaire avec qui elle veut vivre à la campagne
- [ ] les jeunes femmes
- [ ] les jeunes électeurs
- [ ] les gens qui refusent[1] le racisme
- [ ] les électeurs français dans leur totalité
- [ ] les jeunes qui refusent[1] de s'intégrer[2] dans les structures de la société établie
- [ ] les mineurs[3]

Vocabulaire:
1) refuser – zurückweisen, ablehnen 2) s'intégrer – sich einordnen 3) les mineurs – die Minderjährigen

Aber es gibt noch eine weitere entscheidende Frage:

Frage 5: Welches ist die **konkrete Situation,** der **soziale, politische, kulturelle Anlaß,** der zur Anfertigung des Textes geführt hat?

→ ***Quelle est la situation du texte?***
Dans quel contexte social, politique, culturel, le texte a-t-il été rédigé?

Eine Antwort auf die Frage nach der

Textsituation

ist für die Erschließung des Textes sowie für das Gesamtverständnis von entscheidender Bedeutung.

- So ist der Karikatur (10) zu entnehmen, daß sie 1986 von *Wolinski* gezeichnet wurde; *„vote“* und *„droite“* deuten darauf hin, daß der Text sich auf eine Wahl bezieht. Der informierte Leser weiß, daß es sich um die Kommunalwahl im März 1986 handelt.

- Die Aussageintention des **Textes 4** erschließt sich nur, wenn man weiß, daß es sich um ein Plakat im Zusammenhang mit den Studentenunruhen im Mai 1968 in Paris handelt, daß dort zu diesem Zeitpunkt Straßenschlachten zwischen Studenten und Polizei stattfanden, bei denen die Studenten Pflastersteine als Wurfgeschosse benutzten und daß Jugendliche unter 21 Jahren zu diesem Zeitpunkt in Frankreich noch kein aktives Wahlrecht hatten.

- Der Button **(8)** (dessen Text so viel sagen will wie: „Rühr meinen Freund / Kumpel nicht an“) ist nur verständlich in seiner Aussageintention, wenn man von der Anti-Rassismus-Bewegung weiß, in der sich engagierte Mitbürger seit 1984 gegen die Kampagnen rechtsradikaler Gruppierungen („Immigrés dehors“ = „Gastarbeiter raus“) zur Wehr setzen.

Die bisher erarbeiteten Fragestellungen führen zur **Kernaussage** eines appellativen Textes und ermöglichen die Erschließung der wichtigen Textinformationen, die zur Zusammenfassung und nachfolgenden Analyse notwendig sind. Für **appellative Kurztexte,** wie wir sie in unserer Textsammlung zusammengestellt haben, reichen diese Fragen aus.
Willst du aber **längere appellative Texte** erschließen und zusammenfassen (z. B. eine politische Rede), so mußt du eine weitere Kategorie berücksichtigen, die dir schon aus den vorausgehenden Kapiteln bekannt ist, nämlich den

Textaufbau

(la suite des idées / éléments essentiels du texte)

Die Fragestellung dazu:

Frage 6: Was **teilt** der Autor/Text dem Leser im Laufe des Textes im Hinblick auf die **Kernaussage mit?**

→ ***De quoi l'auteur nous informe-t-il au cours du texte?***
(la suite des idées / éléments essentiels du texte)

Zur Erinnerung an früher (hoffentlich!) Gelerntes:

Du folgst dem linearen Aufbau des Textes und faßt die im Hinblick auf die Kernaussage wesentlichen Aspekte zusammen (vgl. z. B. dazu Band 1 von ***Atout Bac,*** S. 154ff)

Zusammenfassung · Zusammenfassung · Zusammenfassung

Wir haben herausgefunden:

- daß die Textart **„appellative Texte"** in vielen Fällen aufgrund **offensichtlicher appellativer Strukturen** zu erkennen ist.

  Frage: *Y a-t-il* ***des structures*** *qui soulignent le* ***caractère d'appel*** *du texte?*

- daß das **Erkennen des Texttyps** eine wichtige Hilfe zum Erschließen der **Wirkungsabsicht** des Textes sein kann.

  Frage: ***Quel type de texte / quelle sorte de texte est-ce?***

- daß der Zugriff auf die **wesentlichen Textinformationen** über vier weitere Fragestellungen erfolgen kann:

  Quelle est ***l'intention*** *de l'auteur / du texte?*

  A qui s'adresse l'auteur / le texte? Quel est le ***groupe-cible?***

  Quelle est la ***situation du texte?***

  Quelle est la ***suite des idées / quels sont les éléments essentiels du texte?***

Um nicht den Überblick über die Teilinformationen zu verlieren, bietet es sich an, diese wiederum in einem übersichtlichen **Raster** zusammenzufassen, das die einzelnen Fragestellungen aufnimmt, in seinem Aufbau aber bereits der **Gliederung** des zu erstellenden **Résumé** folgt.

Raster 1

structures d'appell	type de texte	situation du texte	groupe-cible	intention du texte / de l'auteur	suite des idées/éléments essentiels

dient dem **Erkennen** der Textart und ist wichtig für die Analyse

Diese Reihenfolge entspricht jetzt bereits der Anlage des Résumé

Das Ausfüllen des Rasters mag zwar zunächst lästig erscheinen. Es hilft dir aber, die Textinformationen übersichtlich zu ordnen und es erleichtert dir erheblich die Anlage des **Résumé.**

Probieren wir das Raster einmal an einem mittellangen Text aus.

M. Mitterrand : le respect des autres

M. Mitterrand a prononcé à Château-Chinon (Nièvre) la courte déclaration suivante :

« Françaises, Français.

» A vous qui m'avez apporté vos suffrages aujourd'hui, je veux dire ma gratitude. Vous êtes engagés avec moi dans le combat pour l'union des Français autour des valeurs de la démocratie : progrès, justice sociale, égalité des chances, finalement respect des autres.

» A vous qui n'avez pas émis le même vote pour ce premier tour de scrutin et qui croyez dans ces mêmes valeurs je dis : nous allons nous rejoindre, désormais le choix est simple.

» A vous tous qui aimez et servez la France, j'exprime ma confiance. Nous avons devant nous de grandes tâches : le chantier de l'Europe, la cause de la paix.

» Françaises et Français, rassemblons-nous, ne négligeons aucun effort pour gagner le 8 mai ».

(aus „Le Monde", mardi 26 avril 1988)

Das gefüllte Raster könnte folgendermaßen aussehen:

Raster 2

structures d'appel	**type de texte**	**situation du texte**	**groupe-cible**	**intention du texte**	**suite des idées/éléments essentiels**
– apostrophes – art. possessif – pron. pers. „vous“ – pron. pers. „nous“ – impératif	déclaration politique	publié dans „Le Monde“ du 26 avril 1988 élections présidentielles du 24 avril 1988 après le premier tour[1]	tous les électeurs français	convaincre tous les Français de voter[2] pour Mitterrand au 2e tour des élections	appel à tous les Français expression de sa gratitude[3] envers ceux qui ont voté pour lui au 1er tour appel à ceux qui ont voté pour d'autres candidats au 1er tour Il appelle à tous les Français à se rassembler[4]) autour de sa personne

Vocabulaire

[1] Der frz. Staatspräsident wird in zwei Wahlgängen gewählt, wenn ein Kandidat nicht schon im ersten Wahlgang die absolute Mehrheit der Wählerstimmen erhält. Mitterrand hatte 1988 im ersten Wahlgang zwar die meisten Stimmen erhalten, nicht aber die absolute Mehrheit erreicht. – [2] voter pour – stimmen für [3] la gratitude – Dankbarkeit [4] se rassembler – sich sammeln um.

Ü 5

Aus den Eintragungen in dem Raster läßt sich nun leicht ein **Résumé** erstellen. Versuche es doch selbst einmal.
Damit es nicht zu schwer wird, haben wir das Résumé in Form eines Lückentextes angelegt, den du mit Hilfe des Vokabulars auf Seite 107 und den Eintragungen im Raster füllen und in dein Heft übertragen kannst.

Solltest du Schwierigkeiten beim „Lückenfüllen“ haben, findest du die notwendigen Eintragungen in bunter Mischung unter dem Text. (Streiche sie dort, wenn du sie eingetragen hast.)

Le texte, (veröffentlicht am)... 26 avril 1988 dans Le Monde, est une (politische Erklärung)... de François Mitterrand. Elle a été faite après le (erster Wahlgang)... des élections... du 24... Il y essaie de (alle Franzosen überzeugen)... de (für ihn stimmen)... au (2. Wahlgang)...

Après un appel direct à ..., il (sich wenden an)... électeurs qui ont (gestimmt)... pour lui au premier tour en leur (ausdrücken, GIF)... toute sa gratitude.
(in einem 2. Teil)..., il (appellieren an)... tous ceux qui ont voté pour d'autres canditats (im ersten Wahlgang)... et les (einladen)... à voter pour lui au (2. Wahlgang)... .
Le texte (endet auf)... un appel à tous les Français pour qu'ils (sich sammeln um)... autour de sa personne le 8 mai pour garantir l'unité de la France.

se termine sur – voter pour lui – deuxième tour – tous les Français – avril 1988 – dans une deuxième partie – inviter – publié le – convaincre tous les Français – s'adresse aux – exprimant – deuxième tour – déclaration politique – premier tour – présidentielles – voté – fait appel à – au premier tour – se rassembler –

Wie du vielleicht erkannt hast, folgt das **Résumé** der linearen Abfolge der Rastereintragungen.
Somit kann man den Aufbau des Résumé fast standardisieren und einen

Basistext

entwerfen, der praktisch (mit leichten Abweichungen) auf jeden appellativen Text anwendbar ist:

Le texte est ... **(Texttyp)**

rédigé/publié par ... **(Autor/Institution)**

lors de / à l'occasion de ... **(Situation des Textes)**

L'auteur s'adresse à ... **(Zielgruppe)**

et les invite à ... **(Wirkungsabsicht).**

Dans une première partie ... (Orientierung an der Reihenfolge der Ideen / Elemente des Textes → **Textaufbau**)

So, jetzt müßtest du eigentlich gewappnet sein, das Ganze einmal ohne unsere Hilfe auszuprobieren.

Ü 6

Lies dir zunächst den folgenden Text sorgfältig durch und markiere die Stellen, die dir für das Ausfüllen des Rasters wichtig erscheinen. Alle Informationen findest du im Text, auch die zur *„situation du texte"*.
Zeichne dir dann das **Raster 1** auf ein Blatt und versuche, es entsprechend dem Beispiel auf S. 113 zu füllen.

Hier noch einmal Raster 1

structures d'appel	**type de texte**	**situation du texte**	**groupe-cible**	**intention de l'auteur**	**suite des idées/éléments essentiels**

Raymond Barre — Le 14 avril 1988

Françaises et Français,
Chers Compatriotes,

C'est à chacune, à chacun d'entre vous que je m'adresse

Dans quelques jours, vous choisirez votre nouveau Président de la République.

Au cours du septennat qui s'achève, notre pays s'est affaibli. Le chômage continue de frapper. L'économie ne crée plus d'emplois.

Pourtant la capacité de la France est grande. Notre jeunesse est ardente et généreuse. Nos entreprises, avec leurs cadres, leurs employés et leurs ouvriers affrontent la compétition internationale. Notre agriculture est dynamique. Nos compatriotes établis à l'étranger assurent notre présence dans le monde. Notre République, nos Régions, nos Départements, nos Communes, nos associations peuvent compter sur des citoyennes et des citoyens actifs et désintéressés. L'État peut s'appuyer sur des agents publics compétents et dévoués. Nous pouvons faire de la France un pays solide, à niveau de salaires et d'emplois élevés, à monnaie forte.

Mesurez l'enjeu de cette élection pour vous et pour vos enfants. Par votre vote, vous allez engager l'avenir de notre pays. Si votre choix devait conduire au retour du système socialiste, après le recul viendrait le déclin.

Voici le projet que je vous propose. Voici les engagements que je prends. Je vous demande d'y réfléchir.

Si vous les approuvez, accordez-moi votre confiance, dès le 24 avril, pour le premier tour de l'élection présidentielle!

Je suis un homme libre et de tout cœur je vous dis:

Ensemble, travaillons pour que notre pays de liberté renforce sa cohésion par la justice et par la solidarité, pour qu'il retrouve le sens profond du civisme et du patriotisme.

Ensemble prenons un nouveau départ!

Ensemble, bâtissons une France forte et fraternelle

Raymond Barre

(Offener Brief Raymond Barres an seine Wähler)

Vocabulaire:
Septennat – siebenjährige Amtszeit; achever – zu Ende gehen; affaiblir – schwach werden; ardent – eifrig; généreux – großmütig; cadre – leitender Angestellter; affronter – sich stellen; compétition – Wettbewerb; assurer – sicherstellen; désintéressé – uneigennützig; dévoué – aufopfernd, selbstlos; enjeu – Herausforderung; déclin – Niedergang; cohésion – Zusammenhalt; civisme – staatsbürgerliches Pflichtgefühl

Wichtige Schlußbemerkung · Wichtige Schlußbemerkung

Bei der Arbeit mit diesem Buch ist dir wahrscheinlich deutlich geworden, daß die einzelnen **Textarten** selten in „Reinform“ vorkommen, sondern daß es oft vielfältige Überschneidungen gibt.
Dies gilt natürlich auch für die appellativen Texte.

Der Wahlbrief von *Raymond Barre* (S. 115f) weist sich von seinem Aufbau und seiner Wirkungsabsicht eindeutig als appellativer Text aus. Andererseits enthält er aber eine Fülle von Merkmalen, die beispielsweise für expressiv-argumentierende Texte charakteristisch sind (vgl. S. 71):

- So äußert *Raymond Barre* eine klare politische **Überzeugung (Ich-Position)** (vgl. Z. 4–6).
- So **grenzt** er sich deutlich von der regierenden Partei **ab (Gegenposition).**
- So ist er bemüht, seine Auffassung zu **begründen (Argumente),** wobei es sich allerdings in den meisten Fällen um reine Behauptungen handelt (was bei Politikern ja nicht ungewöhnlich ist!).

Hier greifen nun die einzelnen Teile dieses Buches ineinander. Denn bei der Erschließung und Zusammenfassung des *Barre*-Briefes kommen dir z. B. auch die Techniken zugute, die du in dem Kapitel über expressiv-argumentierende Texte kennengelernt hast. Auch das dort vorgestellte und eingeübte Vokabular (S. 107) kann dir jetzt eine gute Hilfe bei der Zusammenfassung **appellativer Texte** sein.

So, du hast ein wichtiges Etappenziel erreicht. Jetzt hast du erst einmal eine Entspannungspause verdient.

Ergänzung · Ergänzung · Ergänzung · Ergänzung

C) Das Erschließen und Zusammenfassen von Werbetexten / textes publicitaires

Was nun folgt, stellt eine Ergänzung dar im Hinblick auf einen bestimmten appellativen Texttyp, die

Werbetexte (textes publicitaires).

Im schulischen Französisch-Unterricht werden dir diese Texte sicher begegnen, weil sich an ihnen **Überzeugungs-/Überredungsstrategien** besonders gut aufzeigen lassen.
Wir wollen sie als Beispiel für alle diejenigen appellativen Texte ansehen, die mit

Text und **Bild**

arbeiten.

Die Wirkungsabsicht eines Werbetextes liegt natürlich auf der Hand:

Er will den Leser zum Kauf eines bestimmten Produktes anregen.

a) Während die (spätere) Analyse des Textes aufzeigen sollte, mit welchen Mitteln der Text versucht, den Leser zum Kauf des Produktes zu bewegen, muß sich

b) die Erschließung und Zusammenfassung – wie gewohnt – auf die manifesten Informationen beschränken.
Dabei kommt dem **Bild/Foto** in der Werbung eine wichtige, wenn nicht sogar die entscheidende Funktion zu:

Das **Bild / Foto** kann

- als **Blickfang** dienen, um die Aufmerksamkeit des Lesers auf die „Botschaft" des Werbetextes zu lenken,
- **illustrativen Wert** haben, also das Produkt, für das geworben wird, für das Auge erfaßbar machen und in seinem Anwendungsbereich vorstellen,
- **suggestive Wirkung** haben, also auf Wertvorstellungen anspielen, die „unbewußt" als Kaufmotive eine Rolle spielen sollen usw. usw.

Dies wollen wir einmal an einem konkreten Beispiel verdeutlichen:

1981 veröffentlichte die Werbeagentur AVENIR im Abstand von je zwei Tagen folgende großflächige Plakate:

Vocabulaire:
enlever – ausziehen;
le haut – das Oberteil;

Vocabulaire:
le bas – das Unterteil

Vocabulaire:
l'afficheur – Plakat-„Entwerfer" (Werbeagentur);
la promesse – das Versprechen

Das Foto einer „offensichtlich" nicht unattraktiven jungen Dame, die auf den Plakatwänden einen „Strip-tease auf Raten" veranstaltete, diente ausschließlich dem Zweck, das (erotische / voyeuristische?) Interesse der Zielgruppe für das erst auf dem letzten Plakat genannte „Produkt" wachzurufen und zu steigern.

Der „offensichtliche" Erfolg dieses „eindeutig zweideutigen" Werbegags (die Werbestrategie wurde in der französischen Öffentlichkeit heftigst diskutiert, der Name der Werbeagentur war in aller Munde) unterstreicht die Bedeutung der Bildinformation in der Werbung.

Schlußfolgerung:

Bei der Erschließung von Werbetexten (und allen Texten, die mit Bild, Foto, Zeichnung usw. arbeiten) muß das Bild als konstitutives (= bestimmendes) Element der Textinformation in die Textzusammenfassung einbezogen werden.
Dabei darf es sich immer nur um eine **Beschreibung des Bildes,** nicht um eine Analyse der Wirkungsmechanismen handeln.

Um das Bild beschreiben zu können, bedarf es eines **spezifischen Vokabulars,** das wir dir auf den folgenden Seiten vorstellen wollen und mit dem du in den anschließenden Übungen arbeiten sollst. Es lohnt sich, die Ausdrücke zu lernen, da sie vielfach verwendbar sind.

Tabelle 6

A) Les éléments d'un texte publicitaire

le texte publicitaire	se compose de comprend contient	image (f) photo (f) dessin (m)	en couleurs en noir et blanc
		slogan (m) titre (m) manchette (f) texte (m)	

l'image la photo le dessin le slogan le titre la manchette	saute aux yeux attire l'attention sur met en relief souligne présente	le produit le nom du produit

B) La répartition des éléments sur la page

en	haut bas marge	de la page	se trouve on trouve il y a
au	milieu centre		
dans la partie	supérieure inférieure		
au-dessus au-dessous en haut en bas à gauche à droite	de	la photo la manchette	
	du	texte titre	

le slogan le titre la manchette	en	gros petits	caractères (m)	occupe s'étend sur	la plus grande partie de la page
		majuscules minuscules			la partie supérieure / inférieure
					la moitié un tiers le milieu — de l'annonce
					toute la largeur du texte

C) Les objectifs du texte publicitaire

l'annonce la publicité	fait de la	publicité réclame	pour		
	veut	attirer l'attention du	lecteur consommateur	sur	
		incite	le lecteur le consommateur	à	acheter s'identifier avec

Die Elemente eines Werbetextes

der Werbetext	setzt sich zusammen aus umfaßt enthält	Bild Foto Zeichnung	in Farbe schwarz-weiß
		Werbeslogan Überschrift Schlagzeile Text	

das Bild das Foto die Zeichnung der Werbeslogan der Titel die Schlagzeile	springt ins Auge	
	lenkt die Aufmerksamkeit auf hebt hervor unterstreicht stellt vor	Produkt Produktnahme

Die Verteilung der Elemente auf der Seite

oben auf unten auf am Rande in der Mitte im Zentrum im oberen Teil im unteren Teil	der Seite	befindet sich findet man ist/sind/befindet sich
oberhalb von unterhalb von direkt über unter links von rechts von	Foto Schlagzeile Text Überschrift	

der Werbeslogan die Überschrift die Schlagzeile	in	Großbuchstaben Kleinbuchstaben Großschreibung Kleinschreibung	füllt aus erstreckt sich über	den größten Teil der Seite	
				den oberen unteren	Teil
				die Hälfte ein Drittel die Mitte	der Anzeige
				die ganze Breite des Textes	

Die Ziele des Werbetextes

die Werbeanzeige	macht Reklame für				
	will	die Aufmerksamkeit des	Lesers Konsumenten	lenken auf	
		den	Leser Konsumenten	anregen	zu kaufen sich zu identifizieren mit

Das einmalige Überfliegen des eben vorgestellten Vokabulars nützt natürlich wenig. Damit du es dir einprägen kannst, solltest du es in nächster Zeit häufig anzuwenden versuchen. Die folgenden Übungen werden dir dazu schon Gelegenheit geben.

Sieh dir zunächst einmal diese Werbeanzeige an.

(aus „Madame Figaro“, 12. 4. 86)

Vocabulaire:
le cuir – das Leder; une gamme – eine Kollektion; sobre – sachlich/nüchtern; décliner – hier: durchspielen; au gré de votre fantaisie – ganz nach Belieben Ihrer Phantasie; un éventail – ein Fächer, breites Angebot; en fonction de – gemäß.

Bei Texttypen, die mit Bild und Text arbeiten, gilt es bei der Erschließung und Zusammenfassung auch, die **Lage der Bildelemente** zu bestimmen.
Dies wollen wir in zwei kleinen Übungen ausprobieren.

Ü 7

Versuche zunächst, mit Hilfe des Vokabulars auf S. 120/121, die aufgeführten Bildelemente unserer Werbeanzeige zu lokalisieren:

1. le canapé: . . .
2. le texte: . . .
3. la manchette (die Schlagzeile): . . .
4. le petit texte („modèle présenté: Dolbi . . .") . . .
5. le nom de l'entreprise, écrit sur un morceau de cuir: . . .
6. le monsieur élégant: . . .

Ü 8

Nun machen wir es umgekehrt. Du zeichnest dir ein Rechteck von ca. 15 × 20 cm auf ein Blatt. Darin sollst du nun die Lagebeziehungen eintragen, die in dieser Übung vorgegeben werden. Wird eine Fläche angegeben, schraffierst du sie ▨, wird ein Punkt angegeben, malst du an der geforderten Stelle einen kleinen Kreis mit der entsprechenden Zahl ③.

1. occupe un tiers de la page, dans la partie supérieure du texte publicitaire
2. est un point dans le coin, en haut, à droite.
3. est un point au milieu de la page.
4. est un point à droite de ③.
5. occupe une partie de la page, en bas, à gauche.
6. est un point au-dessus de ②.
7. est une ligne transversale qui va du coin en haut à gauche au coin en bas à droite.
8. est une manchette importante (en gros caractères[1]) au-dessus de ③ et ④.

[1] en gros caractères: in Großbuchstaben,

Natürlich ist unser letztes Rastermodell (Raster 1 S. 112) auch für diesen Texttyp zu gebrauchen, allerdings mit 2 kleinen Einschränkungen:

1. Bei der **„situation du texte"** wird vor allem interessieren, in **welchem Presseorgan** die Werbeanzeige erscheint; denn hieraus sind meist Rückschlüsse auf die Zielgruppe zu ziehen.

2. Die **Zielgruppe** ist allerdings nicht immer klar einzugrenzen. Sie läßt sich, wie in unserem Fall, oft nur aus der **Art** des Werbetextes, der **Sprache,** der **Bildinformationen,** des dargestellten **soziokulturellen Hintergrundes** der dargestellten **Personen** erschließen. Hier befinden wir uns also im Grenzbereich zwischen manifester und latenter Information!

Unter Berücksichtigung dieser Aspekte könnte das Raster für unseren Werbetext folgendermaßen aussehen:

Raster 3

structures d'appel	**type de texte**	**situation du texte**	**groupe-cible**	**intention**	**répartition des éléments sur la page**
article possessif „votre, vos" pronom personnel „vous"	publicité	annonce publiée dans Madame Figaro du 12/4/86	jeunes gens dynamiques tous ceux qui croient appartenir à une couche sociale aisée[1] ou qui en rêvent	convaincre le lecteur d'acheter un canapé en cuir de CINNA faire connaître le nom de l'entreprise	photo occupant la moitié supérieure manchette[2] au milieu petit texte en bas à gauche nom du producteur[3] en bas, à droite

Vocabulaire [1] aisé, e – „gut betucht" [2] la manchette – die Schlagzeile [3] le producteur – der Hersteller

Ü 9

So, nun kannst du dich schon an eine Zusammenfassung der Erschließungsergebnisse wagen. Allerdings soll die Aufgabe nicht zu schwer werden. Du kannst darum das **Résumé** zusammenbauen aus den bereits vorgegebenen Teilen und den deutschen Ausdrükken, die du durch französische ersetzt. Unter Rückgriff auf das Vokabular von S. 120/121 und das Raster wird es dir jetzt sicher gelingen, ein gutes **Résumé** in dein Heft zu schreiben.

Le texte est (eine Werbeanzeige) ... qui veut (den Leser anregen) ... à acheter un canapé de la marque CINNA.

Le texte (umfaßt) ... une photo qui (die obere Hälfte der Seite einnehmen) .... (In der Mitte) ..., il y a (ein Werbeslogan) ... (in großen Buchstaben) .... (Unten links) ... se trouve un petit texte qui (Informationen geben) ... sur la collection CINNA et les prix. (Rechts vom Text) ... (befindet sich) ... une fois de plus le nom de la marque sur un bout de cuir.

La photo (zeigen) ... une dame très élégante, habillée en blanc et assise sur un canapé CINNA blanc. (Rechts) ..., il y a un jeune homme, habillé en noir et très élégant, à genoux devant la dame, (neben dem Sofa) .... Tout cela sur fond blanc.

Anmerkung:

Wenn du dir diesen Werbetext einmal etwas genauer ansiehst, so wird dir auffallen, daß er bis auf den dreimaligen Gebrauch des Possessivartikels „votre“ und den zweimaligen Gebrauch des Personalpronomens „vous“ **keine** „offensichtlichen“ appellativen Strukturen aufweist. Der **appellative Charakter** dieser Anzeige ist wesentlich **subtiler, hintergründiger, suggestiver.**

Das wird erreicht durch:

- **das Photo,** ganz in schwarz-weiß gehalten, das beim Leser positive Assoziationen auslösen soll wie:

  Jugend – Schönheit – Eleganz – Luxus – gesellschaftliches Ansehen – beruflicher Erfolg etc.

  Es soll im Unterbewußtsein Wunschvorstellungen auslösen und ihre Erreichbarkeit mit dem vorgestellten Produkt suggerieren.

- das **Sprachspiel** „coup de cuir“ statt „coup de cœur“ (Liebe auf den ersten Blick) für Ledermöbel der Marke CINNA.

Das wird erreicht

– **im Text** durch:

- die häufige **Wiederholung** des Produktnamens, der sich beim Leser einprägen soll,
- den Gebrauch des **Superlativs** oder superlativischer Wendungen, die die Qualität des Produktes unterstreichen sollen,
- die kurzfristige **Terminangabe,** bis zu dem ein preisgünstiges Angebot gilt und die Unentschlossenen zum Kauf anregen soll usw.

All dies sind allerdings Aspekte, die **nicht** in ein **Résumé** gehören. Wir erwähnen sie aber, um dir zu zeigen, in welche Richtung die **Analyse** eines solchen Textes gehen müßte.

So, auf zum Endspurt!!!
Wir wollen das Kapitel nicht abschließen, ohne daß du noch einmal aktiv wirst.

Ü 10

Erprobe das Raster an dem folgenden Werbetext. Zeichne dir dazu das Raster auf ein Blatt und fülle es aus.
Erst wenn du das Raster mit Hilfe des Lösungsteils überprüft hast, mache dich an die **Abschlußübung.**

Ü 11

Die letzte Übung soll dann etwas kniffliger sein. Das **Résumé** des oben aufgeführten Werbetextes sollst du einmal in Form einer Übersetzung anfertigen. Du kannst dabei noch einmal das Vokabular von S. 120/121 erproben. Schreibe den fertigen Text in dein Heft.

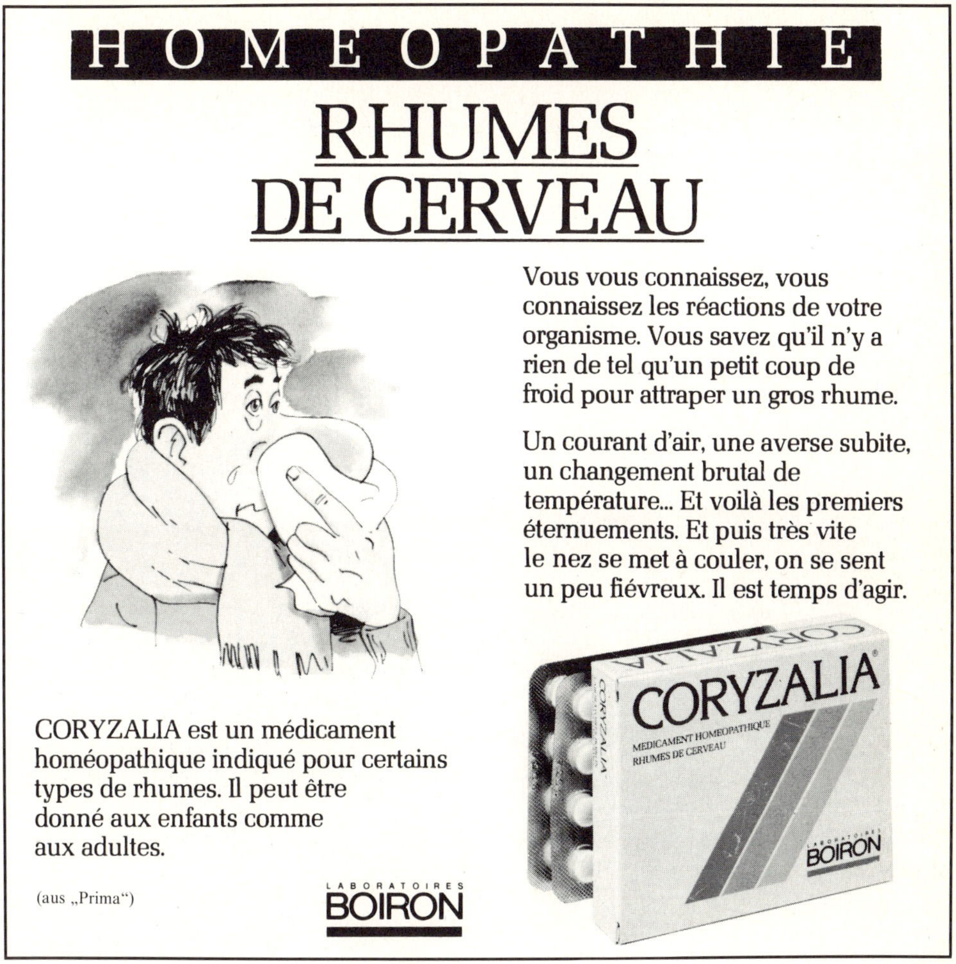

(aus „Prima“)

<u>Übersetzung:</u> Der Text ist eine Werbeanzeige. Die Firma *(l'entreprise, f)* Boiron versucht alle Leser, die unter Schnupfen *(rhume, m)* leiden *(souffrir de)*, davon zu überzeugen, das Medikament Coryzalia zu kaufen. Die Anzeige umfaßt zwei Schlagzeilen ganz oben auf der Seite, die lustige Zeichnung *(dessin humoristique)* eines stark verschnupften *(enrhumé)* Mannes im Zentrum des Textes, ein Foto des Medikaments unten rechts, einen kurzen Text rechts neben und unterhalb der Zeichnung und den Namen der Firma unten links.
Die beiden Schlagzeilen heben hervor, daß es sich um ein homöopathisches *(homéopathique)* Mittel gegen (den) Schnupfen handelt. Der kurze Text geht aus *(partir)* von den Erfahrungen *(expériences, f)* des Lesers, spricht dann von den Ursachen *(causes, f)* des Schnupfens allgemein und bietet schließlich das Medikament Coryzalia als ideale Lösung *(solution, f)* an.

Möglichkeiten, deine Textproduktion zu verbessern

In diesem Kapitel wirst du nun allgemeinere Sprachmittel kennenlernen, mit deren Hilfe du in deinem Résumé zu **stilistischen Verbesserungen** und auf diese Weise auch zu einem eleganteren und flotteren Französisch gelangst. Dabei geht es um zwei Hauptaspekte:

- **die Verkürzung deiner Sätze** und
- **die gedankliche Klarheit deiner Texte.**

Daraus ergibt sich als Gliederung des Kapitels, daß du dich zunächst mit verschiedenen

A) Verkürzungstechniken,

und anschließend mit Möglichkeiten und Wegen der

B) Verbesserung des Textzusammenhangs

beschäftigen wirst. Es ist wichtig, daß du möglichst viele der in diesem Zusammenhang angebotenen Übungen machst, damit du am Ende des Kapitels mehr Sicherheit bei der Abfassung französischer Texte hast.
(Der Einsatz lohnt sich bestimmt, auch wenns noch einmal ein Stück Arbeit ist!)

A) Verkürzungstechniken

Im ersten Abschnitt geht es darum, dir Möglichkeiten aufzuzeigen, schwerfällige, durch viele Nebensätze geprägte Texte zu **vermeiden** und damit der Forderung nach **„knapper"** und **„verständlicher" Zusammenfassung** der Informationen eines Textes zu entsprechen.

Damit du dir besser vorstellen kannst, wovon auf den nächsten Seiten die Rede sein wird, vergleiche gleich einmal die folgenden beiden Versionen eines **Résumétextes** miteinander.

Die erste ist stilistisch ziemlich verunglückt und sehr schwerfällig geraten. Zwar handelt es sich dabei nicht um grobe Grammatikfehler, aber dein Lehrer würde viele der Mängel in einer Klausur anstreichen, weil der Text im stilistischen Bereich nicht den Sprachnormen entspricht.

Wir haben die entsprechenden Stellen gekennzeichnet, so daß du die Verbesserungen in der zweiten Version leicht erkennen und verstehen kannst.

Version 1

Dans cet article de journal, qui est un fait divers et qui est paru dans «France Soir», il s'agit d'un grave et mystérieux[1]) accident de voiture près de Bordeaux. D' abord, l'auteur raconte qu'un dimanche, peu avant minuit, une personne anonyme téléphone aux C.R.S.[2] pour qu'elle les informe qu'il y a une femme qui a eu un accident sur l'autoroute A 10. Ensuite le texte parle de l'action des C.R.S qui examinent bien les environs du lieu indiqué[3]. Ils cherchent ainsi la jeune femme, mais au lieu qu'[4]) ils la trouvent, ils découvrent deux voitures qui ont eu un accident. Puis on apprend que l'un des deux conducteurs, avant qu'il meure, mentionne sa passagère[5]) qui a été éjectée[6]) de la voiture et qui reste cependant[7]) introuvable pour la police. L'autre conducteur par contre, qui est légèrement blessé, mais très choqué[8]), ne fait pas mention d[9]) 'une femme pendant qu'il raconte les circonstances[10]) de l'accident aux agents. (163 mots)

Vocabulaire
[1] mystérieux, -euse – geheimnisvoll [2] les C.R.S. – mobile Polizeitruppe, u. a. als Verkehrspolizei tätig [3] le lieu indiqué – der angegebene Ort [4] au lieu que – statt daß [5] la passagère – Beifahrerin [6] éjecter – herausschleudern [7] cependant – indes [8] être choqué, e – einen Schock erlitten haben [9] faire mention de – erwähnen [10] les circonstances, f. – die Umstände

Version 2

Dans cet article de journal, **un fait divers paru** dans «France Soir», il s'agit d'un grave et mystérieux accident de voiture près de Bordeaux. D'abord, l'auteur raconte qu'un dimanche, peu avant minuit, une personne anonyme téléphone aux C.R.S. **pour les informer** qu'il y a une femme **accidentée** sur l'autoroute A 10. Ensuite le texte parle de l'action des C.R.S. qui cherchent la jeune femme **en examinant** bien les environs du lieu indiqué, mais qui, **au lieu de la trouver**, découvrent deux voitures **accidentées**. Puis on apprend qu' **avant de mourir**, l'un des deux conducteurs mentionne encore sa passagère, **éjectée** de la voiture, mais **restant** introuvable pour la police. Légèrement **blessé**, mais très **choqué**, l'autre conducteur, par contre, ne fait pas mention d'une femme **en racontant** les circonstances de l'accident aux agents. (142 mots)

Durch den Einsatz verschiedener Verkürzungstechniken ist es gelungen, den schlechten ersten Text stilistisch so weit zu verbessern und zu straffen, daß du jetzt ein typisches Beispiel für ein Résumé vor Augen hast.

Auf welche Sprachmittel haben wir dabei zurückgegriffen? Einige wirst du bestimmt schon aus deinem Französischunterricht wiedererkannt haben:

Tabelle 1

1. **Gérondif** *(en examinant, en racontant)*
2. **Participe Présent** *(restant)*
3. **Participe Passé** *(paru, accidentée, accidentées, éjectée, blessé, choqué)*
4. **Apposition** *(un fait divers)*
5. **Infinitif** *(pour les informer, au lieu de la trouver, avant de mourir)*

In dieser Reihenfolge wirst du nun Schritt für Schritt die hier nur ganz kurz angerissenen Verkürzungstechniken näher kennenlernen und üben können.

Beginnen wollen wir mit einer der elegantesten und im geschriebenen wie gesprochenen Französisch gleichermaßen gebräuchlichen Verkürzungstechnik, dem

1. Gérondif (GIF):

Beispiele: Il fait ses devoirs **en écoutant** un disque.

En regardant la télé, elle fume une cigarette.

En prenant un bain, il lit le journal.

Erinnerst du dich noch, nach welchen **Regeln** das **Gérondif (GIF)** gebildet wird?

R 1

- Das **GIF** wird gebildet aus dem Stamm der 1. Pers. Pl. Präs. *(nous* ***regard -ons****, nous* ***finiss -ons****, nous* ***voy -ons****)* und der Endung ***-ant.*** Dabei steht vor der Verbform immer die Präposition ***en*:**

  nous écoutons ⟶ **en écoutant**

  nous regardons ⟶ **en regardant**

  nous prenons ⟶ **en prenant**

- Das **GIF** ist **unveränderlich** und mit allen Zeiten kombinierbar.
- Die **Verneinungselemente** ***ne*** bzw. ***pas/rien/plus . . .*** legen sich wie eine **Klammer** um die Verbform:

  Beispiel: **En ne suivant pas** les conseils du professeur, Jean a fait une grosse erreur.

- Wie auch sonst immer im Französischen stehen **Pronomen** unmittelbar **vor** der Verbform:

  Beispiel: **En me promenant** dans la forêt, j'ai réfléchi à la pollution (Umweltverschmutzung).

- Das **GIF** kann nur verwendet werden, wenn das **Subjekt** des Hauptsatzes **mit dem des GIF übereinstimmt.**

Sollte dir diese knappe Zusammenfassung der grammatischen Regeln nicht ausreichen, weil du dich etwas unsicher fühlst, dann wiederhole das **GIF** noch einmal, zum Beispiel in ***„Ça alors!"*** *Bd. 3.*

Bevor du weitere wichtige Informationen über die Einsatzmöglichkeiten des **GIF** erhältst, überprüfe in der folgenden kleinen Übung, ob dir die Regeln zu seiner Bildung keine Probleme mehr bereiten.

Ü 1

Setze die eingeklammerten Verben ins **GIF** und beachte dabei die 5 Grundregeln.

1. (passer) En passant devant la poste, il mettra la lettre à la boîte.
2. (se lever) En levant, j'ai déjà pensé à l'examen.
3. Nous retournerons chez nous la semaine prochaine (passer) en passant par Paris.

4. (ne pas partir) En ne partant pas trop tard de chez tes amis, tu auras le dernier train.
5. Il s'est fâché (nous dire) en nous disant que nous n'étions pas dignes de[1] ses grandes idées.
6. (faire) En faisant régulièrement tes devoirs, tu auras moins de problèmes avec les tests.

Vocabulaire:
[1] être digne de qc – einer Sache wert sein

> Und nicht vergessen: Wichtigste Voraussetzung für den Gebrauch des **GIF** ist auf jeden Fall die
>
> **Übereinstimmung des Subjektes von GIF und Hauptsatz.**

Ist diese notwendige Vorbedingung erfüllt, dann kannst du mit dem eleganten **GIF** folgendes ausdrücken:

Tabelle 2

A)	Je l'ai vu **en sortant** du café. ➡ **Gleichzeitigkeit**	Ich habe ihn gesehen, **als** ich aus dem Café kam. (deutsch: **beim . . . , während . . . , als . . .**)
B)	C'est **en parlant** qu'on apprend le mieux le français. ➡ **Art und Weise**	**Dadurch, daß** man spricht, lernt man am besten Französisch. (deutsch: **indem . . . , dadurch, daß . . .**)
C)	Tu auras de meilleurs résultats **en faisant** tous les exercices. ➡ **Bedingungen**	Du wirst mehr Erfolg haben, **wenn** du alle Übungen machst. (deutsch: **wenn . . . , falls . . .**)
D)	Il a pris cette décision, tout **en sachant** qu'il ne réussirait certainement pas. ➡ **Einschränkung**	Er hat diese Entscheidung getroffen, **obwohl** er wußte, daß er sicherlich keinen Erfolg haben würde. (deutsch: **obwohl . . . , obgleich . . .**)

In den Fällen **A)** und **D)** kann zur Verstärkung ein ***tout*** vor die **Gérondifform** treten.

Beispiele:

L'auteur parle beaucoup de la situation générale, **tout en passant** sous silence les détails importants.

Der Autor spricht viel von der allgemeinen Situation und übergeht **dabei** stillschweigend die wichtigen Details.

Tout en trouvant l'histoire macabre, Jean ne pouvait pas s'empêcher de sourire.

Obwohl Jean die Geschichte makaber fand, konnte er sich ein Lächeln nicht verkneifen.

Während du **Gleichzeitigkeit, Bedingungen** und **Einschränkungen** auch leicht durch andere sprachliche Mittel ausdrücken kannst, wirst du meistens dann auf das **GIF** zurückgreifen müssen, wenn es um

die **Art und Weise** geht,

wie etwas geschieht, **wie** man etwas macht.

Ü 2

Damit du die genannten Einsatzmöglichkeiten des **GIF** besser unterscheiden kannst, geben wir dir im folgenden einige Beispiele vor. Du kreuzt in der entsprechenden Spalte an, welche der vier eben genannten Funktionen das **GIF** im jeweiligen Satz erfüllt.

(**A** = Gleichzeitigkeit, **B** = Art und Weise,
C = Bedingung **D** = Einschränkung)

1. L'auteur nous informe des événements, **en racontant** de façon détaillée leur déroulement chronologique[1].
2. Les deux vieillards se résignent[2] à leur situation **tout en laissant** passer le temps.
3. Ensuite, **en parlant** des travailleurs immigrés en France, l'auteur expose leur situation sociale insatisfaisante[3], **tout en soulignant** les difficultés qui résulteraient[4] probablement pour l'économie du pays de leur départ immédiat[5].
4. L'auteur met en opposition les points de vue de deux professeurs dont l'un se prononce pour[6] la semaine de cinq jours **en présentant** divers arguments et l'autre contre[6] un changement de la situation actuelle **en soulignant** en particulier les conséquences négatives pour l'emploi du temps des élèves.

A	B	C	D

Vocabulaire:
[1]) le déroulement chronologique – der zeitliche Ablauf [2]) se résigner à qc – sich mit etw. abfinden [3]) insatisfaisant, e – unbefriedigend [4]) résulter de – sich ergeben aus [5]) immédiat – sofortig [6]) se prononcer pour/contre – sich für/gegen etw. aussprechen

A	B	C	D

5. **Tout en aimant** le tableau[7], il ne l'achète pourtant pas.
6. **En s'occupant** plus de son fils, il n'aurait pas autant de difficultés avec lui.
7. L'auteur explique son opinion **en avançant** plusieurs arguments contre[8] la peine de mort[9].
8. **Tout en gardant** le contrôle de son véhicule[10], elle ne peut pas empêcher l'accident.
9. Les jeunes gens essaient de rattraper[11] leurs parents **en accélérant**[12].
10. J'aime chanter **en prenant** mon bain.

Vocabulaire:
[7]) le tableau – Gemälde [8]) avancer des arguments contre qc – Argumente gegen etw. vorbringen [9]) la peine de mort – Todesstrafe [10]) le véhicule – Fahrzeug [11]) rattraper qn – jdn einholen [12]) accélérer – beschleunigen, Gas geben.

Ü 3

Diese Übung verlangt schon etwas mehr von dir, denn jetzt sollst du selbst versuchen, die folgenden Sätze mit Hilfe des **GIF** umzuformen. Trage die eleganteren Sätze in dein Heft ein.
Vergiß nicht, dich bei jedem Satz zuvor davon zu überzeugen, ob die Grundvoraussetzung für den Einsatz des **GIF**

– gleiches Subjekt für Hauptsatz und GIF –

gegeben ist.

en n'arrivant pas toujours en retard

1. Si tu n'arrivais pas toujours en retard, tu comprendrais mieux ce que le professeur dit. En parlant
2. Bien qu'il parle mal le français, il essaie pourtant de commencer une conversation avec la belle dame en face de lui.
3. Pendant que je prépare le dîner, tu pourrais t'occuper des enfants.
4. J'ai couru le plus vite possible et j'ai attrapé le train[1].
5. Elles ne parlent pas des grands dangers qu'elles ont courus[2], quand elles racontent leurs aventures au Liban[3].

Vocabulaire:
[1]) attraper le train – den Zug bekommen [2]) courir un danger – sich in Gefahr begeben [3]) le Liban – Libanon

6. Bien qu'il m'écoute très attentivement, il ne semble rien comprendre.
7. Elle a souvent chanté dans les cafés-théâtres[4]; elle s'est fait connaître comme cela.
8. Si vous voulez visiter le Louvre, j'organiserai une visite guidée[5].

Vocabulaire:
[4]) le café-théâtre – Kabarett [5]) la visite guidée – Führung

Genug vom **GIF?** Dann weiter zum nächsten „Sprach-Verbesserungs-Mittel":

2. Participe Présent (PAP):

Beispiele:

Les cambrioleurs ont volé une cassette **contenant** 2 millions de francs.	Die Einbrecher haben eine Geldkassette gestohlen, **die** zwei Millionen Francs **enthielt.**
Voulant s' amuser, les jeunes partent pour la ville.	**Da** die jungen Leute sich amüsieren **wollen,** gehen sie (fort) in die Stadt.

Zunächst lassen sich einige deutliche **Übereinstimmungen** des **Participe Présent (PAP)** mit dem **GIF** feststellen:

R 2

- **die Verbform des PAP und des GIF werden gleich gebildet *(contenant).***
- **das PAP ist wie das GIF unveränderlich und mit allen Zeiten kombinierbar.**
- **auch die Stellung der Verneinungselemente und Pronomen ist dieselbe.**

Als **Unterschiede** lassen sich dagegen folgende Punkte festhalten:

R 3

- Vor die Verbform des **PAP** tritt **keine** Präposition: ***contenant, voulant***
- **Subjekt** des Hauptsatzes und des **PAP** können, aber **müssen nicht übereinstimmen.** Vergleiche:

a) **Offrant** du travail, **la ville** attire les jeunes.	**Da** die Stadt Arbeit **anbietet,** zieht sie die jungen Leute an.
b) **Les enfants vivant** tous dans des pays lointains, **la famille** ne se voit presque jamais.	**Da** die Kinder alle in weit entfernten Ländern **leben,** sieht sich **die Familie** fast nie.

Stimmen die Subjekte nicht überein, mußt du auf jeden Fall **beide Subjekte** angeben. Das **PAP folgt** dann **unmittelbar** dem **Wort,** auf das es sich **bezieht:**

Les enfants vivant . . . la famille . . .

In **Fall b),** der sicherlich eine Ausnahme darstellt, spricht man von einer

„absoluten Partizipialkonstruktion".

Die **absolute Partizipialkonstruktion** gehört zur gehobenen oder förmlichen **geschriebenen** Sprache, wie du überhaupt das **PAP** – im Gegensatz zum **GIF** – in der **gesprochenen Sprache** meiden solltest.

Das **PAP** kannst du vor allem in den folgenden drei Fällen einsetzen:

Tabelle 3

A) Jeune homme **habitant** 3, rue des Rosiers, cherche du travail. ➡ Statt eines **Relativsatzes** mit ***qui***	Junger Mann, **der** in der Rue des Rosiers Nr. 3 **wohnt,** sucht Arbeit.
B) **Aimant** la ville de Paris, Michel y va le plus souvent possible. ➡ Zur Angabe des **Grundes**	**Da** Michael Paris **liebt,** fährt er so oft wie möglich dorthin. (deutsch: **da . . . , weil . . .**)

C) **Regardant** par la fenêtre, elle entend un cri. ➡ Zum Ausdruck eines **Zeitpunktes** bei vorliegender Gleichzeitigkeit	**In dem Augenblick,** als sie durch das Fenster **sieht,** hört sie einen Schrei. (deutsch: **in dem Augenblick, als** ...)

Tip: Verwende das **PAP** insgesamt recht sparsam; eine Häufung solcher Formen wirkt schnell schwerfällig, der gezielte Einsatz ist dagegen durchaus sinnvoll.

Ü 4

Wie schon beim **GIF** wollen wir dir auch diesmal anhand einiger Beispielsätze die Möglichkeit geben, die verschiedenen Funktionen des **PAP** besser kennenzulernen. Kreuze an, um welchen der drei genannten Fälle es sich handelt.

(**A** = Relativsatz, **B** = Grund, **C** = Zeitpunkt)

1. L'auteur rappelle une loi **interdisant** de fumer sur le lieu de travail[1] en Californie.
2. Le texte traite d'un étudiant parisien **vivant** au 19e siècle, obligé de sacrifier[2]) son envie de posséder une peinture[3]) lui **plaisant** beaucoup à un amour de jeunesse.
3. **Sachant** bien devoir accepter une vie sans révoltes ni rêves, sans exigences ni attentes, ils se résignent à[4] leur situation.
4. **Regardant** par la fenêtre, il voit deux hommes qui s'approchent rapidement de la banque.
5. Le texte se termine sur la constatation [5] d'une femme **cherchant** un compromis entre les positions précédentes[6].
6. **Ayant** peur des conséquences de l'inhalation involontaire de tabac[7]), elle se prononce pour une interdiction de fumer sur le lieu de travail.
7. **Arrivant** à la banque, elle ne sait pas encore qu'elle sera témoin[8] d'un hold-up[9].
8. **Voulant** attirer l'attention du lecteur sur[10] ce sujet important, l'auteur avance, au début de son article, quelques thèses[11] provocatrices[12].

	A	**B**	**C**
1.			
2.			
3.			
4.			
5.			
6.			
7.			
8.			

Vocabulaire:
[1]) sur le lieu de travail – am Arbeitsplatz [2]) sacrifier qc à qc – etw. für etw. opfern [3]) la peinture – Gemälde [4]) se résigner à qc – sich mit etw. abfinden [5]) la constatation – Feststellung [6]) précédent, e – vorhergehend [7]) la respiration involontaire de tabac – Passivrauchen [8]) le témoin – Zeuge [9]) le hold-up – Banküberfall [10]) attirer l'attention de qn sur qc – die Aufmerksamkeit von jdm auf etw. lenken [11]) avancer une thèse – eine These vorbringen [12]) provocateur, -trice – provozierend

So, nun ist es an der Zeit, daß du selbst entscheiden sollst, ob du einen Nebensatz durch ein **GIF** oder ein **PAP** ersetzen mußt.

Erinnere dich zuvor noch einmal an die Verwendungsmöglichkeiten von **GIF** und **PAP:**

Zusammenfassung · Zusammenfassung · Zusammenfassung

– **GIF:** **Gleichzeitigkeit (beim ..., während ..., als ...)**

Art und Weise (indem ..., dadurch, daß ...)

Bedingungen (wenn ..., falls ...)

Einschränkungen (obgleich ..., obwohl ...)

– **PAP:** **Relativsatz mit *qui***

Grund (da ..., weil ...)

Zeitpunkt (in dem Augenblick, als ...)

Ü 5

Forme die Sätze unter Verwendung von **GIF** und **PAP** um.

1. Comme il ne sait pas parler français, il a peur d'aller en France.
2. Pendant qu'elle regarde la télé, elle mange toujours beaucoup de bonbons.
3. Bien qu'il possède trois voitures, il prend toujours le bus pour aller en ville.
4. Un élève qui ne connaît ni le gérondif ni le participe présent n'arrivera jamais à faire de bons résumés.
5. Quand il entend un cri, il sort tout de suite de sa chambre.
6. Si vous prenez la prochaine rue à droite, vous verrez la gare.
7. Il s'est blessé quand il jouait au football.
8. Le texte, qui comprend quatre parties principales, parle de la situation des Noirs aux Etats-Unis.
9. Quoiqu'elle n'aime pas tellement les films policiers, elle ira avec ses copains au cinéma.
10. Il a causé cet accident parce qu'il n'a pas respecté le feu rouge.
11. Comme M. Dubois est en chômage, sa famille ne peut pas partir en vacances cette année.

Bevor wir uns mit weiteren sprachlichen Möglichkeiten der **Textverkürzung** befassen wollen, geben wir dir noch einmal eine zusammenfassende Übersicht über die Arten von Nebensätzen, die durch ein **GIF** oder ein **PAP** ersetzt werden können:

Tabelle 4

Nebensatz	GIF (Gérondif)	PAP (Participe Présent)
Temporalsatz a) reine Gleichzeitigkeit **(beim ..., während ...)**	J'aime chanter **en prenant** mon bain.	
b) Zeitpunkt **(in dem Augenblick, als ...)**		**Arrivant** à la banque, elle ne sait pas encore qu'elle sera témoin d'un hold-up.
Modalsatz Art und Weise **(indem ..., dadurch, daß ...)**	L'auteur explique son opinion **en avançant** plusieurs arguments contre la peine de mort.	(möglich, aber selten)
Konditionalsatz Bedingung **(wenn ..., falls ...)**	**En s'occupant** plus de son fils, il n'aurait pas autant de problèmes avec lui.	(möglich, aber selten)
Konzessivsatz Einschränkung **(obwohl ..., obgleich ...)**	**Tout en gardant** le contrôle de son véhicule, elle ne peut pas empêcher l'accident.	(möglich, aber selten)
Kausalsatz Grund **(da ..., weil ...)**		**Ayant** peur de l'hôpital, elle n'y va pas.
Relativsatz mit *qui*		Le texte traite d'un étudiant **vivant** à Paris.

Eine weitere **Verkürzungstechnik,** die man (wie schon das **PAP**) insbesondere in der **geschriebenen Sprache** einsetzt:

3. Participe Passé (PP)

Hast du nicht hiermit schon öfter deine kleinen oder großen Schwierigkeiten gehabt? Welches **Hilfsverb** ist richtig, ***avoir*** oder ***être?*** Muß die **Partizipendung** angeglichen werden oder nicht? usw.

Hier zunächst einmal vier typische Beispiele, bei denen du ganz besonders auf die **Veränderlichkeit** des ***Participe Passé*** achten solltest:

- Il a beaucoup **travaillé.** → **Passé Composé** mit ***avoir***
- Elle est **tombée** amoureuse. → **Passé Composé** mit ***être***
- Ils s'étaient bien **amusés.** → **Plus-que-Parfait** mit ***être***
- Ces poèmes ont été **écrits** par deux élèves. → **Passé Composé** mit ***avoir*** eines Verbs im **Passiv.**

R 4

Das Hilfsverb ***être*** mußt du benutzen, zur Bildung

1. der **zusammengesetzten Zeiten der Vergangenheit**
   - bei Verben der **Bewegungsrichtung** (z. B. *aller, venir, entrer, partir* etc., aber auch *naître, mourir, rester*)

     Beispiel:
     Ils **seraient venus** s'ils avaient eu plus de temps.
   - bei **reflexiven Verben**

     Beispiel:
     Elles **se sont levées** vers huit heures.
2. der **Passivformen** eines **transitiven Verbs** (eines Verbs, das ein direktes oder indirektes Objekt bei sich haben kann),

   Beispiel:
   La tour Eiffel **a été construite** au 19ème siècle.

Wenn du eine der oben genannten Zeiten oder Formen mit **être** bildest, dann darfst du nicht vergessen:

Das ***Participe Passé*** wird in **Geschlecht** und **Zahl** dem **Subjekt** des Satzes angeglichen (von wenigen Ausnahmen abgesehen)!

Sind dir diese grammatischen Grundlagen noch klar? Falls du dich unsicher fühlen solltest, könntest du zum Beispiel in ***„Ça alors!“*** Bd. 4 nachschlagen, was beim *Accord* alles zu beachten ist. Diese Grundlagen sind wichtig, wenn wir nun auf das eigentliche Thema zu sprechen kommen:

das **Participe Passé** als **Verkürzungstechnik (PP)**

Mit der Abkürzung **PP** bezeichnen wir im folgenden nur die **Verkürzungstechnik**; geht es dagegen um die Form des Vollverbs in einer der oben angesprochenen zusammengesetzten Zeiten, sprechen wir weiter vom ***Participe Passé.*** Also unterscheide:

1. Elle est **tombée** amoureuse. ⟶ ***tombée*** = **Participe Passé** des Vollverbs im Passé Composé

2. **Etant resté** dans sa voiture, il a tout vu. ⟶ ***étant resté*** = **PP**, denn hier wird ein Nebensatz durch das **PP** ersetzt, somit also der Text **verkürzt.**

R 5

Das PP als Verkürzungstechnik bildest du mit

den Hilfsverben *être* bzw. *avoir* und dem Vollverb.

Die **Hilfsverben** stehen dabei im **Participe Présent,** also

étant bzw. ***ayant,***

das **Vollverb** im **Participe Passé:**

– **Ayant** **donné** le livre à Jacques, Paul est parti.

– **Etant** **arrivée** à la gare, Simone se rend au quai.

– Nous **étant** **dépêchés,** nous sommes encore arrivés à l'heure.

Hilfsverb im Part. Prés. — **Vollverb im Part. Passé**

Wie du sicher mit geübtem Blick gesehen hast, **richtet sich** das **Participe Passé** bei den **PP**-Konstruktionen mit ***être*** nach dem **Subjekt des Hauptsatzes** (in **Zahl** und **Geschlecht**). Du brauchst also nur die dir bekannten Regeln zum **Accord** des **Participe Passé** auf das **PP** anwenden.

Das Hilfsverb ***étant*** sollte allerdings bei bestimmten **PP-Konstruktionen** wegfallen:

- (Etant) **arrivée** à la gare, Simone s'est rendue au quai.
- (Etant) **rentrés** chez nous, nous avons préparé le dîner.
- (Etant) **construite** en 1889 par Gustave Eiffel, la tour Eiffel est devenue le symbole de Paris et même de la France.
- (Etant) **paru** il y a deux semaines, le nouveau livre de cet écrivain fait fureur dans la capitale.

Halten wir als Regel fest:

R 6

Das Hilfsverb ***étant*** **fällt weg** bei

- **Verben der Bewegungsrichtung (*arrivée, rentrés,* vgl. S. 140; Ausnahme: aller)**
- **Passivformen der transitiven Verben (*construite, paru,* vgl. S. 140)**

In diesem Fall sprechen wir von einem verkürzten PP

R 7

Das verkürzte PP ist aber nicht möglich, wenn die PP-Konstruktion verneint ist:

Beispiel:

N'étant pas arrivés à l'heure, ils ont manqué tous deux le train.

In allen übrigen Fällen, (die also nicht von **Regel 6** betroffen sind) muß das **PP immer** mit **ayant** bzw. **étant** konstruiert werden.

Hier sind einige **Beispielsätze:** Vielleicht überlegst du bei der Lektüre einmal, um welche Fälle es sich handelt.

- **Ayant rendu** le livre à Jacques, je suis rentré chez moi.
- **Ayant acheté** un billet, la femme est entrée.
- **S'étant réveillée** à 7 heures, Janine a pris un bain.
- **S'étant** bien **amusé** chez les Dupont, Yves est resté jusqu'à minuit.

Na? Grammatikalisch ausgedrückt also:

R 7a

Das verkürzte PP ist nicht möglich
- **bei den aktiv gebrauchten transitiven Verben und**
- **bei den reflexiven Verben.**

Tip: Bei diesen Verben sollst du das **PP** nur sehr selten verwenden, da die Konstruktionen mit Hilfsverben häufig schwerfällig wirken.

Was mußt du beim Einsatz eines **PP** beachten? Erinnerst du dich an alles? Du kannst deine Kenntnisse in der folgenden **Zusammenfassung** überprüfen, indem du die Lücken ausfüllst.

Zusammenfassung · Zusammenfassung · Zusammenfassung

1. Eine **PP-Konstruktion** setzt sich grundsätzlich zusammen aus einem **Hilfsverb** im **Participe** ______________, also ______________ bzw. ______________ und dem **Participe** ______________ des **Vollverbs.**
2. Wird das **PP** mit dem **Hilfsverb** ______________ konstruiert, muß das **Participe Passé** des **Vollverbs** in ______________ und ______________ dem Subjekt des Hauptsatzes angeglichen werden.
3. Das **verkürzte PP**, d.h. die **PP-Konstruktion** ohne ______________, kann nur bei
   - den Verben der ______________ und

– den Passivformen der ________________________
Verben benutzt werden.

4. Eine Ausnahme bildet das Verb ________________________, bei dem das **verkürzte PP** nicht möglich ist.

5. Ist die **PP-Konstruktion** verneint, ________________________,
____

6. Bei aktivem Gebrauch der ________________________ Verben und bei den ________________________ Verben wird das **PP** immer ________________________.

Nachdem du nun weißt, was bei der **Bildung des PP** zu beachten ist, müssen wir dir noch kurz einige Informationen zu seinem **Gebrauch** geben – und dann kannst du's selbst einmal ausprobieren.

Bestimmte **Nebensätze** können wie folgt durch das **PP** wiedergegeben und damit **verkürzt** werden:

Tabelle 5

A) **Etant partie** trop tard, elle ne le trouve plus. ➡ **Kausalsätze**	**Da** sie zu spät **weggegangen ist,** trifft sie ihn nicht mehr. (deutsch: **da** ..., **weil** ...)
Wenn das **PP** einen **Kausalsatz** vertritt, solltest du das Hilfsverb ***étant*** immer setzen, auch wenn es nach den oben gelernten Regeln wegfallen könnte.	
B) **Entrés** dans l'église, ils finissent leur conversation. ➡ **Temporalsätze**	**Nachdem** sie die Kirche **betreten haben,** beenden sie ihr Gespräch. (deutsch: **als** ..., **nachdem** ...)
C) Le roman, **divisé** en dix chapitres, raconte l'amour malheureux de deux jeunes gens pendant la guerre. ➡ **Relativsätze** mit ***qui***	Der Roman, **der** in 10 Kapitel **gegliedert ist,** erzählt von der unglücklichen Liebe zweier Jugendlicher während des Krieges.

Um dir an einem Beispiel zu zeigen, wie sehr das **PP** verkürzt bzw. den Text verdichtet, stellen wir dir einmal den gleichen Satz in zwei Versionen vor:

1. Version

Comme il a toujours fait des économies, Jacques Dubois, qui est né à Orléans et qui a été élevé chez ses grands-parents à Rouen, peut se permettre de commencer ses études aux Etats-Unis. (35 mots)

2. Version

Ayant toujours **fait** des économies, Jacques Dubois, **né** à Orléans et **élevé** chez ses grands-parents à Rouen, peut se permettre de commencer ses études aux Etats-Unis. (27 mots)

Gerade bei sachlichen Texten – und dazu gehört ja auch ein **Résumé** – hast du mit dem **PP** die Möglichkeit, die einzelnen Informationen in möglichst knapper und dichter Form darzustellen. Eine zweite wichtige Möglichkeit ist aber die, mit Hilfe des **PP Vorzeitigkeit** auszudrücken:

Ayant toujours **fait** des économies, Jean Dubois (...) **peut** se permettre de commencer ses études aux Etats-Unis.

(Da Jean Dubois (...) immer **gespart hat, kann** er es sich erlauben, sein Studium in den Vereinigten Staaten zu beginnen.)

Dies hilft dir besonders bei handlungsorientierten Texten, denn so kannst du zeitlich zurückliegende Handlungen oder Ereignisse zusammenfassen, ohne das Präsens, das Haupttempus eines Résumé, verlassen zu müssen.

Bevor wir nun wieder zu Übungen kommen, noch ein letzter Hinweis:

Ebenso wie beim **PAP** gibt es auch beim **PP** die

„absolute Partizipialkonstruktion“,

in der das **PP** ein eigenes Subjekt hat:

Le train arrivé à la gare, **tout le monde** descend et se hâte vers la sortie.	**Nachdem der Zug** im Bahnhof **angekommen ist,** steigen **alle** aus und eilen zum Ausgang.

Auch hier muß das **PP** (wie ja auch das **PAP**) **unmittelbar hinter seinem Beziehungswort stehen:**

Le train arrivé ... tout le monde ...

Ü 6

Nach so vielen Erklärungen und Hinweisen zu Bildung und Funktion des **PP** ist nun eine Übung zur Festigung des Ganzen überfällig. Als erste haben wir daher eine gewählt, die dich einerseits erst einmal wieder zu Atem kommen läßt, die dir andererseits aber eine Vielzahl von **PP**-Formen präsentiert, so daß du dich auch über die Beispiele etwas an diese Verkürzungstechnik gewöhnen kannst. Deine Aufgabe ist klar? Du mußt bei jedem Satz nur ankreuzen, welcher Nebensatz durch das **PP** verkürzt wurde.

(**A** = Kausalsätze, **B** = Temporalsätze,
C = Relativsätze mit *qui*)

1. Dans cet article, **paru** dans «Le Monde», il s'agit d'un hold-up[1]).
2. **Entrés** l'un après l'autre, les gangsters neutralisent[2] d'abord les clients et le personnel.
3. Deux policiers, **alertés**[3] par un employé de la banque, sont désarmés.
4. Dans ce passage, **tiré** du livre *Francoscopie* **rédigé** en 1985 par G. Mermet, l'auteur nous informe d'abord des particularités[4] grammaticales du mot «amour».
5. **Ayant alerté** deux policiers, les otages[5] espèrent que leur pénible situation sera bientôt finie.
6. **Rentré** chez lui, il prend un café.
7. L'auteur trace le portrait[6] de deux filles **appelées** Pouce et Poussy.
8. **Etant partie** trop tard de chez elle, Janine n'arrive pas à l'heure.
9. **Etant resté** dans sa voiture, il pouvait observer[7] toute la rue.
10. **Arrivés** enfin à Paris, les deux étudiants se rendent tout de suite à la Bibliothèque Nationale.
11. La dernière chanson **chantée**, le chanteur quitte la scène immédiatement.

A	B	C

Vocabulaire:
[1] le hold-up – Banküberfall [2] neutraliser qn – jdn in Schach halten [3] alerter qn – jdn alarmieren [4] la particularité – Besonderheit [5] un otage – Geisel [6] tracer un portrait – ein Portrait entwerfen [7] observer – beobachten

Ü 7

So, jetzt kannst du selbst ausprobieren, ob es mit dem **PP** schon klappt. Falls du dich etwas unsicher fühlst, lies dir noch einmal die Zusammenfassung der wichtigsten Regeln auf S. 143f. durch. Was sollst du tun? Nichts weiter, als die Nebensätze durch **PP**-Konstruktionen ersetzen. Schreibe die neuen Sätze ins Heft.

1. Comme il était tombé malade, il ne pouvait pas partir en vacances.
2. Cet article, qui est tiré de l'hebdomadaire[1] «L'Express», traite des problèmes entre le Président de la République et son Premier Ministre.
3. Après qu'elle s'est réveillée vers huit heures, elle se lève et prend son petit déjeuner.
4. Le poème, qui a été écrit par Jacques Prévert, parle de la solitude.
5. Jean-Jacques, qui est né en Suisse, habite aujourd'hui Toulouse.
6. Comme la conférence s'est terminée vers 18 heures, Jean et sa femme ont encore pu faire des achats en ville.
7. Quand elles sont retournées à l'hôtel, les deux femmes sont attaquées par deux hommes.
8. Vingt-trois personnes, qui ont été grièvement[2] blessées, se trouvent encore à l'hôpital.
9. Quand la sentence[3]) était lue, le jeune condamné[4]) ne put plus retenir ses larmes.

Vocabulaire:
[1] un hebdomadaire – Wochenzeitschrift [2] grièvement – schwer [3] la sentence – Urteilsspruch [4] le condamné – der Verurteilte

Kommen wir jetzt zu einer **Verkürzungstechnik,** die du vielleicht schon im Deutschunterricht kennengelernt hast.

Beispiele:

Dieses Buch gehört Jacques, **einem** meiner besten Freunde.

Ce livre est à Jacques, **l'un** de mes meilleurs amis.

Er ist Arbeiter bei Renault, **dem** größten Automobilwerk in Frankreich.

Il est ouvrier chez Renault, **la** plus grande usine d'automobiles en France.

4. Die Apposition (APP).

Man könnte sie eine **nominale Beifügung** (ein nominales Attribut) nennen. Das bedeutet, daß du mit einem **Nomen** (Hauptwort) **ein anderes Nomen** oder **ein Pronomen** näher bestimmst bzw. erläuterst, indem du das eine Nomen dem anderen ähnlich wie ein Adjektiv **beifügst**:

Beispiele:

Ce livre est à Jacques, **l'un de mes meilleurs amis.** ⟶ Die **APP** ***l'un de mes meilleurs amis*** ist eine nähere Bestimmung des Nomens ***Jacques.***

Il est ouvrier chez Renault, **la plus grande usine d'automobiles en France.** ⟶ Die **APP** ***la plus grande usine d'automobiles en France*** erläutert das Nomen ***Renault.***

R 8

Anders als im Deutschen darfst du die APP im Französischen nicht verändern:
Während du im Deutschen die **APP** in den gleichen Fall setzt, in dem auch das Nomen steht,

Dieses Buch gehört **Jacques,** einem meiner besten Freunde.

steht im französischen Beispiel **keine** Präposition vor der **APP;**

Ce livre est **à Jacques, l'un** des mes meilleurs amis.

Die Funktion der **APP** kann man kurz so umreißen: Sie hilft dir, umständliche, oft störende

Relativsätze mit ***qui est*** …

oder auch häufig sehr aussagearme

Hauptsätze mit ***Il est*** …, ***Elle est*** …, ***C'est*** …

zu vermeiden.

Zugleich gehört die **APP** sicher zu den eleganteste Möglichkeiten, die das Französische zur Verdichtung und Verkürzung bietet. Verdeutlichen wir uns das an zwei Beispielen:

M. Dubois, qui est P.D.G. (président-directeur général) chez Citroën, prendra sa retraite (wird in Pension gehen) dans deux ans. ⟶ M. Dubois, **P.D.G.** chez Citroën, prendra sa retraite dans deux ans.

Jacques s'est marié avec Françoise. Il est physicien, elle est actrice. ⟶ Jacques, **physicien**, s'est marié avec Françoise, **actrice.**

Es können sogar auch mehrere **APP** zu einem Bezugswort treten:

François Mitterrand, **ancien ministre** sous la Quatrième République, plus tard **secrétaire général** du Parti Socialiste, aujourd'hui **Président de la République,** a une biographie politique très intéressante.

Ü 8

Mit einer kleinen Übersetzungsübung solltest du versuchen, die Umsetzung deutscher **APP** ins Französische etwas zu trainieren. Übersetze ins Heft.

1. Jean-Jacques Rousseau, Philosoph und Schriftsteller der Aufklärung[1], war einer der geistigen Wegbereiter[2] der großen Französischen Revolution von 1789.
2. Marie-Louise lebt heute in Belleville, dem ehemaligen Arbeiterviertel[3] von Paris.
3. Der vorliegende Text, das achte Kapitel des Romans, gliedert sich in fünf Hauptteile.
4. Gisèle, Tochter des Lehrers Robert und Verlobte von M. Duval, beschließt eines Tages, ihr Dorf zu verlassen.
5. „Les Trois Mousquetaires", das Buch, das ich dir gestern gegeben habe, ist spannend[4].
6. Sie gibt die Platte Françoise, der Schwester von Thierry.
7. Renaud, Star[5] des französischen Gegenwartschansons, bedient sich in seinen Texten oft des Argot.

Vocabulaire:
[1] die Aufklärung – le siècle des Lumières [2] der geistige Vorläufer – le précurseur intellectuel [3] das Arbeiterviertel – le quartier ouvrier [4] spannend – captivant [5] der Star – la vedette

Ü 9

Möchtest du jetzt selbst einmal schwerfällige Sätze mit Hilfe der **APP** verbessern? Dann laß dich nicht aufhalten.

1. L'auteur parle d'un petit village. Depuis deux ans, c'est le centre de musique traditionnelle.
2. Dans une première partie, qui est une sorte d'introduction, l'auteur pose la question principale.
3. Dans le deuxième chapitre du roman, on fait la connaissance du personnage central. C'est un jeune homme qui tombe amoureux d'une belle femme de quarante ans. Elle est l'épouse[1] d'un très riche industriel.

Vocabulaire:
[1] épouse – Ehefrau

4. L'auteur met en opposition les points de vue de deux femmes, dont l'une, qui est fumeuse, se prononce contre une interdiction de fumer au travail.

5. Dans le deuxième paragraphe, l'auteur parle de Germaine. Elle est secrétaire dans un bureau pendant la journée et le soir, elle est danseuse dans un bar à Montmartre.

Wenn wir jetzt zur letzten **Verkürzungstechnik** kommen, bist du vielleicht im ersten Augenblick ein wenig erstaunt:

5. **Der Infinitiv (INF)**

Warum denn das? Den kennst du doch schon seit dem 1. Lernjahr Französisch! Das ist natürlich richtig, und deine Kenntnisse werden dir bei der Bewältigung dieses Teilkapitels helfen, denn du wirst viel Bekanntes wiederfinden. Es geht hier aber darum, dir eine Vielzahl von Möglichkeiten zu zeigen, mit Hilfe des **INF** Nebensätze zu vermeiden und so zu kürzeren Résumés und zu einem stilistisch besseren Französisch zu kommen.

Bevor wir uns den verschiedenen Einsatzmöglichkeiten im einzelnen zuwenden, mußt du dir noch einmal die **entscheidende Grundvoraussetzung** für den Gebrauch des **INF** bewußt machen. Sieh dir die Beispiele genau an:

Beispiel 1: Avant que ⟶ **l'auteur** parle de la cérémonie, ⟶ **il** présente au lecteur les personnages connus.	⟶ **INF** möglich! **Avant de** parler de la cérémonie, l'auteur présente au lecteur les personnages connus.
Beispiel 2: Avant que ⟶ **l'auteur** parle de la cérémonie, ⟶ **le lecteur** apprend quelques détails biographiques concernant les personnages connus.	⟶ **INF** unmöglich!!!

Im 1. Beispiel stimmt das Subjekt von Haupt- und Nebensatz überein (***l'auteur* – il**), während Beispiel 2 zwei verschiedene **Subjekte** aufweist (***l'auteur* – *le lecteur***). Daraus ergibt sich die folgende wichtige Regel:

R 9

Ein Infinitiv darf nur dann einen Nebensatz ersetzen, wenn das Subjekt von Haupt- und Nebensatz dasselbe ist!!!

Diese Regel mußt du immer vor Augen haben, wenn du erwägst, eine **INF-Konstruktion** anzuwenden. Beachtest du diese Grundregel, dann lassen sich mit dem **INF** vor allem folgende Arten von Nebensätzen ersetzen:

Tabelle 6

A) **temporale** (zeitliche) **Nebensätze** (deutsch: bevor, nachdem)

B) **konsekutive** (die Folge bezeichnende) **Nebensätze** (deutsch: so daß)

C) **finale** (den Zweck ausdrückende) **Nebensätze** (deutsch: damit)

Wir werden gemeinsam mit dir nacheinander alle Möglichkeiten kurz besprechen und dir Übungen anbieten, so daß du alle Möglichkeiten nach und nach und in kleinen Etappen lernen und trainieren kannst. Am Ende findest du das Wichtigste noch einmal in einer Gesamtübersicht zusammengefaßt.

A. Temporalsätze:

Tabelle 7

Avant de partir, il m'a dit adieu. **avant de + INF**	**Bevor** er ging, hat er mir auf Wiedersehen gesagt. **bevor**
Après avoir terminé la lettre, elle va à la poste. **après + INF Passé***	**Nachdem** sie den Brief beendet hat, geht sie zur Post. **nachdem**

* Ist dir noch klar, was du unter einem **INF Passé** zu verstehen hast? Zur Sicherheit schau dir die beiden folgenden Sätze an:

– **Après avoir mangé,** nous nous sommes reposés un peu.

Nachdem wir gegessen hatten, haben wir uns ein bißchen ausgeruht.

– **Après être arrivée** à la plage, elle prend un bain de soleil.

Nachem sie am Strand angekommen ist, nimmt sie ein Sonnenbad.

Vielleicht ist dir bei der Lektüre der Beispiele schon eine Regelformulierung eingefallen? Vergleiche Sie mit unserem Vorschlag und versuche, die Formulierung, die du für geeigneter hältst, zu behalten:

R 10

Der **INF Passé** setzt sich zusammen aus den **Infinitivformen** der beiden Hilfsverben ***avoir*** bzw. ***être*** sowie dem **Participe Passé** des Vollverbs.

Mit dem **INF Passé** lassen sich demnach **vergangene Ereignisse** ausdrücken, ohne daß du das Haupttempus des Résumé, das Präsens, verlassen mußt. Damit entspricht er dem **PP**, das ja auch zeitlich zurückliegende Handlungen und Ereignisse zusammenfassen kann (vgl. S. 144f.).

Wie bei allen zusammengesetzten Zeiten mußt du auch beim **INF Passé** nach den bekannten Regeln das **Participe Passé** des Vollverbs **angleichen:**

- **Après être arrivée** à la plage, **elle** prend un bain de soleil.
- **Après être rentrés** chez eux, **les Dumas** commencent à dîner.
- **Après l'avoir terminée**, elle met **la lettre** à la poste.

Anstelle einer **INF**-Konstruktion ist natürlich auch ein Nebensatz möglich, eingeleitet durch ***après que*** bzw. ***avant que***, doch wird die gesamte Satzkonstruktion dadurch länger und schwerfälliger, und das solltest du ja gerade vermeiden.

Aus diesem Grunde ist der **INF auch im gesprochenen Französisch** statt eines temporalen Nebensatzes üblich – immer vorausgesetzt, das **Subjekt des Hauptsatzes** ist **dasselbe** wie **das des Nebensatzes.**

Vergleiche selbst:

- **Après que** M. Duvalier **a quitté** son appartement, il entend des cris dans la cage d'escalier (Treppenhaus). ⟶ **Après avoir quitté** son appartement, M. Duvalier entend des cris dans la cage d'escalier.
- **Avant qu'il** (ne) **puisse** alarmer la police, il entend un coup de feu. ⟶ **Avant de pouvoir** alarmer la police, il entend un coup de feu.

Ü 10

Das ist schon alles, was du zum Problem des **INF** anstelle eines temporalen Nebensatzes wissen solltest. Versuche jetzt selbst einmal, deine Kenntnisse in einer kleinen Übung anzuwenden.

Forme in den Fällen, in denen ein **INF möglich** ist, den Nebensatz entsprechend um, und schreibe ihn in dein Heft, (bei den anderen mache bitte einen deutlichen Strich!)

1. Après que le professeur a terminé ses explications, il donne un exercice aux élèves.
2. Après que le professeur a terminé ses explications, les élèves font un exercice.
3. Avant que sa mère revienne, Jean veut ranger sa chambre.
4. Avant qu'elles aillent au cinéma, les deux filles mangent une glace au café.
5. Après qu'ils sont rentrés chez eux, ils regardent la télé.
6. Avant qu'elle se couche, elle veut prendre un bain.
7. Après qu'elle est arrivée à la gare, elle s'achète un billet.
8. Après qu'elle s'est assise à table, elle appelle le garçon.
9. Avant que Jean aille au marché, la mère lui donne son porte-monnaie.

B. Konsekutivsätze

Nachdem du jetzt bereits **INF**-Konstruktionen temporaler Funktion kennengelernt hast, findest du nun eine kleine Übersicht über die Möglichkeiten, mit dem **INF** **Konsekutivsätze** zu ersetzen, mit anderen Worten Nebensätze, in denen eine **Folge** ausgedrückt wird. Um dir das Verständnis etwas zu erleichtern, präsentieren wir dir zunächst einmal einige Beispiele:

– Cet homme est **trop gentil pour** commettre une telle impolitesse.

→ **trop + Adj. pour**

– Dieser Mann ist **zu nett, um** eine solche Unhöflichkeit zu begehen.

– Janine est assez **intelligente** pour comprendre sa faute.

Janine ist **intelligent genug, um** ihren Fehler zu verstehen.

➡ **assez + Adj. pour**

– Le conducteur roulait trop **vite** pour pouvoir prendre le virage sans problème.

Der Fahrer ist **zu schnell** gefahren, **um** die Kurve problemlos zu nehmen.

➡ **trop + Adv. pour**

– Il argumente assez **clairement** pour convaincre les autres.

Er argumentiert **klar genug, um** die anderen zu überzeugen.

➡ **assez + Adv. pour**

Zusammengefaßt sieht das Ganze so aus:

Tabelle 8

assez (+ **Adj./Adv.**) pour + INF	(Adj./Adv.) genug, um … zu …	Il est assez riche pour acheter cette voiture.
trop (+ **Adj./Adv.**) pour + INF	zu (Adj./Adv.), um … zu … als, daß …	Elle est encore trop jeune pour faire ce voyage seule.

Ü 11

Ist dir klar geworden, wie du Nebensätze, die eine Folge ausdrücken, durch einen **INF** ersetzen kannst? Dann mach schnell die folgende Übung, in der wir diesmal ausschließlich vom Deutschen ausgehen. Übersetze ins Heft:

1. Er sieht seine Kinder häufig genug, um ihre Entwicklung gut beobachten zu können.
2. Das Auto fährt zu langsam, um die Rallye zu gewinnen.
3. Wir haben heute zu wenig geschlafen, um dieser Konferenz folgen zu können.
4. Er ist nicht aufmerksam genug, um alles zu verstehen, was ihm der Lehrer erklärt.

C. Finalsätze

Kommen wir nun zu den **Finalsätzen**, in denen immer ein **Zweck** ausgedrückt wird:

Tabelle 9

Il est venu **pour / afin de** m'**aider**. **pour + INF** **afin de + INF**	(Er ist gekommen, **um** mir **zu** helfen.) **um … zu …**
Elle m'écrit **dans le but de / dans l'intention de** m'**inviter.** **dans le but de + INF** **dans l'intention de + INF**	(Sie schreibt mir **mit dem Ziel / in der Absicht,** mich ein**zu**laden.) **mit dem Ziel zu …** **in der Absicht zu …**
De crainte de / de peur de rater le train, elle a pris un taxi. **de crainte de + INF** **de peur de + INF**	(**Um nicht** den Zug **zu** verpassen, hat sie ein Taxi genommen.) **um zu vermeiden, daß** … (aus Furcht … zu) **um nicht … zu, damit … nicht** (aus Angst … zu)

Ü 12

Den Übungstypus kennst du nun schon: du mußt im folgenden nur das deutsche Stichwort ins Französische übertragen.

1. Il lit régulièrement le journal (um … zu) ______________ être bien informé.

2. Cette fois-ci, je vais à Paris (in der Absicht, zu …) ______________ visiter le parc de la Villette dans le nord de la capitale.

3. (Um zu vermeiden, daß …) ______________ nous tromper de route, nous avons acheté les nouvelles cartes routières de la région.

4. L'étudiant écrit à son oncle (in der Absicht … zu) ______________ lui demander un peu d'argent.

5. Elle conduit très prudemment (um nicht ... zu) ______________________ avoir de nouveau un accident.

6. Il ne l'a certainement pas dit (mit dem Ziel) ______________________ vous offenser.

7. Elle va à la fête (um ... zu) ______________ s'amuser.

8. Nous sommes partis de bonne heure (in der Absicht ... zu) ______________________ arriver à Bordeaux avant la tombée de la nuit.

D. Weitere Möglichkeiten

Am Ende findest du noch zwei Möglichkeiten, einen **INF** statt eines Nebensatzes einzusetzen, die sich kaum in die bisherigen Gruppen einordnen lassen, die aber auch selbst keine eigene Gruppe bilden:

Tabelle 10

Au lieu de pleurer, tu pourrais m'aider. **au lieu de + INF** **Anstatt zu** weinen, könntest du mir helfen. **anstatt zu** ...
Il est parti **sans** me **regarder.** **sans + INF** Er ist fortgegangen, **ohne** mich an**zu**sehen. **ohne zu** ...

Du solltest dir dazu merken, daß der

INF mit sans

einem Nebensatz mit *sans que* **immer** vorgezogen wird, wenn das **Subjekt** von Haupt- und Nebensatz **übereinstimmt**.

Ü 13

Auch diese beiden letzten Möglichkeiten, einen Nebensatz durch eine **INF-Gruppe** zu ersetzen, kannst du in der nächsten Übung für dich trainieren.

Entscheide selbst, welche Präposition bzw. welcher Ausdruck in die Lücke zu setzen ist, damit der Satz einen Sinn gibt.

1. ______________________ te plaindre de tout, tu devrais essayer de te sortir de tes malheurs.
2. Elle a quitté sa famille ______________________ mot dire.
3. ______________________ vouloir offenser sa femme, il lui a fait cependant beaucoup de peine.
4. Il aurait dû rester dans son pays, ______________________ aller en Australie.
5. Si on allait aujourd'hui au cinéma, ______________________ regarder la télévision comme d'habitude?
6. Le commissaire suit prudemment le gangster ______________________ le quitter des yeux.

Vocabulaire:
[1] se sortir de – sich herausarbeiten, herauskommen aus

Abschließend hier noch einmal alle **INF-Möglichkeiten** im Überblick:

Tabelle 11

A Temporale Infinitivgruppen		
avant de + INF	bevor	**Avant de partir**, il m'a dit adieu.
après + INF Passé	nachdem	**Après avoir terminé** la lettre, elle va à la poste.
B Konsekutive Infinitivgruppen		
assez (+ Adj./Adv.) pour + INF	(Adj./Adv.) genug, um … zu …	Il est **assez riche pour l'acheter**
trop (+ Adj./Adv.) pour + INF	zu (Adj./Adv.), um … zu … als, daß …	Elle est encore **trop jeune pour faire** ce voyage seule.
C Finale Infinitivgruppen		
pour + INF **afin de + INF**	um … zu … um … zu …	Il est venu **pour / afin de** m'**aider.**
dans le but de + INF **dans l'intention de + INF**	mit dem Ziel zu … in der Absicht, zu …	Elle m'écrit **dans le but de / dans l'intention de** m'**inviter**.
de crainte de + INF **de peur de + INF**	um zu vermeiden, daß … um nicht … zu …	**De crainte de / de peur de rater** le train, elle a pris un taxi.
D Au lieu de …, sans …		
au lieu de + INF	anstatt zu …	**Au lieu de pleurer**, tu pourrais m'aider.
sans + INF	ohne zu …	Il est parti **sans** me **regarder**.

Letzte Etappe · Schlußspurt!! · Letzte Etappe

Bevor du in zwei einfachen Übungen noch einmal alle Verkürzungstechniken, die du in diesem Kapitel kennengelernt hast, wiederholen kannst, geben wir dir einen tabellarischen Überblick darüber, welche Arten von **Nebensätzen** durch welche **Verkürzungstechniken** vermieden werden können.

Tabelle 12

	Temporalsätze	Kausalsätze	Konsekutivsätze	Finalsätze	Konditionalsätze	Konzessiv-/Adversativsätze	Modalsätze	Relativsätze mit qui
GIF (gleiches Subjekt in Haupt- und Nebensatz)	× **(Gleichzeitigkeit)**	–	–	–	×	× **(tout en...)**	×	–
PAP	× **(Gleichzeitigkeit: Zeitpunkt)**	×	–	–	–	–	–	×
PP	× **(Vorzeitigkeit)**	×	–	–	–	–	–	×
APP	–	–	–	–	–	–	–	×
INF (gleiches Subjekt in Haupt- und Nebensatz)	× **(Vorzeitigkeit u. Nachzeitigkeit)**	–	×	×	–	–	–	–

Ü14

An dem folgenden, dir sicher aus dem Kapitel über handlungsorientierte Texte (S. 24) schon bzw. noch bekannten **Résumé** solltest du versuchen, alle verwendeten **Verkürzungstechniken** herauszuarbeiten. Unterstreiche sie zunächst und notiere dann kurz zu jedem Satz, welche Nebensatzart hier ersetzt wurde.

Dans cet article, paru dans «*Le Monde*», il s'agit d'un hold-up dans une banque du centre de Poitiers, au cours duquel quatre bandits emportent la somme de 850.000 francs. Entrés l'un après l'autre, les gangsters neutralisent d'abord les clients et le personnel, 23 personnes au total, en les gardant comme otages. Deux policiers, alertés par un employé de la banque, sont désarmés juste après leur arrivée. Après avoir obtenu d'un employé de la banque tout l'argent liquide disponible, les quatre hommes s'enfuient sans être aperçus par un troisième agent de police, resté dans sa voiture: un arrêt de bus lui bouche la vue sur la banque. Voilà pourquoi il ne se rend compte du crime qu'à l'arrivée d'autres policiers, alarmés par les otages après la disparition des gangsters.

Der folgende kleine selbst verfaßte Text ist betont schwerfällig und umständlich gehalten. Die unterstrichenen Teile sollen nun von dir mit Hilfe der Verkürzungstechniken im folgenden Lückentext so verbessert werden, daß du anschließend ein flottes und elegantes Französisch vor Augen hast.

Une soirée pleine d'activité

Ü15

Un soir, après qu'ils ont vu un film policier à la télé, Jean et Gisèle, qui sont tous les deux professeurs, décident de commettre un hold-up. Les deux enseignants[1], qui sont mariés depuis plus de 15 ans, vont tout de suite dans la salle à manger de leur petite maison, qui ne se trouve pas loin d'une filiale de la BNP[2], se mettent à préparer leur méfait[3] et ouvrent une bouteille d'un bon vin rouge du Médoc[4]. Comme Gisèle, qui est professeur de dessin[5], sait très bien se servir d'un crayon, elle prend une feuille et commence à esquisser[6] un plan du quartier. Pendant qu'elle dessine[7] avec beaucoup d'entrain[8] les rues et les bâtiments les plus importants, elle n'oublie pas son verrre qui est toujours rempli de ce bon vin. Jean, qui est professeur de philosophie et qui est d'un caractère plutôt rêveur, réfléchit beaucoup au déroulement[9]) théorique de l'action qui est envisagée et explique ses idées à son épouse[10]. Comme il n'oublie pas non plus de verser du vin rouge dans son verre, toujours vide, il proclame[11] ses pensées à haute voix et fait beaucoup de grands gestes. Vers minuit, après que les deux «gangsters» ont fini leur préparation théorique et pratique, ainsi que la troisième bouteille de ce délicieux vin, ils sont bien fatigués et s'endorment dans leurs fauteuils. Au lieu qu'ils deviennent riches et célèbres, ils rêvent d'un hold-up parfait et ronflent très fort.

Vocabulaire:
[1] un enseignant – Lehrer [2] la BNP – la Banque Nationale de Paris [3] le méfait – Missetat, Verbrechen [4] le Médoc – berühmte Weingegend bei Bordeaux [5] le professeur de dessin – Zeichenlehrer(in) [6] esquisser – skizzieren [7] dessiner – zeichnen [8] l'entrain, m. – Schwung [9] le déroulement – Ablauf [10] une épouse – Gattin [11] proclamer – ausrufen

Trage nun in die Lücke des Textes die verbesserten Satzteile ein:

Un soir, ______________________________ un film policier à la télé, Jean et Gisèle, ______________________________ professeurs, décident de commettre un hold-up. Les deux enseignants, ______________________________ depuis plus de 15 ans, vont tout de suite dans la salle à manger de leur petite maison, ______________ ______________ loin d'une filiale de la BNP, et se mettent à préparer leur méfait ______________________________ une bouteille d'un bon vin du Médoc. ________ ________________________ se servir d'un crayon, Gisèle, ______________ ______________, prend une feuille et commence à esquisser un plan du quartier. ______________________________ avec beaucoup d'entrain les rues et les bâtiments les plus importants, elle n'oublie pas son verre, ______________________ _____ de ce bon vin. ______________________________ ses idées à son épouse, Jean,

______________________ et ______________________

rêveur, réfléchit beaucoup au déroulement théorique de l'action ______________

____________ . ______________________ verser du vin rouge dans

son verre, toujours vide, il proclame ses idées à haute voix ______________

________ beaucoup de grands gestes. Vers minuit, ______________

________leur préparation théorique et pratique, ainsi que la troisième bouteille de ce

délicieux vin, les deux «gangsters», bien fatigués, s'endorment dans leurs fauteuils. ______

______________________ riches et célèbres, ils rêvent d'un hold-up parfait ______

______________________ très fort.

B) Verbesserung des Textzusammenhangs (Kohärenz)

Das Problem:

Das Thema, auf das du dich in diesem Kapitel konzentrieren sollst, wollen wir dir zunächst an einer Gegenüberstellung verdeutlichen:

moi ... aller ... Paris ... passer ... vacances ...

Hier zwei Texte, die offensichtlich nicht so ganz in Ordnung sind (Unterstreichungen und Querstriche sollen dich auf solche Stellen aufmerksam machen):

a) Moi aller / Paris / passer mes vacances.

b) Ce texte parle de deux attitudes différentes envers la publicité. / Il y a Pierre Foucher, professeur de littérature, qui est contre la forme nouvelle de communication de masse. / Il y a sa fille Isabelle qui se sent fortement attirée par la forme nouvelle de communication de masse. Ce qui frappe la jeune femme, en particulier, c'est le lien profond qui existe entre la publicité, la ville et l'homme moderne. Le lien fait de la publicité un art révolutionnaire. Pour Isabelle, il y a beaucoup de lyrisme. / Isabelle pense que la publicité devrait intéresser les véritables poètes. / Les véritables poètes prennent conscience de leur époque. Selon Isabelle, les véritables poètes doivent / utiliser le nouveau medium. – / Le professeur de littérature, P.F., ne voit aucun rapport entre la publicité et la poésie. Selon P.F., elle n'a rien à voir avec elle. Pour P.F., la publicité n'est que l'expression indiscrète des désirs primitifs de l'homme moderne. / La poésie exprime les rêves les plus subtils de l'homme moderne.

Das Problem in **Fall (a)** ist offenkundig die unzureichende, unkorrekte

Verknüpfung der einzelnen Teile eines Satzes.

Bei korrekter Verknüpfung müßte der Satz lauten:

Je vais à Paris pour y passer mes vacances.
oder: ***Moi, je vais à Paris où je passerai mes vacances.***

Das Problem im **Fall (b)** ist dagegen die unzureichende, unkorrekte

Verknüpfung von in sich korrekten Einzelsätzen eines Textes.

Beim Durchlesen des Textes werden dir Umständlichkeiten und unklare Zusammenhänge aufgefallen sein, Störfälle, die leider häufig passieren und die es zu vermeiden gilt!

In diesem Kapitel sollst du dich natürlich nur noch auf den **Fall (b)** konzentrieren, d. h. auf die **Möglichkeiten, den Zusammenhang/die Verknüpfung zwischen den Einzelaussagen eines Textes zu verbessern.** – Fangen wir doch gleich damit an!

In dieser Übung geht es um eine **Verbesserung des Textzusammenhangs (der Kohärenz)** in unserem Beispieltext. Du sollst dir hier bestimmte Regeln für die Herstellung von **Textzusammenhängen** bewußt machen.

Ü 1

Lies dir den jetzt verbesserten Text aufmerksam durch. Beachte dabei besonders die fett gedruckten **Verknüpfungselemente** und überlege dir, mit welchen **Mitteln** hier **Satzverknüpfungen** entstehen. Sieh sehr genau hin. Ein konzentriertes Durchlesen des Textes kann dir bereits entscheidende Einsichten in die **Herstellung von Textzusammenhängen** verschaffen!

Verbesserter Beispieltext:

Ce texte parle de deux attitudes différentes envers la publicité. **D'un côté,** il y a Pierre Foucher, professeur de littérature, qui est contre **cette** forme nouvelle de communication de masse. **De l'autre**, il y a sa fille Isabelle qui se sent fortement attirée par **celle-ci.** Ce qui frappe la jeune femme, en particulier, c'est le lien profond qui existe entre la publicité, la ville et l'homme moderne. **Ce** lien fait de la publicité un art révolutionnaire. Pour Isabelle, il y a beaucoup de lyrisme. **C'est pourquoi** elle pense que la publicité devrait intéresser les véritables poètes. **Car ces derniers** prennent conscience de leur époque. Selon Isabelle, **ils** doivent **donc** utiliser **ce** nouveau medium. – **Au contraire de** sa fille, le professeur de littérature, Pierre Foucher, ne voit aucun rapport entre la publicité et la poésie. Selon **lui, celle-ci** n'a rien à voir avec **celle-là.** Pour **lui**, la publicité n'est que l'expression indiscrète des désirs primitifs de l'homme moderne. **Par contre**, la poésie **en** exprime les rêves les plus subtils.

In unserem Beispieltext entsteht die **Verbesserung des Textzusammenhangs** vor allem durch zwei Wortgruppen:

1. durch **Pronomina / Stellvertreter**, die auf bestimmte Elemente des Vorangehenden zurückverweisen und dadurch **Zusammenhänge** schaffen wie zum Beispiel:

   - ***celle-ci***
   - ***ils***
   - ***lui***
   - ***ces derniers***

   Auch die **Demonstrativbegleiter** *ce/cet/cette/ces* weisen im Text auf Vorangegangenes zurück und verstärken somit den Textzusammenhang!

2. durch **Satzverknüpfer** wie:

   - ***c'est pourquoi***
   - ***donc***
   - ***par contre.***

Eine Reihe solcher **Satzverknüpfer** hast du bereits in den vorangegangenen Kapiteln (vgl. S. 87) kennengelernt. Hier sollst du dich noch einmal mit ihnen befassen, allerdings ausschließlich unter der Frage, inwieweit sie zur Erstellung eines **schlüssigen Textzusammenhangs** beitragen.

Im folgenden konzentrieren wir uns auf die zwei wichtigsten Punkte, die du beim **Erstellen eines zusammenhängenden Textes** beachten solltest:

1. **Pronominalisierung (Stellvertretung)**
2. **Satzverknüpfer**

1. Pronominalisierung*)/Stellvertretung

Der **inhaltliche Zusammenhang eines Textes** (die ***semantische Kohärenz***) entsteht dadurch, daß bestimmte **inhaltliche Elemente** ***(Lexeme*/Wörter,** vor allem ***Nomina*/Hauptwörter*)*** immer **wiederholt** werden. (Im Beispieltext sind es die Nomina ***„publicité“***, ***„lien“***, ***„poésie“***).

Dieses Wiederauftauchen bestimmter inhaltlicher Elemente, hier vor allem von Nomina, geschieht auf dreierlei Weise:

1.1. durch **direkte Wiederholung eines Nomens**
(Vgl. in unserem Beispieltext die direkte Wiederholung der Nomina *„publicité“* / *„lien“* / *„poésie“*.)

1.2. durch **Variation des Nomens**
(Vgl. in unserem Beispieltext die Variation zu *„publicité“: „forme nouvelle de communication de masse“.)*

1.3 durch **Pronominalisierung**
(Vgl. in unserem Beispieltext die Pronominalisierung von *„poésie“* und *„publicité“* durch *„celle-ci“* und *„celle-là“*.)

In den folgenden Abschnitten wollen wir dir diese drei Möglichkeiten zur **Förderung des Textzusammenhangs** kurz erläutern, und du sollst sie anschließend ausgiebig einüben.

Und nun nimm dir etwas Zeit für die Bearbeitung der nächsten Seiten. Es lohnt sich!

**) (Vgl. „Textgrammatik der französischen Sprache“, H. Weinrich, 1982, S. 89ff.)*

1.1. Direkte Wiederholung eines Nomens

Es ist zwar grundsätzlich richtig, daß die **Wiederholung von Nomina** den Textzusammenhang fördert, und daß sie manchmal sogar unumgänglich ist. Aber, wie unser Beispieltext zeigt, kann eine solche Wiederholung manchmal auch sehr störend wirken.

Beispiele: a) **Wiederholung ist störend**

Isabelle pense que la publicité devrait intéresser ***les véritables poètes. Les véritàbles poètes*** *prennent conscience de leur époque ...*

Die Wiederholung wirkt schwerfällig und mindert den Akzent, der auf *„prendre conscience de leur époque“* liegt.

b) **Wiederholung ist nötig / angemessen**

Ce qui frappe la jeune femme, en particulier, c'est ***le lien*** *profond qui existe entre la publicité, la ville et l'homme moderne.* ***Ce lien*** *fait de la publicité un art révolutionnaire.*

Die direkte Wiederholung des Nomens *„lien“* ist korrekt und angebracht. Würde man *„Ce lien“* durch *„Il“* ersetzen, so wäre der Bezug und damit der Textzusammenhang nicht mehr eindeutig. *„Il“* könnte sich auch auf das unmittelbar vorangehende *„homme moderne“* beziehen!

R 1

Nomina/Hauptwörter werden in Texten vor allem dann **direkt wiederholt**, wenn durch die Verwendung von Pronomina die **Eindeutigkeit** der inhaltlichen Zusammenhänge nicht mehr gewährleistet wäre.

Mit der folgenden Übung wollen wir dich bei deiner häufiger zu treffenden Entscheidung **„Wiederholung des Nomens oder Pronomen?“** etwas sicherer machen. Bei dieser Entscheidung kannst du dich zunächst – wie bei vielen anderen auch! – getrost deinem muttersprachlichen Gefühl anvertrauen.

Ü 2

Das fettgedruckte Wort soll in der Lücke „wieder auftauchen“. Du mußt dabei immer wieder die Frage beantworten „Wiederholung des Nomens oder Pronomen?“. Wichtigstes Entscheidungskriterium: **Eindeutigkeit des Bezugs, des Zusammenhangs!**

1. Il s'agit de la **France** et de l'Algérie. ______________________ a un milieu beaucoup plus urbain, ...

2. On a tout dit sur **Meursault**, mais sans montrer suffisamment que ______________ ____________ était avant tout un Algérois. En cela ____________ ressemble à Camus. Jusqu'à quel point? ________________ habite le même quartier …
3. Ceux qui ont vu la **guerre** sont pour toujours contre ____________________
4. Ces **journaux** ne s'intéressent pas aux autres nouvelles: ____________________ sont spécialisés.
5. En 1936, **Jean Sablon** chante pour la première fois avec un micro. Avant ______________ __________, on était obligé de chanter très fort pour être entendu.
6. La joie et la gaieté de Charles Trenet plaisent surtout aux **jeunes.** ________________ ________ vont suivre Trenet tout au long de sa vie.
7. Le plus important dans un journal, c'est la **première page**: c'est tout ce qu'on voit du journal avant de l'acheter. _________________________ présente le journal.
8. Le sujet de la nouvelle par rapport à **celui du roman** est mince. _____ n'est pas constitué d'un fait unique, mais de plusieurs faits.
9. Il comprend les **hommes,** même s'il faut _________________________ tuer ________ ? ________________ .
10. Une personne importante dans un film est le **réalisateur.** C'est ________________ ________ qui va faire le film.

Mehr und Genaueres zu der Frage: **„Nomen oder Pronomen?"** findest du im 3. Abschnitt „Pronominalisierung/Stellvertretung" (S. 172ff)!

R 2

> Merke:
>
> Bei der direkten Wiederholung eines Nomens verwendet man häufig den **Demonstrativbegleiter *„ce/cet/cette/ces"***
>
> (Vgl. in unserem Ausgangstext: „***Le lien*** *profond qui existe entre (…).* ***Ce*** *lien fait de la publicité"* …).
>
> ***Ce/cet/cette/ces*** weisen auf **Vorangegangenes** hin und verstärken somit den **Textzusammmenhang**, die **semantische Kohärenz!**

1.2. Variation des Nomens

Mit **Variation des Nomens** in einem Text ist gemeint, daß man einen anderen sprachlichen Ausdruck für dieselbe Person/Sache verwendet.

Beispiel: In dem Satz *„Après tant de* ***guerres*** *on connaît bien le prix d'un* ***conflit sanglant.***" sind ***„guerre"*** und ***„conflit sanglant"*** sprachliche Ausdrücke für dieselbe Sache.

Die **Variation des Nomens** trägt, wie die Wiederholung des Nomens, zur **Verstärkung des Textzusammenhangs,** zur **semantischen Kohärenz** bei! Sie kann in einem Text gegenüber der direkten Wiederholung des Nomens zweierlei leisten:

a) Durch die Verwendung von **Synonymen** (= Wörter fast gleicher Bedeutung) **vermeidest** du störende **Wiederholungen.**

Wenn du **Synonyme** suchst, so findest du sie reichlich in deinem einsprachigen Wörterbuch. Anstatt *„amant"* kann man auch *„amoureux"* oder *„soupirant"* sagen! Es lohnt sich für wichtige Passagen das Wörterbuch zu konsultieren!

amant . . . amoureux . . . soupirant . . .

b) Durch **Variation des Nomens** kannst du bestimmte **Aspekte** einer Person/Sache in den Blickpunkt rücken.

Wenn man z.B. von *Antoine de Saint-Exupéry* spricht, kann man sicher viele, sehr verschiedene **Aspekte** in den Blickpunkt rücken: *aviateur/écrivain/bon camarade/. . . .*
In dem folgenden Textauszug aber lenkt der Autor den Blick des Lesers mit einer **Variation des Nomens** auf das „Kind"
Antoine:
*„**Antoine** n'a que quatre ans quand son père meurt. **L'enfant** ne gardera dans sa mémoire que l'image lointaine d'un monsieur sérieux."*

Die **Variation des Nomens** ist hier nicht gleichbedeutend mit der Verwendung eines Synonyms (s. o.). Sie dient vielmehr der

Aspektuierung,

der **Differenzierung** deiner Aussagen!

Eine solche **Aspektuierung und Differenzierung** findest du auch in unserem Beispieltext (s. S. 164), in dem *„forme nouvelle de communication de masse“* und *„nouveau médium“* **Variationen des Nomens** *„publicite“* darstellen.
Wörter, die ein Nomen in einem Text unter einem bestimmten Aspekt vertreten, nennen wir darum

Aspektate.

Bei den **Aspektaten** handelt es sich um etwas dir im Grunde längst Vertrautes.

Erinnere dich einmal an Personen aus deinen ersten Lehrwerken. Da gab es in einem dir vielleicht bekannten Französischbuch z. B. eine ***Mme Malivet.***

Mme Malivet erscheint dort sowohl als Mutter *(mère)* als auch als Gemeinderatsmitglied *(conseillère municipale)* und als Sekretärin *(secrétaire).*
mère, conseillère municipale und *secrétaire* sind **Aspektate** von ***Mme Malivet.***

Zusammenfassung · Zusammenfassung · Zusammenfassung

- **Variationen des Nomens** fördern – wie die direkte Wiederholung desselben – den **Textzusammenhang**, die **semantische Kohärenz**.
- Es ist zu unterscheiden zwischen zwei Arten der Variation des Nomens, zwischen

  Synonymen und **Aspektaten.**

- **Synonyme** sind Wörter fast gleicher Bedeutung
  (Beispiel: *début = commencement*)
- **Aspektate** sind Wörter, die ein im Text vorangegangenes Nomen unter einem bestimmten Aspekt wiederauftauchen lassen. Sie dienen der

  Differenzierung der Aussagen

  (Beispiel: *Il y a encore le vieux pont. Ce monument romain attire bien des touristes.*).

- Wie bei der direkten Wiederholung verwendet man auch bei der **Variation des Nomens häufig** den

  Demonstrativbegleiter *ce/cet/cette/ces.*

  um den **Textzusammenhang**, die **semantische Kohärenz** zu verstärken (vgl. unser eben genanntes Beispiel:

  ... vieux pont. Ce monument romain attire ...).

Ü 3

Das jeweils fettgeschriebene Wort soll in der Lücke durch ein **Synonym** bzw. ein **Aspektat** vertreten werden. Um dir die Arbeit zu erleichtern, haben wir dir vor der Übung die Lückenwörter aufgelistet, allerdings natürlich nicht in der richtigen Reihenfolge!

a) Füge die Lückenwörter in die entsprechenden Lücken ein!

b) Markiere die Sätze mit [S] bzw. mit [A] je nachdem, ob es sich, deiner Meinung nach, um ein **Synonym** oder ein **Aspektat** handelt. Das schärft deinen Blick und Gefühl für die verschiedenen Möglichkeiten der **Variation des Nomens!** – Viel Erfolg!!!

monstres – pauvreté – mer – marginal[5] – aventurier[7] – présentation d'idées ennuyeuses – métaphore – sort – marche vers la mort – émotions

1. Il y avait partout des **rhinocéros.** Ces ___monstres___ menaçaient[1] les passants. [ ]

2. Un jour, il perd tout son argent et tombe dans l'**indigence**[2]. Mais il essaie de cacher sa ___pauvreté___. [ ]

3. Il connaît le **destin**[3] qui l'attend. Mais il ne fait rien contre son ___sort___ ______. [ ]

4. L'auteur choisit une belle **image** pour souligner la sensualité[4]) de son protagoniste. Par cette ___métaphore___, il révèle[6]) les idées secrètes de Jacques. [ ]

5. Elle commence à souffrir de sa **vie.** Cette ___marche vers la mort___ la déprime[8]) de plus en plus. [ ]

6. Son **père** est rarement à la maison. Cet ___aventurier___ cherche son bonheur un peu partout. [ ]

Vocabulaire:
[1] menacer – bedrohen [2] indigence – Bedürftigkeit/Armut [3] destin – Schicksal [4] sensualité – Sinnlichkeit [5] marginal – zugehörig zu Randgruppen der Gesellschaft [6] révéler – enthüllen [7] aventurier – Abenteurer [8] déprimer – niederdrücken/deprimieren

7. Tout le monde parlait de ses **sentiments.** Il savait bien que ses émotions dépassaient[9] les limites[10] du normal. [ ]

8. On le regardait comme un **outsider**[11]. Mais ce marginal savait très bien chanter. [ ]

9. Enfin, il présente son nouveau **livre**. Mais cette présentation d'idées ennuyeuse ne sait pas enthousiasmer[12] son éditeur. [ ]

10. Il a toujours recherché le voisinage[13] de l'**océan**.

    La mer était pour lui la seule amie vraie. [ ]

Vocabulaire:
[9]) dépasser – überschreiten [10]) limite – Grenze [11]) outsider – Außenseiter [12]) enthousiasmer – begeistern [13]) voisinage – Nachbarschaft

1.3. Pronominalisierung / Stellvertretung

Unter **Pronominalisierung** verstehen wir wieder den bereits bekannten Vorgang, daß in einem Text inhaltliche Elemente wiederauftauchen und auf vorangegangene inhaltliche Elemente zurückverweisen, jetzt aber unter dem Aspekt, daß es sich um **Pronomina** handelt, die für ein **Nomen (pro Nomen)** stehen.

Beispiel: *Il regarde la **jeune fille** longtemps. Mais **elle/celle-ci** ne le voit pas.*

Manchmal können sich die Pronomina auch auf ganze Textausschnitte beziehen, die mehrere **Lexeme/Nomina** umfassen. Solche Pronomina sind vor allem ***ceci*** und ***cela.***

Beispiel: ***Il a une grande maison, plusieurs voitures, mais pas de famille, pas d'amis.** Cela attire l'attention du journaliste.*

Außer den Ausdrücken, die auf Vorangegangenes zurückverweisen **(Rückverweiser)**, gibt es in einem Text auch Wendungen, die auf Nachfolgendes vorausweisen **(Vorverweiser)** und dadurch den Textzusammenhang verstärken! – so z. B. ***par la suite*** (= im folgenden).

Beispiel: *Je donnerai l'explication de ce phénomène **par la suite.** .....*

ein Stellvertreter

In diesem Abschnitt nun solltest du dich mit den „Wörtchen“ befassen, die durch Verweise auf vorangegangene bzw. nachfolgende Textinhalte den Textzusammenhang verstärken. Da diese „Wörtchen“, die nicht nur die Gruppe der Pronomen umfassen, generell eine **Stellvertreterfunktion** ausüben, wollen wir sie der Einfachheit halber **Stellvertreter** nennen. An zwei Strukturbildern werden wir dir noch einmal verdeutlichen, um was es dabei geht.

a) **Verweis** auf **vorangegangene Textinhalte:**

Marie aime ***Meursault.*** *Mais* ***cela*** *a peu d'importance pour* *ce dernier.*

b) **Verweis auf nachfolgende Textinhalte:**

Il déprécie ce qu'elle dit ***de la façon suivante: il*** *en* ***rit.***

Die Pfeile verdeutlichen dir noch einmal **die „Verzahnungen“,** die Schaffung von **Zusammenhang,** von **semantischer Kohärenz,** um die es in diesem Kapitel geht.

- Der **inhaltliche Zusammenhang**, die **semantische Kohärenz,** in einem Text wird gefördert durch bestimmte Wörter, die auf **vorangegangene** und **nachfolgende Textinhalte** verweisen.
- Die auf vorangegangene und nachfolgende Textinhalte verweisenden Wörter nennen wir hier **Stellvertreter.**
- In den meisten Fällen handelt es sich bei den **Stellvertretern** um die Gruppe der **Pronomina.**

Ehe du dich mit den Regeln zur richtigen Verwendung der **Stellvertreter** im Text befaßt, solltest du dir zunächst die Stellvertreter selbst noch einmal genau ansehen! Denn oft entstehen die Probleme bei der eigenen Textproduktion in diesem Zusammenhang schon dadurch, daß man die Stellvertreter selbst und ihren Gebrauch im Satz nicht (oder nicht mehr!) genau genug kennt!

Hier zunächst ein Überblick über **gängige Stellvertreter**, die du unbedingt kennen solltest:

Tabelle 1

Überblick über gängige Stellvertreter	
1. **Pronomina:**	
– **il/elle/ils/elles**	Yves regarde sa **mère**. **Elle** est encore jeune.
– **celui/celle/ceux/celles**[1]	Jacques arrive avec sa **soeur. Celle-ci** porte une robe blanche.
– **le/la/les//lui/leur//en/y**	Sa **mère** entre. Ce qui **la** frappe, c'est le désordre.
– **lui/elle/eux/elles**	Il y a des **touristes.** Ce sont **eux** qui louent les bateaux.
– **ceci/cela**	Il **doit travailler. Cela** ne lui plaît pas.
– **ce** (vor être)	Il **ne peut pas dormir. C'est** son problème le plus grave.
2. **andere Stellvertreter:** a) **Rückverweiser:**	 ein Rückverweiser
– **premier, première / dernier, dernière**	Il y a deux femmes, **Yvonne** et **Françoise.** Il ne connaît pas la **première**, mais la **dernière**, il l'a déjà vue une fois.
– **ci-dessus/plus haut**	L'auteur emploie beaucoup d'images, ce que j'ai déjà mentionné **ci-dessus/plus haut.** = was ich **oben** bereits erwähnt habe.
– **là-contre/là-dedans/là-bas/ là-dessus/là-dessous**	= dagegen/darin/dort/darüber/darunter/ . . . **au bord de la mer**. **Là-bas,** on vit bien.

[1] Diese **Demonstrativpronomen** können **nie** allein stehen! Sie werden ergänzt durch ***-ci*** bzw. ***-là*** (vgl. den Beispielsatz), durch ein **Relativpronomen** *(C'est **celle dont** nous avons parlé)* oder durch ***de*** *(C'est **celui de** son père)*. Willst du Genaueres wissen, dann sieh noch einmal in deiner Grammatik nach.

– **à cette occasion**	Il **fête son anniversaire.** **A cette occasion,** il boit beaucoup.
– **en ce cas**	= in diesem Fall
– **dans cette situation**	= in dieser Situation
– **dans ces conditions**	= unter diesen Bedingungen
– **de cette façon**	Elle **pleurera.** **De cette façon**, elle aura tout.
– **pour cette raison**	Il **a peur.** **Pour cette raison,** il crie.
– . . . **ce/cet/cette/ces** . . .	Alle Wendungen mit den **Demonstrativbegleitern** *ce/cet/cette/ces*, da diese immer auf etwas **Vorhergehendes zurück**verweisen.
	 ein Vorweiser
b) Vorverweiser:	
– **ci-dessous/plus bas**	voir **ci-dessous** = siehe **unten!**
– **voici**	**voici ce** qu'on peut en dire: . . . = man kann **folgendes** dazu sagen: . . .
– **de la façon suivante**	Il déprécie ce qu'elle dit **de la façon suivante: il en rit.**
– **par la suite**	= im folgenden J'en donnerai l'explication **par la suite.**
– **suivant**	Je parle de la situation **suivante**: . . . / du cas **suivant**: . . . / du conflit **suivant**: . . .

Es ist hier nicht der Ort, alle Regeln zu den angesprochenen Pronomina zu wiederholen. Bei der folgenden Übung hast du allerdings die Gelegenheit, deine diesbezüglichen Kenntnisse zu überprüfen und u. a. auch zu festigen. Solltest du bei dieser Übung auf ernsthaftere Schwierigkeiten stoßen, so wäre es gut, wenn du die entsprechenden Kapitel in deiner Grammatik oder in ***„Ça alors“*** Bd. 1 u. 2 noch einmal durchlesen würdest.

Ü 4 Fülle die Lücken unter Beachtung der deutschen Signalwörter! In den Fällen, in denen keine deutschen Signalwörter angegeben werden, ist der Bezug eindeutig!

1. Voilà encore trois touristes. ______________ sont arrivés en retard.
2. L'auteur emploie beaucoup de mots argotiques. ______________ (Das) donne un accent particulier au texte.
3. Il rencontre beaucoup de journalistes. ______________ (Diese) l'interrogent.
4. Il veut la guerre. Il ______________ aura.
5. Il connaît beaucoup d'anecdotes. Il ______________ raconte d'une façon amusante.
6. Hervé parle souvent de l'accident. ______________ (Er spricht davon) d'une façon enthousiaste.
7. Il lit Sartre, Montherlant, Mauriac et Marie Cardinal. ______________ (Die letztere) lui plaît beaucoup.
8. Il a perdu tout son argent. – ______________ (In diesem Fall) je vais l'aider.
9. Il y a beaucoup d'immigrés. Mais ce ne sont pas ______________ qui posent des problèmes.
10. Elle sort souvent. ______________ (Auf diese Weise), elle essaie d'oublier.
11. Il a le choix entre plusieurs voyages. Il prend ______________ qui coûte le moins cher.
12. Dans le texte on trouve beaucoup de descriptions détaillées. ______________ (Folgendes ...) ce que l'auteur décrit.
13. Je pense souvent à la fin du roman. On ______________ (dort) trouve une image extraordinaire de l'amour.
14. Il est heureux et malheureux en même temps. Je vais ______________ donner les raisons ______________ (im folgenden).
15. Il a rencontré cette jeune fille un soir dans un concert. Depuis, il ne veut plus passer un seul instant sans ______________ (sie).

R 3

Merke zusätzlich:

Auch die **Artikel** fördern durch ihre Verweisungen im Text die semantische Kohärenz!

Der **Bestimmte Artikel** ***(le/la/les)***,

der **Demonstrativ-Artikel** ***(ce/cet/cette/ces)***,

der **Possessiv-Artikel** ***(son/sa/ses//leur/leurs)***

weisen auf **Vorausgegangenes** hin,

der **unbestimmte Artikel** ***(un/des)***

weist auf **Nachfolgendes** hin.

Beispiele:

– *Il lit **un** roman. **Ce** roman lui plaît.*

– *Je connais l'auteur. **Son** style est bizarre.*

Gebrauch der Stellvertreter im Text

Zur Erinnerung: *„Pronominalisierung bedeutet Stellvertretung eines Nomens durch ein Pronomen oder durch mehrere Pronomina im weiteren Verlauf des Textes."* (Harald Weinrich, „Textgrammatik der französischen Sprache".)

Wenn du nun ein Nomen durch ein Pronomen ersetzt, mußt du sicherstellen, daß der Leser das **Pronomen** auch mit dem **richtigen Nomen** verbindet! Als **Faustregel** merke dir:

R 4

Im Normalfall **vertritt** ein **Pronomen** das *letzte* **vorangehende** Nomen, das in **Genus** (Geschlecht) und **Numerus** (Singular oder Plural) mit dem Pronomen **übereinstimmt.**

Beispiele:

a) **korrekte Anwendung der Regel:**

Dans ce texte, ***l'auteur*** *parle d'une meurtrière à Prague.* ***Il*** *raconte ce que celle-ci a fait.*

Il (männlich/Singular) vertritt regelgemäß das letzte vorangehende männliche und „singulare" Nomen ***auteur*** .

b) **mangelhafte Beachtung der Regel:**

Dans ce texte, une ***journaliste*** *parle d'une meurtrière à Prague.* ***Elle*** *raconte ce qu'elle a fait.*

Elle (weiblich/Singular) vertritt hier nicht das letzte vorangehende Nomen mit gleichem Genus und Numerus. Das wäre nämlich ***meurtrière*** (weiblich/Singular). Du erkennst hier, daß die Bezüge und Zusammenhänge nicht klar sind! Ein leider häufiger Fehler, den es zu vermeiden gilt!

Es gibt aber eine **wichtige Ausnahme von dieser Regel.** Lies dazu den folgenden Textausschnitt zu Ionescos *Rhinocéros* (leicht verändert):

Un **homme** assiste, impuissant, à la transformation de son monde contre laquelle **il** ne peut rien. **Il** ne sait plus s'**il** a raison ou non. **Il** se débat sans espoir. **Il** est le dernier de son espèce. **Il** est perdu.

Der Zusammenhang zwischen ***il*** und ***homme*** bleibt eindeutig, obwohl andere männliche Nomen im Singular zwischendurch auftauchen ***(monde/espoir)***.

Die semantische Kohärenz wird hier auf andere Weise erreicht: vor allem dadurch, daß ***homme*** und ***il*** die gleiche **Handlungsrolle**, nämlich die des **Subjekts** haben. ***Homme*** und ***il*** sind in dem Textausschnitt gleichbleibend Subjekt der Sätze!

R 4a

Merke:
Wenn **Nomen** und **Pronomen** die gleiche **Handlungsrolle** (Subjekt bzw. Objekt) haben, so verstärkt dies den **semantischen Zusammenhang** und ermöglicht ein durchaus sinnvolles Abweichen von der eben aufgestellten Faustregel.

Ein weiterer Hinweis: Wenn in einem Text die **Bezüge** zwischen **Nomen** und **Pronomen unklar** werden, kannst du oft dadurch Klarheit schaffen, daß du anstelle des einfachen Pronomens ein

Demonstrativ-Pronomen ***(celui-ci/celle-là/...)*** verwendest.

Beispiel: *Jacques parle de son **frère**. **Celui-ci** connaît bien les problèmes de la famille.*

Celui-ci schafft hier eindeutigere Zusammenhänge als ***il***, das der Leser auch auf Jacques beziehen könnte (s. o. zum Fall der gleichen Handlungsrolle!).

Ein letzter Hinweis: Wenn du aber gar keine Möglichkeit findest, die Bezüge zwischen **Nomen** und **Pronomen** eindeutig klar herzustellen, mußt du die Pronominalisierung abbrechen und **das Nomen wiederholen.**
Ein gutes Beispiel dafür ist die Wiederholung von ***publicité*** in unserem Beispieltext (s. S. 164f)!

Zusammenfassung · Zusammenfassung · Zusammenfassung

Halten wir fest:

- Ein einfaches **Pronomen** ***(il/elle ...//le/la/les ...)*** vertritt im Normalfall das **letzte vorangehende**, in **Genus** und **Numerus gleiche Nomen.**

- Eine wichtige Ausnahme von dieser Regel gibt es, wenn die semantische Kohärenz dadurch verstärkt wird, daß **Nomen** und **Pronomen** im Text die gleiche **Handlungsrolle** haben (Rolle des **Subjekts/Objekts**).

- **Demonstrativpronomen** können an die Stelle von einfachen Pronomen treten, wenn die Bezüge sonst unklar werden könnten (***celui-ci / celle-là*** anstatt ***il/elle*** ...).

- **Wiederholung des Nomens** ist das letzte Mittel, um in ernsthaften Zweifelsfällen wieder eindeutig klare Bezüge herzustellen.

In den folgenden 10 **Pronominalisierungs**fällen sind einige deutliche Fehler!
Das **Bezugsnomen** in jedem Beispiel ist fett gedruckt. Du mußt nun zunächst prüfen, ob nachfolgende **Pronomina** in **eindeutiger** Weise auf das fett gedruckte Nomen zurückverweisen.

Ü 5

Mögliche Fehler, die du entdecken kannst:

a) Es wurde ein einfaches Pronomen gewählt anstatt der notwendigen Wiederholung des Nomens.

b) Das Nomen wird ohne Not (= störend) wiederholt.

c) Anstatt des notwendigen Demonstrativpronomens (zur Klarstellung des Bezugs!) wurde ein einfaches Pronomen gewählt.

d) Es fehlt ein zurückverweisendes Pronomen.

Markiere zuerst fehlerhafte Fälle mit einem Kreuz.
Verbessere anschließend die fehlerhaften Fälle, in dem du die Sätze richtig in dein Heft schreibst.

1. Fall: ☐ **Le jeune homme** a fait l'impossible pour échapper à la police. Le jeune homme n'avait pas de papiers sur lui.

2. Fall: ☐ Il connaît la vie des **riches** aussi bien que celle des pauvres. Ils n'ont aucune idée de la misère dans leur pays.

3. Fall: ☐ Jean ne comprend pas son **ami**. Ils se disputent souvent. Il le contredit tout le temps.

4. Fall: ☐ Le **père de Nicolas** fait les comptes du mois avec sa femme. Il se demande où passe l'argent.

5. Fall: ☐ L'avocat veut tout savoir de cet **accident**. Le jeune homme lui donne tous les détails.

6. Fall: ☐ Son **mari** a disparu un beau jour pour „vivre sa vie". Mais, finalement, il est revenu et a essayé de reprendre la vie commune.

7. Fall: ☐ L'avocat veut vraiment aider **Meursault**. Mais il ne comprend pas ses questions.

8. Fall: ☐ Beaucoup de jeunes Bretons partent dans d'**autres régions** de la France. Ils espèrent trouver du travail plus facilement qu'en Bretagne.

9. Fall: ☐ Mme Loisel a perdu le **collier**. Elle sait qu'elle l'a perdu dans la rue ou dans le fiacre. Son mari quitte la maison pour le chercher. Mais il ne le trouve pas. Pour rendre le collier ...

10. Fall: ☐ M. Foucher parle avec son **frère**. Il se demande ce qu'on veut de lui.

Bei der Verbesserung der Fehler denke im Fall einer notwendigen Wiederholung des Nomens noch einmal daran, daß es neben der Wiederholung des Nomens auch noch die Möglichkeit einer **Variation des Nomens** gibt (Beispiel: *la parure* für *le collier*)! Und nun: Viel Erfolg!

Ü 6

In der nächsten Übung sollst du jetzt deine bisher erworbenen Kenntnisse anwenden, indem du in die Lücken die richtigen Stellvertreter **(Pronomen** bzw. **Variation** oder **Wiederholung** des **Nomens)** einsetzt und zwar

a) zunächst mit Hilfe deutscher Impulswörter und

b) dann ohne Impulswörter, wobei dort die Bezugsnomen hervorgehoben sind.

a)

1. Tu n'as pas dit la vérité. ________________ (Das) ne se fait pas.
2. Jean fait appel aux autorités. Il se fie à ________________ (Er vertraut ihnen).
3. Il rencontre la sœur de son amie. ________________ (Die letztere) avait disparu.
4. Il emploie un vocabulaire riche, ________________ (was) j'ai déjà mentionné ________________ (oben).
5. Sa mère entre. Ce qui frappe ________________ (diese), c'est l'ordre dans la chambre de son fils.
6. On parle des vacances. On ________________ (spricht davon) souvent.
7. Il dit qu'il a vu le Président. ________________ (Das) n'est pas vrai.
8. C'était un lycéen de 16 ans qui passait ses vacances chez son oncle. ________________ (Der junge Mann) avait volé une voiture.
9. On peut visiter des musées et se promener à Paris. ________________ (Dies) me convient, ________________ (jenes) me déplaît.
10. Il fête son examen. ________________ (Bei dieser Gelegenheit) il fait la connaissance de sa future femme.

b)

1. Dans un long passage l'auteur décrit la vie de son **protagoniste.** ________________ ________________ est le fils d'un employé.

2. Le producteur donne la synopsis à un **scénariste**. ______________________ va écrire une histoire à filmer: un **scénario.** Quand il l'a écrite, cette histoire est devenue une histoire de 50 pages. Elle est coupée en plusieurs scènes et il y a un peu de dialogue.

   ______________________ est présenté à la commission de contrôle.

3. Dans la salle, il y avait plusieurs **journalistes**. Il observa ses avocats qui parlaient avec

   ______________________.

4. Tout à coup **Jacques** entend un bruit. ______________________ a peur.

5. Il passe souvent ses week-ends **dans le village** de ses grands-parents. ____________

   __________, il devient plus calme.

6. On dit souvent que le **président de la République** est le premier des Français:

   ______________________ est le chef de l'Etat, ______________________ représente

   la France. ______________________ est élu pour sept ans. ____________

   ________ habite et travaille à Paris.

   ______________________ a tous les droits d'un chef d'Etat parlementaire (...).

7. Comme les lecteurs sont différents, les journaux pourront choisir entre plusieurs titres possibles: il y a des **gens peu pressés**, qui font le tour des titres pour savoir quels articles ils

   vont lire: pour ______________________ il est suffisant de montrer dans le titre de quoi parlera l'article.

8. Il a toujours aimé la **montagne.** C'est ________________ qu'il a parlé dans ses livres.

9. Il sait très bien évoquer le **côté comique de sa vie**. ________________ est bien décrit dans son dernier roman.

10. La vie d'un journaliste ne ressemble souvent pas du tout à **celle d'un écrivain**.

    ________________ est sûrement moins agitée.

Ü 7

In der folgenden Übung soll dir noch einmal ganz deutlich werden, daß der **inhaltliche Zusammenhang** eines Textes, seine **semantische Kohärenz**, vor allem dadurch entsteht, daß bestimmte **Nomina** immer **wieder** im Text **auftauchen.**

In dem folgenden Text*) geht es um die Herstellung eines Films. Deine Aufgabe ist es, für das „Wiederauftauchen" von vier Nomina in dem Text zu sorgen, sei es in der Form der **direkten Wiederholung des Nomens,** sei es in der Form von **Pronomina.**

Es handelt sich um die Nomina:

film = (1)

producteur = (2)

scénariste = (3)

histoire = (4)

Die Zahlen in den Textlücken zeigen dir an, welches Nomen wiederauftauchen soll! Im Fall der Entscheidung zwischen Nomen und Pronomen vor einem Verb, lassen wir eine Lücke sowohl vor dem Verb als auch hinter dem Verb und setzen in beide Lücken ein Fragezeichen. Und nun gute Unterhaltung beim „Verzahnen" der Filmgeschichte!

Un jour, quelqu'un a une idée de film. Il écrit. Elle est courte: deux ou trois pages, quelquefois moins. C'est la synopsis. Il la montre à un producteur. ____________ (2) est un homme qui a de l'argent. ____________ (2) sait peu de chose sur l'histoire du film. ____________ (4) est drôle? Les films drôles se vendent bien! ____________ (2) va donc dépenser un peu d'argent pour faire ____________ (1) et espère ____________ (1?) gagner ____________ (1?) beaucoup après.

____________ (2) donne la synopsis à un scénariste. ____________ (3) est une personne importante pour le film. ____________ (3) va

*) (Leicht veränderter Auszug aus „Le cinéma français aujourd'hui" von Nicole Mc Bride)

écrire ________________________ (4) à filmer: un scénario. Quand ______________ ______ (3) ________________________ (4?) a écrit ________________________ (4?), ____ ____________________ (4) de 2 ou 3 pages est devenue ________________________ (4) de 50 pages. ________________________ (4) est coupée en plusieurs scènes et il y a un peu de dialogue. Maintenant on peut ________________________ (1?) réaliser ______________ ________ (1?). Mais ce n'est pas ________________________ (3) qui va ______________ _________ (1?) faire ________________________ (1?).

2. Satzverknüpfer

Auch in diesem Kapitel geht es darum, zwischen Einzelsätzen einen besseren Zusammenhang herzustellen. Einen solchen Zusammenhang schaffen neben den eben behandelten Pronomen vor allem

die **Satzverknüpfer.**

Wenn du einen **Textkommentar** schreibst, hast du es immer wieder mit der Frage zu tun: **Wie knüpfe ich** einen Satz **an** den vorangegangenen an? Eine auch dir sicher vertraute Erfahrung: Einzelsätze sind da – „fehlt, leider! nur das geistige Band" (Goethes „Faust")! Hier kann dir eine solide Kenntnis bestimmter **satzverbindender Wendungen** weiterhelfen.

Du kennst schon eine ganze Reihe solcher Satzverknüpfer:

ensuite, mais, c'est pourquoi, ...!

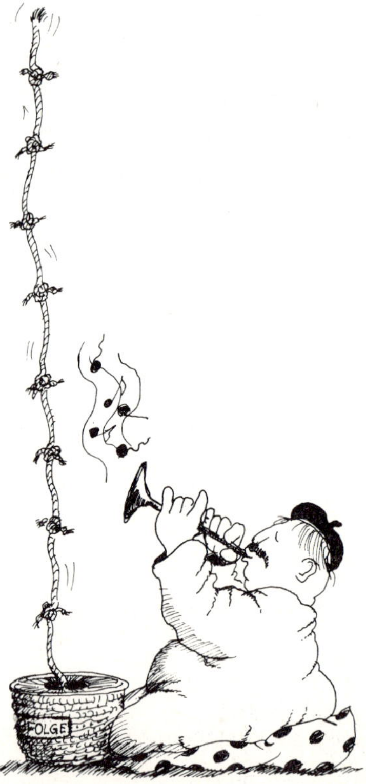

... Verknüpfer ...

In diesem Kapitel sollst du dich noch einmal systematisch mit ihnen befassen, deine Kenntnisse auffrischen und erweitern – und zwar unter der Leitfrage nach bestimmten

Mustern der Satzverknüpfung.

In deinen Textkommentaren mußt du – abgesehen von der **persönlichen Stellungnahme** – vor allem **Handlungsabläufe** und **gedankliche Zusammenhänge** darstellen. Bei solchen Darstellungen verwendet man immer wieder bestimmte **Muster** der **Satz-** bzw. **Aussagenverknüpfung**! Das ist ein großer Vorteil. Denn solche **Muster**, mit den entsprechenden Wendungen, kann man sich ganz gut einprägen!

Im Grunde verknüpfen wir im europäischen Sprachraum Sätze und Aussagen im wesentlichen nach **drei Grundmustern:**

1) **Abfolge**
2) **Gegensatz**
3) **Ergänzung**

2.1. Verknüpfung nach dem Muster der Abfolge

Bei der Verwendung des **Abfolge-Musters** mußt du als Schreiber davon ausgehen, daß wir in unserer Vorstellung alle Dinge, Ereignisse und Gedanken automatisch in eine bestimmte Reihenfolge einordnen. Diesem Vorstellungsmuster folgen wir bei der Darstellung von

Handlungszusammenhängen oder **Gedankenzusammenhängen**

Beim Schreiben orientieren wir uns sozusagen an einer Schiene oder Linie:

Anfang	**Mitte**	**Ende**
Ursache	Zustand	Folgen/Auswirkungen

Für dieses Muster gibt es eine ganze Reihe **satzverknüpfender Wendungen.**

Hier erste Beispiele:

a) *L'auteur parle de l'amitié.* ***D'abord****, il essaie de définir l'amitié par opposition à l'amour.* ***Ensuite****, il donne un exemple.* ***Finalement****, il discute les chances et les problèmes d'une amitié dans notre société.*

Zur Verdeutlichung: „Der Autor spricht von der Freundschaft." ist der Ausgangssatz. Die Anschlußsätze sind miteinander verknüpft nach unserem **Abfolge-Muster:**

Das Sprechen des Autors hat einen Anfang ***(d'abord)***, eine Mitte ***(ensuite)*** und ein Ende ***(finalement)***. (Dieses Satzverknüpfungsmuster ist dir sicher bereits gut bekannt aus den Handlungsablaufberichten, deren Satzverknüpfungen oft demselben Schema folgen!)

b) *L'auteur ne croit pas à la vie après la mort. Il rejette* ***donc*** *l'idée de l'immortalité* (oder: *Il* ***s'ensuit*** *qu'il rejette l'idée de l'immortalité).*

Zur Verdeutlichung: Auch hier erfolgt der Anschluß des zweiten Satzes nach dem **Abfolge-Muster**:

Zuerst ist da der Glaube, daß es kein Leben nach dem Tode gibt. Daraus **folgt** dann das zweite: die Verwerfung des Gedankens der Unsterblichkeit.
Daß die Sätze der beiden Beispiele nach dem gleichen Muster miteinander verbunden werden, zeigt auch die Parallele zwischen ***ensuite*** (denke an das Verb ***suivre*** = folgen!) und ***il s'ensuit***, die Wahl satzverknüpfender Wendungen mit der Grundvorstellung der **Folge!**

c) *L'idée de la révolte est l'idée centrale du texte.*
Après avoir souligné *l'importance de la révolte pour l'auteur* ***passons à présent*** *à l'étude des moyens employés par l'auteur pour convaincre le lecteur.*

Zur Verdeutlichung: Es ist offensichtlich, daß die hier auftauchenden, sehr gängigen Überleitungswendungen ebenfalls von dem Vorstellungsmuster einer **Abfolge** geprägt sind (nachdem man zunächst X getan hat, geht man nun zu Y über.).

Wir benutzten Wendungen des **Abfolge-Musters** bei der Darstellung sowohl von

Handlungsabläufen als auch von **Gedankengängen**,

sowohl von

zeitlichen als auch von **sachlogischen Zusammenhängen.**

Das **Abfolge-Muster** ist das am häufigsten verwendete **Verknüpfungsmuster** in Texten.

Zur besseren Übersicht und zur Erleichterung des Einprägens gliedern wir die **Abfolge-Wendungen** in fünf Untergruppen:

a) Wendungen zur **Angabe** der **Reihenfolge**

b) Wendungen zur **Angabe** von **Grund** und **Folgerung**

c) **Einleitungsformeln**

d) **Überleitungsformeln**

e) **Zeitadverbien** für den Handlungsablaufbericht

a) Wendungen zur Angabe der Reihenfolge

Tabelle 2

– **au début**	– am Anfang
– **d'abord / tout d'abord**	– zuerst, zunächst
– **en premier lieu**	– an erster Stelle
– **premièrement / deuxièmement** (usw.)	– erstens (in erster Linie) / zweitens (usw.)
– **en second lieu**	– an zweiter Stelle
– **ensuite**	– dann, darauf, danach
– **puis**	– dann, darauf
– **après**	– danach, nachher, später
– **de plus**	– ferner, außerdem
– **en outre**	– außerdem
– **à cela s'ajoute**	– hinzukommt …
– **finalement**	– zuletzt, endlich, schließlich
– **en dernier lieu**	– an letzter Stelle
– **à la fin**	– am Ende

Ü 8

Ergänze die Lücken, entsprechend den <u>deutschen Signalwörtern:</u>

1. ______________________________ (Zunächst) il a perdu son meilleur ami.

   ______________________________ (Dann) il a eu ce grave accident.

   ______________________________ (Hinzu kommt) les difficultés avec son père et,

   ______________________________ , (schließlich) la perte de sa carte d'identité!

2. Il a beaucoup de gens qui l'aiment et qui l'aident. ______________________________ (An erster Stelle) il y a sa mère. ______________________________ (An zweiter Stelle) il y a un ancien copain qui lui donne de l'argent. ______________________________ (Außerdem), il a deux petites amies qui se déchirent pour lui. ______________________________ (An letzter Stelle) on pourrait mentionner encore les membres du club qui s'occupent de lui.

3. ______________________________ (Am Anfang), on est désespéré.

   ______________________________ (Nachher, später), on devient plus calme.

   ______________________________ (Am Ende), on cherche une nouvelle aventure.

4. ______________________________ (Zuerst), je vais parler du travail de Meursault,

   ______________________________ (dann) je vais décrire ses relations avec Marie,

   ______________________________ (danach), je vais essayer d'expliquer sa façon de vivre et, ______________________________ (zuletzt) je parlerai de la condition humaine selon Camus.

b) Wendungen zur Angabe von Grund und Folgerung

(Vgl. hierzu auch das Kapitel „Expressiv-Argumentierende Texte“, S. 87)

Tabelle 3

– **par conséquent**	– folglich, infolgedessen
– **donc**	– also, folglich *(Il est riche. Il peut **donc** payer.)*
– **alors**	– in diesem Fall, also *(Il est riche. **Alors,** il peut payer.)*
– **il en résulte ...**	– daraus folgt ...
– **il s'ensuit (s'ensuivre)**	– daraus folgt ...
– **c'est pourquoi**	– deshalb (das ist, weshalb)
– **ainsi**	– daher, also, folglich *(Il est mort. **Ainsi** il ne peut pas répondre!)*
– **pour cette raison**	– aus diesem Grunde
– **à cause de cela**	– aus diesem Grunde, deswegen
– **car**	– denn
– **parce que**	– weil
– **pour que**	– damit *(Il m'aide **pour que** je réussisse)*
– **de manière que**	– so daß *(Il crie **de manière que** tout le monde vienne. – Il a crié **de manière que** tout le monde est venu.)*
– **bref**	– kurzum, kurz und gut (Einleitungsformel für die Zusammenfassung des Wesentlichen, das sich aus dem Vorangegangenen ergibt)
– **en somme**	– summa summarum, kurz und gut, zusammengefaßt (s. Angabe zu „bref“)

Ü 9

Welche der zur Auswahl gestellten Wendungen gehört in die jeweilige Lücke?

1. Il est gravement malade. Il ne peut ________________ pas venir (bref/donc).
2. Il ne voit plus clair ________________ il est amoureux (de manière que/parce que).
3. Il travaille trop. ________________ qu'il est souvent très fatigué (il en résulte/en somme).
4. Il chante, il mange, il se promène avec sa petite amie, il fait du sport, ________________ il est heureux (pour cette raison/bref).
5. Il fait tout ________________ elle vienne (pour que/parce que).
6. Il est triste ________________ il a perdu tout son argent (car/c'est pourquoi).

Ü 10

Ergänze jetzt die Lücken, entsprechend den deutschen Signalwörtern.

1. Il est jeune. ________________
(Aus diesem Grunde) il comprend tout.
2. Il a perdu. ________________
(Folglich) il n'est pas très content.
3. Ils font la guerre. ________________
(Daraus folgt) une grande misère.
4. Nous avons eu faim. ________________
(Also) nous avons mangé.
5. Elle a dansé________________
(so daß) tout le monde en était enthousiasmé.
6. J'ai revu mes parents, je me suis reposé, ________________ (zusammengefaßt) j'ai passé un bon week-end.

c) Einleitungsformeln

Tabelle 4

– **commençons par**	– wir wollen anfangen mit *(**Commençons par** résumer les idées principales de l'essai.)*
– **la première remarque portera sur**	– die erste Aussage bezieht sich auf *(**La première remarque portera sur** le genre du texte.)*
– **avant d'aborder l'analyse du texte, il faut ...**	– bevor man sich an die Analyse des Textes macht, muß man ...

d) Überleitungsformeln

Tabelle 5

– **passons à**	– gehen wir über zu *(**Passons à** l'étude des personnages.)*
– **après avoir souligné ...**	– nachdem wir unterstrichen haben ...
– **examinons maintenant / à présent**	– untersuchen wir nun ... *(**Après avoir souligné** le caractère étrange de Meursault, **examinons maintenant** sa façon de parler.)*

e) Zeitadverbien für den Handlungsablaufbericht

Tabelle 6

– **un jour**	– eines Tages
– **ce jour-là**	– an jenem Tage
– **à ce moment-là**	– da, damals, in jenem Augenblick
– **la veille**	– am Tag davor
– **le lendemain**	– am Tag danach
– **l'année précédente**	– im Jahr davor
– **la semaine suivante**	– in der Woche darauf
– **plus tard**	– später
– **avant**	– früher, vorher

Wichtig ist hier, daß du dir folgendes merkst: In einem **Handlungsablaufbericht** schreibt man

nicht!	**sondern**
– *en ce moment* (jetzt/im gegenwärtigen Augenblick)	– ***à ce moment-là*** (in jenem Augenblick)
– *hier* (gestern)	– ***la veille*** (am Tage vorher/tags zuvor/ am Vorabend)
– *demain* (morgen)	– ***le lendemain*** (am folgenden Tag)
– *l'année dernière* (letztes Jahr)	– ***l'année précédente*** (im Jahr vorher)
– *la semaine prochaine* (nächste Woche)	– ***la semaine suivante*** (in der folgenden Woche)

Benutze diese eben gestrichenen Wendungen nur im Rahmen persönlicher Mitteilungen!

Also: ***L'année dernière**, je suis allé à Paris.* aber: ***L'année précédente,** Voltaire est allé à Paris!*

Ü 11 Fülle jetzt die Lücken mit den entsprechenden Wendungen:

Il est presque minuit. Jacqueline est sur le point de s'endormir. ______________ (in diesem/jenem Augenblick), on sonne. Elle ouvre. Il y a un inconnu devant la porte. Celui-ci ne dit rien, entre et s'allonge sur le tapis pour dormir. Elle n'ose rien dire et regarde ce qu'il fait. Elle remarque qu'il a un beau visage jeune. Elle le laisse dormir. ______________ ______________ (Am folgenden Tag), l'inconnu n'est plus là. ______________ (Später), elle apprend l'histoire suivante: (...)

Ü 12 Welche der beiden Wendungen gehört in die jeweilige Lücke?

1. Les trois garçons sont arrivés tard dans la nuit. ______________ (hier/la veille) tout le village avait fêté.
2. J'ai bien mangé. ______________ j'ai soif (en ce moment/à ce moment-là).
3. Ces derniers jours, mes enfants ont beaucoup travaillé. Mais, ______________ ______________, ils vont partir en vacances. (la semaine prochaine/la semaine suivante)

Sehr wichtiger Hinweis:

Bei der Verknüpfung von Sätzen nach dem Abfolgemuster mußt du allerdings **keineswegs immer** Satzverknüpfer benutzen!!! Ein anschauliches Beispiel dafür ist die kleine Geschichte in der **Übung 11!:**

Elle ouvre. Il y a un inconnu devant la porte. Celui-ci ne dit rien, entre et s'allonge sur le tapis pour dormir. (...)

Handlungen folgen aufeinander, **ohne** daß eine satzverknüpfende Wendung nötig oder sinnvoll wäre! Unser Vorwissen und unsere Vorstellungskraft ordnen die inhaltlichen Aussagen in eine Abfolge von Einzelhandlungen!
Andere Elemente wie z. B. das Demonstrativpronomen *celui-ci* (s. o.) sorgen hier für eine Verzahnung der Sätze!

Also:	Präge dir die Satzverknüpfer ein! Sie sind für dich eine sehr wichtige Hilfe!
Aber:	Benutze diese Wendungen **nicht** um jeden Preis. Nicht immer ist ein Satzverknüpfer sinnvoll und für das (kundige) Ohr angenehm!

2.2 *Verknüpfung nach dem Muster des Gegensatzes*

Beispiel: *Elle est vieille, mais elle a la peau d'une jeune fille.*

Die Verwendung des **Gegensatzmusters** entspricht einer weiteren bei uns üblichen Denkgewohnheit, nämlich dem **Denken in Gegensätzen.** Ein Sprachinhalt ruft fast automatisch auch seine Opposition mit auf den Plan:

oben/unten – **laut/leise** – **jung/alt**

usw. Wir sind daran gewöhnt, etwas etwas anderem gegenüberzustellen. Das schafft Klarheit und Deutlichkeit!

Hier weitere Beispiele für eine **Satzverknüpfung** nach dem **Gegensatz-Muster:**

1. *Il a aidé tout le monde,* ***mais*** *il n'a jamais aidé sa fille.*

2. *Jean est peu sûr de lui.* ***Par contre****, sa femme sait très bien ce qu'elle veut.*

3. *L'auteur attaque le programme du gouvernement.* ***Cependant****, il ne précise pas ce qu'on devrait faire pour améliorer la situation.*

Das Bedürfnis, einen Satz nach dem **Gegensatz-Muster** anzuschließen, ist in Textkommentaren manchmal so groß, daß man einen Satz z.B. mit ***mais*** anschließt, obwohl überhaupt kein Gegensatz oder eine gegensatzähnliche Abweichung vorliegt!

Beispiel für einen solchen falschen Anschluß:

Ionesco ne se sent jamais à l'aise dans le monde. ***Mais*** *il souffre toujours.*

Hier muß das ***mais*** natürlich unbedingt weggelassen werden! Die Sätze bilden keinen Gegensatz. Ein solcher, keineswegs seltener Fehler zeigt uns aber, wie stark das **Gegensatz-Muster** als Möglichkeit zur Satzverbindung in uns aktiv ist!

Nicht immer dienen allerdings **Gegensatzsignale** wie ***mais, cependant*** dazu, einen **echten Gegensatz** zu markieren. Manchmal geht es auch nur um die **bloße Gegenüberstellung** zweier Aussagen, um so das eigentlich Gemeinte besser zu verdeutlichen:

Zwei Beispiele:

- *Jacques* ***n'a rien*** *contre son amie,* ***mais*** *il ne supporte plus sa présence.*
- *Il* ***ne*** *cherche* ***pas*** *la querelle* (Streit), ***mais*** *il n'accepte pas tout.*

Typisch für eine solche Gegenüberstellung ist die Struktur:

ne ... pas/rien ... mais !!!

Jacues n'a rien contre son amie,
mais il ne supporte plus sa présence.

Überblick über gängige Gegensatzwendungen

Tabelle 7

– **mais**	– aber *(Il **n'**est **pas** paresseux, **mais** il mène la vie d'un paresseux.)*
– **par contre**	– dagegen *(L'appartement n'est pas cher, **par contre** il est vraiment petit.)*
– **pourtant**	– jedoch *(Il est jeune. Il marche **pourtant** comme un vieux.)*
– **cependant**	– dennoch, doch *(Il a réussi; **cependant,** il est mécontent.)*
– **au contraire**	– im Gegenteil *(Il n'est pas vieux; **au contraire,** il est encore très jeune.)*
– **au contraire de**	– im Gegensatz zu *(**Au contraire de** Jean, Pierre pense que rien n'est perdu.)*
– **quand même**	– dennoch, trotzdem *(Il perd toujours à la loterie. Il y joue **quand même** chaque semaine.)*
– **cela n'empêche pas**	– das verhindert nicht *(Il n'aime pas la guerre. **Cela n'empêche pas** qu'il en profite.)*
– **à la différence de**	– im Unterschied zu *(**À la différence des** quotidiens parisiens, les quotidiens de province sont vendus à un prix proche de leur coût de fabrication.)*

Ü 13 Ergänze die Lücken, entsprechend den deutschen Signalwörtern.

1. Il déteste l'école. ________________________ (Dennoch), il y va chaque jour.

2. ______________________________ (Im Gegensatz zu) Jean, Pierre pense toujours à l'amour.

3. Il travaille dur. ______________________________ (Dagegen) il a beaucoup de vacances.

4. Elle a tout ce qu'elle veut. ______________________________ (Dennoch) elle n'est pas contente.

5. Elle aime sa petite maison. ______________________________ (Das verhindert nicht) qu'elle sorte souvent.

Ü 14

Markiere mit einem Kreuz die Sätze/Satzfolgen, in denen die **satzverknüpfende Wendung** falsch ist:

- ☐ a) Il est riche. Mais il travaille beaucoup.
- ☐ b) Son mari ne fait rien pour elle. Par contre son fils l'aide beaucoup.
- ☐ c) Il est triste. Cependant, il a perdu beaucoup d'argent.
- ☐ d) Il n'est pas pauvre. Au contraire, il est souvent malade.
- ☐ e) Elle est partie depuis longtemps. Son parfum, pourtant, remplit encore toute la chambre.

2.3 Verknüpfung nach dem Muster der Ergänzung

Beispiel: *L'auteur parle de l'amitié. **De plus,** il critique la société.*

Die Verknüpfung von Sätzen/Aussagen nach dem **Muster der Ergänzung** entspringt unserem Bedürfnis, bei unseren Mitteilungen noch genauer, noch vollständiger sein zu wollen (Er**gänz**ung, damit daraus ein **Ganzes** wird!).

Mach dir das an einem Beispiel deutlich. – Nehmen wir an, du machst eine Aussage zu dem inhaltlichen Zentrum eines Textes und schreibst:

L'auteur parle de l'amitié.

Irgendwie stellt dich diese Aussage aber nicht ganz zufrieden. Denn, wenn du genauer hinsiehst, enthält der Text auch sehr viel Kritik an der Gesellschaft.

Du **fügst** deiner ersten Aussage also etwas **hinzu** und verwendest dabei eine **satzverknüpfende Wendung** nach dem **Ergänzungs-Muster**, eine Wendung wie ***de plus*** oder ***en outre*** und du schreibst dann:

L'auteur parle de l'amitié. ***De plus,*** *il critique la société.*

Die **Ergänzungen** können im wesentlichen drei verschiedene Funktionen haben, die der

a) Erweiterung

b) Präzisierung

c) Betonung

a) **Ergänzungen** können die Funktion haben, eine Aussage durch zusätzliche Angaben inhaltlich zu **erweitern** (denke u. a. auch an **Aufzählungen, Parallelen, Analogien**). Eine solche Funktion hat z. B. die Ergänzung in unserem letzten Beispiel!

Ein weiteres Beispiel:

– *Sa situation est bien difficile. Il ne trouve pas de travail et il n'a pas de famille qui puisse l'aider.* ***A cela s'ajoute*** *qu'il est souvent malade.*

b) **Ergänzungen** können auch die Funktion haben, eine Aussage zu **präzisieren**, zu **erläutern,** zu **verdeutlichen.**

Zwei Beispiele:

– *Pour lui, la vie est absurde.* ***Cela veut dire*** *qu'il ne voit aucun sens à tout ce qu'il fait.*

– *Il est malade.* ***Précisons*** *que ce n'est pas grave, juste un petit rhume qui lui sert de prétexte* (Vorwand) *pour rester au lit!*

c) **Ergänzungen** können auch die Funktion haben, einen bestimmten Aspekt einer Aussage **hervorzuheben**, zu **betonen.**

Hier zwei Beispiele zur Verdeutlichung:

– *Le texte parle des problèmes actuels de l'Algérie.* ***Ce qui est particulièrement souligné****, c'est le problème de l'identité culturelle.*

– *L'auteur attaque le gouvernement.* ***Ce qui lui importe****, c'est qu'on fasse quelque chose contre le chômage.*

a) Wendungen der Erweiterung

(**Aufzählungen**/Angaben zu **Parallelen** u. **Unterschieden**)

Tabelle 8

– **de plus/en outre**	– außerdem *(Elle est belle.* ***De plus****, elle sait très bien ce qu'elle veut.)*
– **à cela s'ajoute**	– Hinzukommt *(Elle est belle.* ***A cela s'ajoute*** *qu'elle sait très bien ce qu'elle veut.)*
– **de même**	– ebenso *(L'auteur emploie un vocabulaire abstrait. Son raisonnement est* ***de même*** *très théorique.)*
– **sur le même plan**	– auf derselben Ebene *(****Sur le même plan*** *on peut constater que ...)*
– **par comparaison à**	– im Vergleich zu/mit
– **si on compare** (x) avec (y) ...	– wenn man (x) mit (y) vergleicht ...
– **il y a une ressemblance/ un parallèle entre** ...	– es gibt/es besteht eine Ähnlichkeit/eine Parallele zwischen ...
– **on peut constater une différence/ un décalage entre**	– man kann feststellen einen Unterschied/ein Auseinanderklaffen zwischen

b) Wendungen der Präzisierung

Tabelle 9

– **cela veut dire** ...	– das heißt ...
– **cela signifie** ...	– das bedeutet ...
– **précisons**	– sagen wir es genauer *(Il est paresseux.* ***Précisons*** *qu'il n'aime pas travailler pour l'école.)*

– **entrons dans les détails**	– laßt uns ins Detail gehen/nun zu den Einzelheiten
– **d'une part ... d'autre part** (d'un côté ... de l'autre)	– einerseits ... andererseits *(Il se comporte d'une façon bizarre. **D'une part** il est sévère, **d'autre part**, il gâte beaucoup ses enfants.)*

c) Wendungen der Betonung

Tabelle 10

– **ce qui importe**	– was wichtig ist *(**Ce qui importe**, c'est que M. reste toujours le même.)*
– **ce qui est particulièrement accentué/souligné/marqué c'est**	– was besonders betont/unterstrichen/gekennzeichnet ist, das ist ...

Ü 15 Ergänze die Lücken, entsprechend den deutschen Signalwörtern.

1. L'auteur ne dit pas directement ce qu'il pense. ______________________ (Auf derselben Ebene) il emploie beaucoup de métaphores.

2. Ionesco dit que ses personnages errent dans le noir, dans l'absurde.

   ______________________ (Im Vergleich zu) personnages de Camus, il apparaît que le sort des personnages de Ionesco est plus désespéré.

3. Pour lui, la vie est absurde. ________________________ (Das heißt) que pour lui, la vie n'a plus de sens.
4. Sa vie devient de plus en plus pénible. ________________________ (Einerseits), l'idée de tout quitter et d'aller à l'aventure devient de plus en plus forte.

   ________________________ (Andererseits), il y a la grande famille à nourrir.
5. Le texte parle de la condition humaine dans les villes modernes. ______________

   ______________ (Was besonders unterstrichen ist), c'est l'aspect inhumain de l'administration automatisée.
6. L'auteur décrit le tourisme en Bretagne. ________________________ (Was ihm wichtig ist), c'est de montrer les problèmes causés par le tourisme même.

Abschlußübung · Abschlußübung · Abschlußübung

Ü 16

Setze die genannten Wendungen in die entsprechenden Lücken ein.

donc – commençons par – cependant

1. Il est riche. Il peut ________________________ payer.
2. Il a réussi; ________________________, il est mécontent.

3. Le texte est difficile à comprendre ______________________ en résumer les idées principales.

mais – c'est pourquoi – passons maintenant à – de plus

1. Elle est belle. ______________________, elle sait très bien ce qu'elle veut.
2. Nous avons résumé les idées principales de l'essai. ______________________ l'étude des personnages.
3. Il n'aime pas la guerre. ______________________ il en profite.
4. Elle a perdu son frère. ______________________ elle est tellement malheureuse.

Wichtiger Schlußhinweis:

Jetzt zum Schluß noch einmal eine gewisse Einschränkung, die wir schon auf S. 193 gemacht haben. – Nicht, daß wir jetzt alles, was wir auf den vorhergehenden Seiten gesagt haben, zurücknehmen, aber:

> Bei der Verknüpfung von Sätzen nach den Mustern der **Abfolge**, des **Gegensatzes** und der **Ergänzung** mußt du keineswegs immer satzverknüpfende Wendungen benutzen!!! Im Gegenteil! Oft werden Sätze nach den genannten Mustern angeschlossen ohne einen Satzverknüpfer!

In der folgenden Übung sollst du dir das bewußt machen. In dieser Übung werden manchmal Sätze **mit** bestimmten Wendungen verknüpft, manchmal **nicht**. Du mußt jeweils entscheiden, ob ein Satzverknüpfer nötig/sinnvoll ist oder nicht. Dies ist eine wichtige Übung! Laß dir etwas Zeit für sie. Es lohnt sich!

Ü 17

Setze die genannten Wendungen in die entsprechenden Lücken ein. Achtung: Jede Wendung darf nur einmal benutzt werden. Es gibt also einige Lücken, die gar nicht gefüllt werden müssen. Dort machst du einen Strich.

1. Teil

peu après – passons à présent à – ce jour-là – tout à coup – par contre – finalement – car

Un dimanche, Jean et Pierre se rencontrent en ville. ______________________

___________ ils s'installent à la terrasse d'un café. ______________________

Jean prend un thé, Pierre un coca. ______________________ ils parlent de

choses et d'autres. ______________________. Jean a beaucoup de difficultés à

suivre les idées de son ami ______________________ il a trop sommeil.

______________________ un rhinocéros traverse la rue. __________

______________________ les gens dans la rue crient et essayent de se sauver.

______________________ le pachyderme disparaît dans une rue à côté.

______________________ tout le monde discute vivement de ce qui s'est

passé, les deux amis aussi. ______________________ Pierre en est fort

indigné. ______________________ Jean a trop sommeil pour s'énerver.

______________________ il se moque un peu de l'indignation de son ami, ce

que celui-ci ne supporte pas. ______________________ les deux amis se

querellent. ______________________ Pierre s'en va, plein de colère.

______________________ après avoir résumé ce qui se passe __________

______________________ l'étude des deux personnages principaux.

2. Teil

C'est pourquoi – par opposition à – cela signifie que – cela n'empêche pas que – ce qui est particulièrement accentué – au contraire – pour que – cependant – il s'ensuit que

______________________ Jean traverse la vie un peu comme un

somnambule. ______________________ il ne veut pas voir certaines

choses en face pour ne pas perdre le goût de vivre. ______________________

__________ il a beaucoup de difficultés à supporter la vie telle qu'elle est. __________ il goûte les plaisirs de la vie et qu'il aime la présence d'un ami. __________ son ami Pierre, il n'a pas d'idées toutes faites sur la vie. __________ il cherche toujours une réponse à des questions qu'il ne sait pas encore clairement poser.

__________ Pierre a une idée assez précise de l'ordre qu'il faut respecter dans la vie. __________ il n'aime pas les surprises. __________ il s'énerve lors de l'apparition du rhinocéros. __________ il veut que tout le monde pense comme lui. __________ il donne toujours des leçons aux autres __________ ils se comportent selon les règles de sa „culture-pour-tous". __________ ses sentiments amicaux pour Jean montrent qu'il n'est pas complètement borné.

__________, c'est le problème de la norme de la différence.

Stichwortverzeichnis oder: Wer sucht, der findet.

Quellenverzeichnis

Seite

8 *Le naturisme,* In: „Femme actuelle“ No. 98 vom 11.–18. August 1986, S. 6

9 *Météo.* In:„Libération“ vom 25. August 1986

9 *Pigeons: ne les nourrissez pas!* In: „Okapi“ No. 309, 1984, S. 16

9 *Trahi par la canicule.* In: „Le Parisien“ vom 20. August 1986

13 *La personnalité forme un ensemble d'habitudes.* Auszug aus: Françoise und Michel Gauquelin. „15 tests pour connaître les autres“, Marabout, Paris 1975, S. 7

13 *Doucement, le walkman!* In: „Okapi“ No. 309, 1984, S. 16

14 *Sur les bords ....* In: „Le Parisien“ vom 16./17. August 1986, S. 4

14 *Un mineur peut-il se marier ...?* In: „Femme actuelle“ No. 100 vom 25.–31. August 1986, S. 19

15/16 *Vingt-trois otages ...* Nach einem Artikel in „Le Monde“ vom 4. April 1986, S. 14

18 *Palais-Royal.* In: „Guide de Tourisme Michelin Paris“, Paris 1983, S. 101

18 *Vermenton: Alain (16 ans) n'a pas survécu.* In: „L'Yonne Républicaine“ vom 18. August 1986, S. 3

19 *L'«amitié» franco-allemande.* Martine Passelaigue, étudiante française à Munich, in: „Le Monde“ vom 1. April 1986, S. 2

19 *La Cigale et la Fourmi.* Jean de la Fontaine, „Fables“, livre premier, fable 1, Paris 1966, S. 51

19 *Une princesse à marier.* „J'aime lire“ No. 92, in: A. Boissinot und M.-M. Lasserre, „Techniques du Français“, Paris o. J., S. 32

19 *Et le féminisme ?.* Marguerite Yourcenar, in: „Les yeux ouverts“, Paris 1980, S. 283

21 *Quatre morts en Côte-d'Or.* In: „L'Yonne Républicaine“ vom 18. August 1986, S. 3

22 *Hold-up et prise d'otage dans le Var.* In: „France Soir“ vom 31. Mai 1986, S. 7

25 *Pour échapper aux policiers ...* In: „Le Parisien“ vom 20. August 1986

35/36 *La Cathédrale.* In: André Maurois, „Fleurs de saisons“ – „Blumen der Jahreszeiten“, Paris 1960 und München 1976, S. 48–51

42 *Elles s'appellent Pouce et Poussy ...* J. M. G. Le Clézio, „La grande vie“, in: „La ronde et autres faits divers“, Paris 1982, s. 135

42/43 *L'amour à double sens.* G. Mermet, in: „Francoscopie“, Paris 1985, S. 338

46 *Une place dans une petite maison ...* Auszug aus: Eugène Ionesco. „Rhinocéros“, Acte premier, Paris 1970, S. 53

46/47 *On arrive à Sarcelles ...* Auszug aus: Christiane Rocheford, „Les Petits Enfants du Siècle“, Paris 1961 und München 1986, S. 79f.

47 *Les enfants regardent ...* G. Mermet, in: „Francoscopie“, Paris 1985, S. 358

50 *Lundi 9 mai, Le Président ...* In: „Le Nouvel Observateur“ No. 1227 vom 13.–19. Mai 1988, S. 24

50 *Il n'y avait que des femmes ...* Auszug aus: Patrick Modiano, „Remise de peine“, Paris 1988, S. 15

50 *Elle est jeune ...* Auszug aus: Marguerite Duras. „Les yeux bleus cheveux noirs“, Paris 1986, S. 10

50 *La vie familiale ...* Auszug aus: Alain Kimmel, „Vous avez dit France?“, Paris 1987, S. 121

50 *Mon avocat est arrivé ...* Auszug aus: Albert Camus, „L'étranger“, Paris 1957, S. 133

50 *Les deux amies ont mangé ...* Auszug aus: J. M. G. Le Clézio, „La ronde et autres faits divers“, Paris 1982, S. 144

52 *Tropisme XVI.* In: N. Sarraute, „Tropismes“, Paris 1957, S. 99/100

69/70 Le naturisme ... a. a. O.

70 *Je ne sais pas s'il y a un sens ...* Auszug aus: Eugène Ionesco, „Pourquoi est-ce que j'écris?“, in: „La Nouvelle Revue Française“ No. 287, November 1976, S. 8f.

77/78 *Le problème de l'immigration.* Auszug aus: „Arreckx: Le travail aux Français“, in: „L'Express“ vom 3. Februar 1983, S. 78f.

90/91 *Tu as volé mon enfant ...* Chanson von Michel Sardou (mitgeschrieben von einer Plattenaufnahme), Editions A. R. T. Music France et Eagle-Records

95 *M. Mitterrand: Le respect des autres.* In: „Le Monde“ vom 26. April 1988

95 *Rôti de porc boulangère.* Französisches Rezept (Urheber unbekannt)

96 *Moins de 21 ans ...* Aus dem französischen Wahlkampf

96 *Blanche-neige.* Leserbrief in: „Le Nouvel Observateur“

96 *Les dix commandements de la Montagne.* Allgemeine Bergsteigerregeln

96 *Cours camarade ...* Graffiti, Rue Rotrou, près de l'Odéon

96 *Touche pas à mon pote.* Aufkleber

97 *Le «bouche à bouche».* In: „Ouest France“ vom 28. August 1986

97 *T'as intérêt à ...* Karikatur von Wolinski aus einer Wahlwerbung der Kommunistischen Partei Frankreichs aus dem Jahre 1986

103 *Utilisation.* Gebrauchsanweisung für einen elektrischen Lockenstab

104 *10 minutes de gymn.* Nach: „Femme actuelle“

106 *Si vous voulez ...* Aus dem französischen Wahlkampf

106 Karikatur von *Wolinski,* in: „Le Nouvel Observateur“ vom 1. März 1985, S. 30

112 *M. Mitterrand: Le respect des autres.* a. a. O.

115/116 *Françoise et François ...* Offener Brief Raymond Barres an die Franzosen zur Präsidentschaftswahl 1988

118 *Le 2 septembre ...* Plakate der Werbeagentur AVENIR aus dem Jahr 1981

122 *Coup de cuir pour Cinna.* Werbung in: „Madame Figaro“ vom 12. April 1986

127 *Homéopathie ...* Werbung in: „Prima“ No. 42, März 1986

Mentor Abiturhilfe
Band 28
Französisch

Lösungsteil zu
Atout Bac, 2

*Von Wolfgang Spengler, Otto-Michael Blume
und Dr. Wolfgang Meyer*

---

1. Kapitel

Zusammenhang zwischen Compréhension und bestimmten Textarten

Ü 1

T2/f – T3/f – T4/r – T1/r – T4/f – T1/f

Ü 2

T4 will vor allem etwas erzählen.

T2 will vor allem über etwas informieren.

T3 will vor allem zu einem konkreten Verhalten auffordern.

T1 will vor allem kritisch, wertend seine Meinung äußern.

Ü 3

T5 gehört zu den vorwiegend appellierenden Texten.
(Ce texte appartient au groupe de textes d'appel.)

T6 gehört zu den beschreibend-informierenden Texten.
(Ce texte appartient au groupe de textes descriptifs.)

T7 gehört zu den handlungsorientierten Texten.
(Ce texte appartient au groupe de textes événementiels.)

T8 gehört zu den beschreibend-informierenden Texten.
(Ce texte appartient au groupe de textes descriptifs.)

2. Kapitel

Handlungsorientierte Texte

Ü 1

Handlungsorientierte Texte sind die Texte Nr. **3, 5, 6,** denn in allen drei Texten sind **Personen** bzw. **Tiere** (Text 5) **handelnd tätig**, während in Text 2 eine Beschreibung vorliegt, in den Texten 4 und 7 eine argumentative Auseinandersetzung stattfindet.

Ü 2

Wenn du die Elemente richtig in das Raster eingetragen hast, sieht es folgendermaßen aus:

Personen (les personnages)	**Handlungen** (les actes)	**Umstände** (les circonstances)
cinq gangsters	commettent un hold-up	un jeudi après-midi; une banque dans un village du Var; pour voler de l'argent; avec des armes
	s'enfuient	à cause de l'arrivée de deux policiers; en prenant le directeur en otage; en s'emparant d'une BMW
	relâchent l'otage	pendant la fuite

Ü 3

Vergleiche das von dir vervollständigte Raster mit unserer Lösung:

Personen (les personnages)	**Handlungen** (les actes)	**Umstände** (les circonstances)			
Wer handelt? *Qui?*	**Was** machen die Personen? *Quoi?*	**Wann** passieren die Handlungen? *Quand?*	**Wo** passieren sie? *Où?*	**Warum** passieren sie? *Pourquoi?*	**Wie** laufen sie ab? *Comment?*
un lycéen de 16 ans	rend visite à un ami	une nuit	**dans le département Val-d'Oise**	**pour surprendre son ami**	en volant une voiture
	essaie d'échapper à la police	**en retournant chez lui vers 2 h 30 du matin**	sur la route	faute d'avoir respecté un feu rouge devant un véhicule de police	**en roulant très vite**
	se tue au volant de la Peugeot	**pendant la course-poursuite**		**ayant perdu le contrôle de sa voiture**	

Ü 4

Hier nun der vollständige Résumétext:

Dans ce texte, paru dans «Le Parisien», il s'agit d'un accident de voiture mortel d'**un lycéen de 16 ans** dans le **département Val-d'Oise.** L'auteur raconte d'abord **qu'une nuit,** le jeune homme, **pour surprendre son ami,** lui rend visite dans une voiture volée à Boulogne. Puis on apprend qu'en **retournant chez lui vers 2 h 30 du matin,** le lycéen, faute d'**avoir respecté un feu rouge devant un véhicule de police,** essaie d'échapper aux policiers en roulant très vite. **Pendant la course-poursuite** dangereuse, le garçon, **ayant perdu le contrôle de sa voiture,** se tue au volant de la Peugeot.

Ü 5

1. Dans cette **histoire,** l'auteur **parle de** la fuite de deux gangsters.
2. **Il s'agit d'une pièce radiophonique** sur un évènement historique: la prise de la Bastille en 1789.
3. Dans cet **article de journal, l'auteur raconte** ce qui s'est passé mercredi soir au palais Bourbon, siège de l'Assemblée Nationale.
4. Le texte **traite d'**un hold-up sanglant à Paris.
5. **La bande dessinée se compose de** vingt-quatre images.
6. **Dans la deuxième partie du conte,** qui va **de la ligne 30 (jusqu') à la ligne 75,** l'auteur **relate** les événements qui suivent la naissance de la petite Jacqueline.
7. **Le reportage se divise en cinq paragraphes.**
8. **Par la suite,** l'auteur **explique** pourquoi l'accident se passe juste à ce moment-là.
9. **En outre (De plus), on apprend dans ce récit** que la police a ouvert une enquête.

Ü 6

Dans cet **article de journal,** tiré de «L'Yonne Républicaine», il **s'agit** d'un grave accident de voiture en Côte d'Or qui a provoqué la mort de quatre jeunes gens. Le **texte** se **divise** en trois paragraphes. **Dans le premier** paragraphe, **le lecteur remarque** que quatre jeunes gens, après avoir fait une halte, essaient de rattraper des parents partis avant, en roulant excessivement vite. **Ensuite, l'auteur relate** que l'accident se passe à l'entrée d'un petit village où, à cause d'un excès de vitesse, les jeunes ne peuvent plus prendre un virage et heurtent un pilier. Dans **le** dernier **paragraphe,** on **apprend** le nom et l'âge des quatres jeunes hommes qui, sous la brutalité du choc, sont morts tout de suite après l'accident.

Ü 7

1. **Quand** il **a** eu dix-huit ans, il a passé son permis de conduire.
2. Je ne l'ai pas vue **depuis** trois semaines.
3. **Pendant qu**'ils **dorment,** deux cambrioleurs pénètrent dans leur maison.
4. **Avant** d'aller en France, il rend visite à des amis belges.
5. Elle arrive dans la salle de cinéma **au moment où** le film **commence.**
6. **Avant que** la discussion **soit terminée** (***Subjonctif*** nach ***avant que***!!), permettez-moi encore une dernière question.
7. **Après avoir fini** (***Infinitif Passé*** nach ***après***) ses études à Paris, elle va aux États-Unis.
8. Il essaie plusieurs fois de lui téléphoner **au cours des** semaines suivantes, mais elle n'est jamais chez elle.
9. **Depuis qu**'il **est** marié, on ne le reconnaît plus.
10. Nous pouvons prendre encore un café **avant de rentrer** au bureau.
11. Elle l'attend **jusqu'à** neuf heures et demie, puis elle part seule.
12. Je n'aime pas qu'on me téléphone **pendant** le déjeuner.
13. Jean devra probablement attendre longtemps **jusqu'à ce qu**'une entreprise lui **offre** un nouvel emploi. (Nicht vergessen: nach ***jusqu'à ce que*** steht immer der ***Subjonctif***!!)
14. **Après** les cours, beaucoup d'élèves vont dans le café d'à côté.

Ü 8

richtige Aussagen:
Sätze **3, 5, 7, 10, 12, 14, 17, 19**

Ü 9

Unser Vorschlag für das auszufüllende Raster sieht folgendermaßen aus:

Personen (les personnages)	**Handlungen** (les actes)	**Umstände** (les circonstances)			
Wer Qui?	**Was** Quoi?	**Wann** Quand?	**Wo** Où?	**Warum** Pourquoi?	**Wie** Comment?
un jeune étudiant	veut acheter «La Cathédrale» de Manet	au 19e siècle	à Paris	parce que la peinture l'enchante	en priant un oncle généreux de lui envoyer la somme nécessaire
	est forcé de faire des dettes	lors d'une visite de deux **amies de sa maîtresse**		parce qu'il paie tout **pour les trois femmes**	il les **promène dans Paris**
	peut rembourser l'argent emprunté	**après l'arrivée de l'argent de son oncle**			

Personen (les personnages)	**Handlungen** (les actes)	**Umstände** (les circonstances)			
Wer Qui?	**Was** Quoi?	**Wann** Quand?	**Wo** Où?	**Warum** Pourquoi?	**Wie** Comment?
un collectionneur	**achète «La Cathédrale»; la lègue au Louvre**	**plus tard**			
l'ancien étudiant, devenu un vieil écrivain célèbre	**n'est plus en contact avec son ancienne maîtresse**	maintenant		**à cause de sa laideur et de sa méchanceté**	
	regarde «La Cathédrale»	**de temps en temps**	**au Louvre**	**parce qu'il l'apprécie toujours beaucoup**	le cœur gros

Ü 10

Die richtige Reihenfolge der Sätze lautet:

4	1	6	2	5	3

Ü 11

Hier der komplette Résumétext der Novelle, wobei bei den Lücken mit einem * auch schon mal mehrere Alternativen möglich waren. Solche Alternativen geben wir dir in Klammern an.

Cette histoire, écrite par André Maurois (***ce conte*** wäre als Alternative auch richtig, doch müßte das ***Participe Passé*** richtig **angeglichen** werden: ***écrit*** *par André Maurois*) **se compose de (peut être divisée/se divise en)** trois grandes parties et **parle** d'un étudiant **vivant** au 19e siècle à Paris qui se voit obligé de **sacrifier** son envie d'une toile qui lui plaît beaucoup **à** un amour de jeunesse.

Dans la première partie, **le lecteur voit (remarque)** qu'un jour, l'étudiant, enchanté **par** «La Cathédrale» d'Edouard Manet, peintre encore **inconnu à l'époque,** prend la décision d'acheter cette toile **avec l'aide** d'un oncle **généreux** qu'il prie **de** lui envoyer la somme **nécessaire.**
L'auteur **relate ensuite** que, lors d'une visite de deux amies de sa **maîtresse,** le jeune homme **est forcé de** faire des dettes parce qu'il doit tout payer pour les trois femmes **qu'il promène dans Paris.** Il **ne** peut rembourser la somme empruntée **qu'après avoir reçu** l'argent de son oncle. «La Cathédrale», cependant, **est achetée** par un collectionneur qui la **lègue** plus tard au Louvre.
Enfin (Finalement) Maurois **raconte (constate/relate)** que **l'ancien étudiant** est maintenant un **vieil** écrivain **célèbre** qui n'est plus en contact avec son **ancienne maîtresse,** mais qui **n'a pas cessé** d'apprécier «La Cathédrale», qu'il regarde de temps en temps au Louvre.

3. Kapitel

Beschreibend-informierende Texte

Ü 1

a) Dans ce texte, l'auteur nous informe de l'ambiguïté sémantique du mot **«amour».** = **Text 2**

b) Dans ce texte, l'auteur trace le portrait de deux **filles.** = **Text 1**

Ü 2

Text 3: thematischer Rahmen:
une place dans un petit village de province (Dorfplatz in der Provinz)

Text 4: thematischer Rahmen:
Sarcelles, ville-satellite près de Paris (Trabantenstadt Sarcelles bei Paris)

Text 5: thematischer Rahmen:
le rôle de la télévision dans la vie des enfants
oder:
les enfants et la télévision (Die Bedeutung des Fernsehens im Leben der Kinder bzw. Kinder und Fernsehen)

Aussage 1: L'auteur **donne des informations** sur le rôle que **la télé** joue aujourd'hui dans **la vie des enfants.** = **Text 5**

Aussage 2: Dans ce texte, l'auteur **décrit** minutieusement **le décor** dans lequel se déroule le premier acte. = **Text 3**

Aussage 3: Il s'agit d'**une description** enthousiaste de **Sarcelles, ville-satellite** près de Paris. = **Text 4**

Ü 3

Handlungsorientierte Texte:
Nr. **6, 10, 11**

Beschreibend-informierende Texte:
Nr. **7, 8, 9**

Ü 4

Das vollständige Raster sieht folgendermaßen aus:

Thematischer Rahmen	**Beschreibungselemente/ Informationen**	**Verallgemeinerungen**
le mot «amour»	– **place particulière du mot «amour» dans le vocabulaire français** – **particularités de la grammaire: masculin au singulier, féminin au pluriel**	les particularités grammaticales: «amour» varie en genre suivant le nombre
	– **particularités de la signification:** – **l'amour que l'on ressent = l'amour-sentiment** – **l'amour que l'on pratique = l'amour physique** – **ces deux sens inséparables l'un de l'autre**	les particularités sémantiques: sens ambigu et imprécis – le sentiment d'amour – l'acte sexuel caractère inséparable des deux significations

Ü 5

Dans ce passage, **tiré** du livre «Francoscopie» **rédigé** en 1985 par G. Mermet, **l'auteur** nous **informe d'abord des particularités grammaticales** du mot «amour» en signalant qu'il varie en **genre** suivant le nombre (masculin au singulier, féminin au pluriel). **Ensuite,** en parlant **des particularités sémantiques,** Mermet **explique le sens ambigu et imprécis** du mot exprimant à la fois **le sentiment d'amour et l'acte sexuel,** tout en soulignant **le caractère inséparable des deux significations.**

Ü 6

Hier die Antworten auf die Fragen a) bis e), die du unter den angegebenen Ziffern in das Raster eintragen solltest:

a) Il parle **du visage/de la figure.** (unter I.1.)

b) Il décrit **le corps et les membres.** (unter I.2.)
c) C'est **le physique.** (unter I.)
d) Il informe de leur **charme,** de leur **gaîté** et du fait qu'elles sont presque **inséparables.** (unter II.3.)
e) Il présente leur **caractère** et leurs **sentiments.** (unter II.)

Ü 7

Dans ce texte, le début d'un conte de J. M. G. Le Clézio, intitulé «La grande vie», l'auteur trace le portrait de deux filles appelées Pouce et Poussy.
D'abord, Le Clézio parle de leur **physique** en donnant une description de la tête, avec une **figure (un visage)** rappelant encore l'enfance, ainsi que du **corps** et des **membres** dont les formes et les dimensions empêchent de trouver les deux filles vraiment belles. Ensuite, considérant leur **caractère** et leurs **sentiments,** l'auteur constate que, aimées de tout le monde pour leur **charme** et leur **gaîté,** Pouce et Poussy sont presque **inséparables.**

Ü 8

Dans ce texte tiré du roman Les Petits Enfants du Siècle paru en 1961, Christiane Rochefort fait **une description** de Sarcelles, ville-satellite près de Paris, vue par les yeux du je-narrateur.
Après avoir donné **une vue d'ensemble** des grands blocs de maisons s'étendant sur des kilomètres, **la femme-auteur** (oder einfach: **l'auteur,** denn eine eigene weibliche Form hat dieses Wort nicht) **décrit** quelques **détails** de la ville. Elle **mentionne** d'abord **la beauté des espaces verts** sur lesquels des panneaux invitent les gens à bien **respecter la verdure.** Par la suite, elle parle **des facilités pour faire des achats près de chez soi** et **des institutions culturelles,** par exemple de la bibliothèque dont **l'architecture moderne** et **l'intérieur accueillant** plaisent beaucoup au je-narrateur.

Ü 9

1. L'auteur **dépeint** d'abord les bâtiments (**donne d'abord une description des** bâtiments) du quartier.
2. Le texte donne beaucoup de **renseignements** sur la vie culturelle à Paris.
3. L'article **informe (parle/fait mention) des** grandes difficultés auxquelles les travailleurs immigrés sont confrontés en France.
4. L'auteur **trace** le portrait de deux jeunes mariés **en dépeignant** minutieusement leur physique et leur caractère.
5. En brossant **la peinture** de cette famille, l'auteur nous donne **une image** des valeurs bourgeoises du 19ᵉ siècle.

Ü 10

1. Après nous avoir **donné** une **vue d'ensemble** de cette ville-satellite, l'auteur **entre** dans le **détail** en **énumérant** tous les magasins, toutes les institutions culturelles et sociales qui s'y trouvent.
2. En **faisant** une **description** du petit village, le journaliste **explique** en même temps les problèmes particuliers de ses habitants.
3. Dans la première partie où l'auteur **signale** le problème général de cette sorte d'éducation, il **mentionne** aussi la situation particulière de Marie-Françoise.

Ü 11

1. Dans ce texte, la femme-auteur **trace (fait) le portrait** d'une jeune femme dont les cheveux noirs et les yeux bleus sont deux éléments caractéristiques de son physique.
2. L'auteur **donne (fait) une description** de ses vêtements, dont les couleurs dominantes sont le blanc et le noir.
3. Dans ce texte, l'auteur **donne une idée (une image)** d'Hélène, une des trois femmes qui, habitant ensemble dans la même maison, s'occupent des deux garçons.
4. L'auteur **mentionne** aussi les circonstances à cause desquelles celle-ci boite un peu.

5. Le texte **renseigne sur (instruit de)** l'importance de la vie familiale pour la jeune génération **en nous faisant part (en nous informant)** que malgré tous les changements, la famille reste un élément essentiel de sa vie sociale.
6. L'auteur **donne une image (une idée)** détaillée du décor. Il **dépeint (décrit)** une place villageoise en **énumérant** tous les bâtiments et tous les objets qui s'y trouvent. A la fin, il **nous met au courant** du temps qu'il fait pendant le premier acte, en **mentionnant** le bleu du ciel et la violence de la lumière.

Ü 12

1. En traçant le portrait du jeune garçon, l'auteur nous donne d'abord une idée de **son physique.**
2. Ensuite, l'écrivain dépeint **son caractère** en parlant de **sa conduite,** de **sa mentalité** et de **ses sentiments.**
3. Après nous avoir informés des **activités** professionnelles de ce jeune homme, il expose **les particularités de sa personnalité** tout en évoquant **son mauvais état d'âme (état psychique).**
4. Avant de décrire minutieusement **la cérémonie,** l'auteur instruit d'abord des **aspects généraux de cette fête.**
5. Dans le texte, l'auteur renseigne sur les **bonnes qualités de cette matière.**
6. L'article traite des **difficultés générales** pour faire des achats dans ce quartier et signale **le problème particulier** des transports en commun.
7. L'auteur présente deux personnes dont **le comportement** paraît bien étrange et dont **l'état physique** et les vêtements évoquent une vie en marge de la société.

4. Kapitel

Expressiv-argumentierende Texte
(textes d'opinion)

Ü 1

Von **Text 1** sind falsch die **Aussagen 2** und **3.**

Von **Text 2** sind falsch die **Aussagen 2–4.**

Ü 2

1./a – 2./b – 3./c – 4./a – 5./b – 6./b – 7./c – 8./c – 9./a – 10./b

Bei der richtigen Zuordnung können dir die folgenden Überlegungen helfen:

1. **Ausdruck einer Überzeugung (a)** sind alle die Aussagen, die eine Entscheidung für ein bestimmtes Verhalten, eine deutliche Festlegung auf eine bestimmte Position erkennen lassen.

   Beispiel: Aussage (**1.**): Der Sprecher hat sich entschieden. Er hört lieber Radio, anstatt zu lesen. Neben der Ebene der **Entscheidung** gibt es in der Aussage zwar auch die Ebene der Begründung *(ça m'intéresse davantage)* und die der Gegenposition *(passer des heures à lire un livre)*. Aber der Hauptakzent liegt in der Markierung der eigenen Position, der eigenen Entscheidung, wofür auch das einleitende, betonte *«Moi»* ein Zeichen ist.

2. Zu den **Begründungen und Argumenten (b)** gehören alle die Aussagen, die die einer Entscheidung vorangehenden bzw. ihr zugrundeliegenden Überlegungen wiedergeben.

   Beispiel: In der Aussage (**2.**) ist noch keine Entscheidung gefallen. Sie enthält ein **Argument,** auf das sich eine Entscheidung für den Intelligenztest stützen könnte.

3. (**c**) ist den Aussagen zuzuordnen, in denen vor allem **Gegenpositionen** und deren Ablehnung zur Sprache kommen.

   Beispiel: In Aussage (**3.**) ist vor allem von denen die Rede, deren **Auffassung** der Sprecher **nicht teilt.**

Zusätzlicher Hinweis:
Oft geben Aussagen sowohl die Entscheidung/eigene Position als auch deren Begründung wieder (vgl. **5.**; **6.**; **10.**). Die Entscheidung über die Zuordnung richtet sich dann – wie bereits gezeigt – nach dem, was in der Aussage im Vordergrund steht.

Beispiel: In der Aussage (**10.**) entscheidet sich der Sprecher gegen den Kauf eines Hauses *(je n'achète pas de maison)*. Im Vordergrund der Aussage steht jedoch die Begründung für diese Entscheidung. Der Sprecher will mit seiner Aussage vor allem seine Entscheidung begründen.

Ü 3

Überzeugungen:	– Il faut diminuer le nombre des travailleurs immigrés. – Le travail doit aller en priorité aux Français. – La participation des travailleurs étrangers aux élections municipales n'est pas acceptable.
Argumente:	– Il y a trop de travailleurs étrangers en France. – Il n'est pas normal que les travailleurs étrangers participent à des scrutins concernant la vie des Français. – Il y a atteinte à l'identité des Français.
Gegenpositionen und Bewertungen:	– Le gouvernement a régularisé à tort la situation des travailleurs clandestins. – Il est impensable que des étrangers, comme chez Renault, puissent contrôler les syndicats et provoquer des grèves nuisibles à la France.

Bei der richtigen Zuordnung in solchen Fällen können dir die folgenden Überlegungen helfen:

1. In die Spalte **Überzeugungen** gehören die Textaussagen, die eine Entscheidung für ein bestimmtes Verhalten, eine deutliche Festlegung auf eine bestimmte Position erkennen lassen.
2. In die Spalte **Argumente** gehören die Textaussagen, die die einer Entscheidung vorangehenden bzw. ihr zugrundeliegenden Überlegungen wiedergeben.

Beispiele: *«Il faut diminuer le nombre des travailleus immigrés.»* gibt eine Entscheidung wieder, die auf dem Argument basiert: *«Il y a trop de travailleurs étrangers en France.»*. Die beiden Sätze sind nach dem Schema **„Überzeugung/Entscheidung – Begründung"** miteinander verbunden (völlig unabhängig von der Frage, ob das Argument stichhaltig und nachprüfbar ist!).
Nach demselben Schema sind die beiden Sätze *«La participation des travailleurs étrangers aux élections municipales n'est pas acceptable.»* und *«Il n'est pas normal que les travailleurs étrangers participent à des scrutins concernant la vie des Français.»* miteinander verbunden.
Ein weiteres Argument für die entschiedene Ablehnung der Teilnahme von Ausländern an Gemeinderatswahlen enthält die Aussage: *«Il y a atteinte à l'identité des Français.»*, ein Argument, das auch die Überzeugung stützt: *«Il faut diminuer le nombre des travailleurs immigrés.»*.
Ausdrücke wie *«il faut»* und *«doit»* sind Zeichen, die den Charakter der Entschiedenheit in einer Aussage unterstreichen und ein Hinweis für die entsprechende Einordnung der Aussage sein können.

3. In die dritte Spalte gehören die Aussagen, in denen vor allem **Gegenpositionen** und deren Ablehnung zur Sprache kommen (vgl. *«Le gouvernement a régularisé à tort la situation des travailleurs clandestins.»* – abgelehnte Position der Regierung).

Eindeutigkeit der Zuordnung:
Wie vor dieser Übung bereits erwähnt (vgl. S. 77), ist die Einordnung einer Aussage nicht immer eindeutig.
So ist in den Aussagen *«La participation ... n'est pas acceptable»* und *«Il n'est pas normal ...»* klar die Rede von einem Verhalten, das der Sprecher nicht teilt. Müßten diese Aussagen dann nicht in die 3. Spalte eingeordnet werden? könnte man sich fragen. Grundsätzlich falsch wäre eine solche Einordnung nicht. Sie würde auch das Raster in seiner Hilfsfunktion nicht entwerten. Denn das Raster soll dir ja nur einen Überblick über wichtige Inhalte und Strukturen des Textes verschaffen.
Aber für eine schlüssige Darstellung der gedanklichen Zusammenhänge im Résumé ist es schon wichtig, daß die einzelnen Aussagen den verschiedenen Spalten insgesamt angemessen zugeordnet werden. Die Entscheidungen für die von uns getroffenen Zuordnungen basieren auf den **erkennbaren Akzentsetzungen.** Die Endstellung von *«n'est pas acceptable»* akzentuiert die Entschiedenheit (1. Spalte). *«Il n'est pas normal»* haben wir als Argument verstanden (Grund für die Ablehnung: Es entspricht nicht der Normalität).

Wichtig: Achte beim Rastern nicht nur auf die angemessene Einordnung von Textaussagen in die entsprechenden Spalten, sondern auch auf gedankliche Zusammenhänge zwischen einzelnen Aussagen, wie wir dir das vorgemacht haben. Das ist ganz wichtig für das Erstellen eines in sich schlüssigen Résumé.

Ü 4

Die richtige Lösung bietet dir das vorangegangene **Résumé von Text 1** (vgl. S. 81).

Ü 5

1. Selon lui, les immigrés sont responsables du chômage. **C'est pourquoi/Pour cette raison** il est contre les immigrés.
2. Les Arabes ne s'adaptent pas à la culture française. **C'est la raison pour laquelle** il est contre l'immigration des Algériens.
3. L'auteur **justifie son opinion** en disant que les Arabes ne veulent pas s'intégrer.
4. Il se bat contre la peine de mort, **ne pouvant pas** accepter l'idée de tuer consciemment un être humain.
5. L'auteur souligne qu'il est pour la peine de mort, **parce qu'**il la croit juste pour un meurtrier.
6. L'auteur **mentionne plusieurs raisons** pour lesquelles il est contre la peine de mort.

Ü 6

1./f – 2./c – 3./d – 4./g – 5./e – 6./b – 7./h – 8./k – 9./i – 10./a

Ü 7

Dans son texte, Ionesco montre ce qu'il pense de la condition humaine. Il est **convaincu** que les êtres humains, pour qui la vie **est absurde** parce qu'ils n'en connaissent pas **le sens,** doivent être **conscients** de leur destin dans le monde. Ionesco n'accepte pas comme solution de regarder **la mort et la souffrance** comme quelque chose de naturel, et il **rejette** l'idée qu'il est anormal **d'être obsédé** par la question du mal.

Ü 8

Falsch sind die Aussagen **2, 3** und **5.**

Ü 9

(vgl. die Anmerkungen zu den Lösungen der **Übungen 2 und 3** – S. 216–218):

Überzeugungen:	– Il faut qu'on tue celui qui a assassiné. – L'auteur est pour la peine de mort. – L'auteur veut que l'assassin d'un enfant périsse/soit exécuté.
Argumente:	– L'assassin a tué l'enfant d'un amour. – Il est injuste que l'enfant soit mort et l'assassin en vie.
Gegenpositionen und Bewertungen:	– Les jurés s'accomodent des règles prévues par le code. – Les philosophes pardonnent le crime à l'assassin parce que celui-ci a eu un père débile. – Dieu/le Christ pardonne au coupable. – Ceux qui cherchent des excuses sont des imbéciles. – Il est trop facile et trop beau de laisser vivre celui qui a assassiné un enfant.

Ü 10

Dans sa chanson, l'auteur s'exprime pour **la peine de mort.** Il **est d'avis** qu'il faut **exécuter celui qui a assassiné un enfant,** car, selon lui, **il est injuste que l'enfant soit sous terre et l'assassin en vie.** Il ne partage pas **le point de vue de ceux qui s'accomodent des règles prévues par le code** et il déprécie tous ceux qui **cherchent des excuses** et pardonnent **le crime à l'assassin.**

5. Kapitel

Appellative Texte

Ü 1

Textnummer	**appellative Strukturen** *structures d'appel*	**Beispiele** *exemples*
2	–	–
3	**impératif** **article possessif**	demandez pratiquez frottez **votre** rôti
4	**apostrophe** **exclamation** **article possessif**	moins de 21 ans voici **votre** bulletin
5	**apostrophe** **question rhétorique** **impératif** **pronom impersonnel**	à toi voudrais-tu venir me rejoindre Peut-être qu'à deux ce serait plus facile? Ecris-moi on (=nous)

Fortsetzung auf der nächsten Seite

Textnummer	appellative Strukturen *structures d'appell*	Beispiele *exemples*
6	**infinitif** (=«impératif»)	lire, marcher, grimper, apprendre ...
7	**impératif** **apostrophe**	cours, camarade ... camarade, derrière toi ...
8	**impératif**	touche pas ...
9	**impératif** **infinitif** (=«impératif»)	desserrez ouvrir le col ... dégager cravate ...
10	**apostrophe**	t'as intérêt si tu ne veux pas ...

Text Nr. **2**

Ü 2

Textnummer	1	2	3	4	5	6	7	8	9	10
Texttyp	11	9	1	7	8	4	3	5	2	10

Ü 3

4	
2	
7	
8	
1	En prononçant cette déclaration Mitterrand essaie de convaincre tous les Français de le rejoindre en votant pour lui au deuxième tour des élections présidentielles du 8 mai 1988.
5	La femme qui a rédigé le texte de cette petite annonce invite un homme (qui que ce soit), qui aime la vie calme à la campagne, à la rejoindre pour vivre avec elle.
6	Ce texte invite les randonneurs (Bergwanderer) à respecter la nature et à suivre certaines règles qui assurent la sécurité en montagne.
10	Les auteurs de cette caricature s'adressent aux jeunes pour les inviter à participer aux élections et pour éviter l'arrivée de la droite (politische Rechte) au pouvoir.

Ü 4

6
5
2
10
8
1
7
4

Ü 5

Le texte, **publié le** 26 avril 1988 dans le Monde, est une **déclaration politique** de François Mitterrand. Elle a été faite après le **premier tour** des élections **présidentielles** du 24 **avril 1988.** Il y essaie de **convaincre tous les Français** de **voter pour lui** au **deuxième tour.** Après un appel direct à **tous les Français,** il **s'adresse aux** électeurs qui ont **voté** pour lui au premier tour en leur **exprimant** toute sa gratitude.

Dans une deuxième partie, il **fait appel à** tous ceux qui ont voté pour d'autres candidats **au premier tour** et les invite à voter pour lui au **deuxième tour.**

Le texte **se termine sur** un appel à tous les Français pour qu'ils **se rassemblent** autour de sa personne le 8 mai pour garantir l'unité de la France.

Ü 6

structures d'appel	**type de texte**	**situation du texte**	**groupe-cible**	**intention**	**suite des idées/ éléments essentiels**
– apostrophes – emploi du pronom personnel *(«nous», «vous»)* – adjectif possessif *(notre, nos; votre, vos)* – impératifs – exclamation (– parallélismes)	– tract électoral sous forme de lettre ouverte à tous les Français	élections présidentielles du 24 avril 1988	tous les électeurs français	convaincre les électeurs de voter pour Raymond Barre	remise en question du septennat de Mitterrand qui s'achève mise en valeur de la capacité de la France dans tous les domaines appel direct aux électeurs à se rendre compte de l'importance de leur vote mise en jeu de la personne de Raymond Barre appel à la solidarité

Ü 7

1. Le canapé se trouve au milieu de la partie supérieure du texte publicitaire.
2. Le texte se trouve dans la partie inférieure, en bas, à gauche.
3. La manchette se trouve au milieu du texte.
4. Le petit texte se trouve également au milieu, au-dessus de la manchette.
5. Le nom de l'entreprise, écrit sur un morceau de cuir, se trouve en bas, à droite, dans le coin, à côté du texte.
6. Le monsieur élégant se trouve à droite du canapé, dans la partie supérieure du texte, à genoux devant la dame élégante.

Ü 8

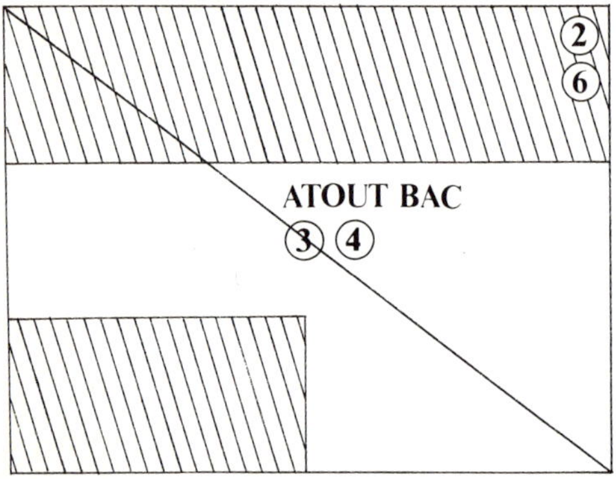

Ü 9

Le texte est un texte publicitaire qui veut **inciter le lecteur** à acheter un canapé de la marque CINNA.
Le texte **comprend** une photo qui **occupe la moitié supérieure de la page. Au milieu,** il y a **un slogan publicitaire en gros caractères. En bas, à gauche** se trouve un petit texte qui **donne des informations** sur la collection CINNA et les prix. **A droite du texte, il y a** une fois de plus le nom de la marque sur un bout de cuir.
La photo **montre** une dame très élégante, habillée en blanc et assise sur un canapé CINNA blanc.
A droite, il y a un jeune homme, habillé en noir et très élégant, à genoux devant la dame, **à côté du canapé.** Tout cela sur fond blanc.

Ü 10

structures d'appel	**type de texte**	**situation du texte**	**intention de l'auteur**	**groupe-cible**	**répartition des éléments**
apostrophes *(vous vous connaissez)* adjectif possessif *(votre)*	annonce publicitaire	texte publié en mars 1986 dans le magazine «Prima» publié en pleine période des rhumes	faire connaître un produit contre le rhume appel aux consommateurs pour acheter le produit présenté souligner les effets positifs du médicament présenté	tous les consommateurs tous ceux qui se sentent malades ou qui ont peur de tomber malade	tout en haut: une manchette qui rappelle que le produit présenté est homéopathique dans la partie supérieure, au milieu, une manchette en gros caractères indiquant la maladie au milieu, à gauche, le dessin d'un malade enrhumé à droite et au-dessous du dessin, des petits textes présentant les causes de la maladie et le produit en bas, à gauche, le nom de l'entreprise

Ü 11

Le texte est une annonce publicitaire. L'entreprise Boiron essaie de convaincre tous les lecteurs qui souffrent de rhumes d'acheter le médicament Coryzalia. Le texte comprend deux manchettes tout en haut de la page, le dessin humoristique (caricatural) d'un homme très enrhumé au centre du texte, une photo du médicament en bas, à droite, un court texte à droite et au-dessous du dessin, et le nom de l'entreprise en bas, à gauche. Les deux manchettes soulignent qu'il s'agit d'un médicament homéopathique contre le rhume. Le petit texte part des expériences du lecteur, parle ensuite des causes du rhume en général et offre, enfin, le médicament Coryzalia comme solution idéale.

6. Kapitel

A) Verkürzungstechniken

Ü 1

1. **En passant** devant la poste, il mettra la lettre à la boîte.
2. **En me levant,** j'ai déjà pensé à l'examen.
3. Nous retournerons chez nous la semaine prochaine **en passant** par Paris.
4. **En ne partant pas** trop tard de chez tes amis, tu auras le dernier train.
5. Il s'est fâché **en nous disant** que nous n'étions pas dignes de ses grandes idées.
6. **En faisant** régulièrement tes devoirs, tu auras moins de problèmes avec les tests.

Ü 2

1. **B** = Art und Weise; 2. **A** = Gleichzeitigkeit (Vielleicht hast du bei diesem Beispiel auch die Möglichkeit **B** = Art und Weise angekreuzt; das ist sicherlich nicht vollkommen falsch, doch streng genommen ist die Aussage, daß die alten Leute **ihre Zeit verstreichen lassen, kein Mittel** ihrer Resignation, sondern ein **Begleitumstand,** der *zeitlich parallel* abläuft.); 3. **A** = beide GIF drücken die Gleichzeitigkeit aus; 4. **B** = beide GIF drücken die Art und Weise aus; 5. **D** = Einschränkung; 6. **C** = Bedingung; 7. **B** = Art und Weise (denn die Argumente machen deutlich, **wie** der Autor seine Meinung erklärt); 8. **D** = Einschränkung; 9. **B** = Art und Weise; 10. **A** = Gleichzeitigkeit

Ü 3

1. **En n'arrivant pas** toujours en retard, tu comprendrais mieux ce que le professeur dit.
2. **Tout en parlant** mal le français, il essaie pourtant de commencer une conversation avec la belle dame en face de lui.
3. GIF ist nicht möglich, weil zwei verschiedene Subjekte vorhanden: *je* und *tu.*
4. **En courant** le plus vite possible, j'ai attrapé le train.
5. **En racontant** leurs aventures au Liban, elles ne parlent pas des grands dangers qu'elles ont courus. (Das GIF sollte hier am Satzanfang stehen, da nur dann der Bezug zwischen *en racontant* und *parlent* eindeutig ist; steht das GIF dagegen nach, könnte man *en racontant* auf *elles ont courus* beziehen, was den Sinn des Satzes verfälschen würde.)
6. **Tout en m'écoutant** très attentivement, il ne semble rien comprendre.
7. Elle s'est fait connaître **en chantant** souvent dans les cafés-théâtres.
8. GIF ist nicht möglich, weil zwei verschiedene Subjekte vorhanden: *vous* und *je/j'.*

Ü 4

1. **A** = Relativsatz mit *qui*; 2. **A** = beide Male Relativsätze mit *qui*; 3. **B** = Kausalsatz; 4. **C** = Zeitpunkt (Solltest du bei diesem Satz einen **kausalen Sinn** erkannt haben – also anstatt „In dem Augenblick, als er aus dem Fenster schaute, ...", „Da er aus dem Fenster schaute, ..." –, dann ist das sicherlich **ebenfalls richtig.** Eine ganz eindeutige Zuordnung ist mit anderen Worten in diesem Fall nicht möglich.); 5. **A** = Relativsatz mit *qui*; 6. **B** = Kausalsatz; 7. **C** = Zeitpunkt; 8. **B** = Kausalsatz

Ü 5

1. **Ne sachant pas** parler français, il a peur d'aller en France.
2. **En regardant** la télé, elle mange toujours beaucoup de bonbons.
3. **Tout en possédant** trois voitures, il prend toujours le bus pour aller en ville.
4. Un élève **ne connaissant** ni le gérondif ni le participe présent n'arrivera jamais à faire de bons résumés.
5. **Entendant** un cri, il sort tout de suite de sa chambre. (**En entendant** un cri wäre sicherlich auch nicht falsch, doch steht in diesem Satz der Zeitpunkt, zu dem er etwas hört, im Vordergrund.)
6. **En prenant** la prochaine rue à droite, vous verrez la gare.
7. Il s'est blessé **en jouant** au football. (Im Gegensatz zu Satz **5** wird hier die Gleichzeitigkeit betont, nicht dagegen ein Zeitpunkt.)
8. Le texte, **comprenant** quatre parties principales, parle de la situation des Noirs aux Etats-Unis.
9. **Tout en n'aimant pas** tellement les films policiers, elle ira avec ses copains au cinéma.
10. **Ne respectant pas** le feu rouge, il a causé cet accident.
11. **M. Dubois étant** en chômage, sa famille ne peut pas partir en vacances cette année.

Zusammenfassung (S. 143)

1. Eine PP-Konstruktion setzt sich grundsätzlich zusammen aus einem Hilfsverb im *Participe **Présent***, also ***ayant*** bzw. ***étant,*** und dem *Participe **Passé*** des Vollverbs.

2. Wird das PP mit dem Hilfsverb ***être*** *(étant)* konstruiert, muß das *Participe Passé* des Vollverbs in **Geschlecht** und **Zahl** dem Subjekt des Hauptsatzes angeglichen werden.

3. Das verkürzte PP, d. h. die PP-Konstruktion ohne ***étant*** (also ohne das Hilfsverb *être* im *Participe Présent*), kann nur bei den Verben der **Bewegungsrichtung** und den Passivformen der **transitiven** Verben benutzt werden.

4. Eine Ausnahme bildet das Verb **aller,** bei dem eine verkürzte PP-Konstruktion nicht möglich ist.

6. Bei aktivem Gebrauch der **transitiven** Verben und bei den **reflexiven** Verben wird das PP immer **mit *ayant* bzw. *étant* konstruiert.**

Ü 6

1. **C** = Relativsatz mit *qui*; 2. **B** = Temporalsatz; 3. **C** = Relativsatz mit *qui*; 4. **C** = beide Male Relativsätze mit *qui*; 5. **B** = Temporalsatz (Das PP hat hier sicherlich auch einen kausalen Sinn, doch **dominiert** in diesem Satz das **zeitliche Moment,** was auch durch das ***bientôt*** im Hauptsatz unterstrichen wird.); 6. **B** = Temporalsatz; 7. **C** = Relativsatz mit *qui*; 8. **A** = Kausalsatz; 9. **A** = Kausalsatz; 10. **B** = Temporalsatz; 11. **B** = Temporalsatz

Ü 7

1. **Etant tombé** malade, il ne pouvait pas partir en vacances.
2. Cet article, **tiré** de l'hebdomadaire «L'Express», traite des problèmes entre le Président de la République et son Premier Ministre.
3. **S'étant réveillée** vers huit heures, elle se lève et prend son petit déjeuner.
4. Le poème, **écrit** par Jacques Prévert, parle de la solitude.

5. Jean-Jacques, **né** en Suisse, habite aujourd'hui Toulouse.
6. **La conférence étant terminée** vers 18 heures, Jean et sa femme ont encore pu faire des achats en ville.
7. **Retournées** à l'hôtel, les deux femmes sont attaquées par deux hommes.
8. Vingt-trois personnes, grièvement **blessées,** se trouvent encore à l'hôpital.
9. **La sentence lue,** le jeune condamné ne put plus retenir ses larmes.

Ü 8

1. Jean-Jacques Rousseau, **philosophe et écrivain** du siècle des Lumières, fut (= *passé simple*; *a été* ist auch möglich) un (l'un) des précurseurs intellectuels de la grande Révolution française de 1789.
2. Marie-Louise habite (vit) aujourd'hui à Belleville, **ancien quartier ouvrier** de Paris.
3. Le présent texte, **huitième chapitre** du roman, se divise en (se compose de) cinq parties.
4. Gisèle, **fille** du professeur Robert et **fiancée** de M. Duval, décide un jour de quitter le village (Un jour, Gisèle ... décide de ...).
5. «Les Trois Mousquetaires», **le livre** que je t'ai donné hier, est un roman captivant.
6. Elle donne le disque à Françoise, **la soeur** de Thierry.
7. Renaud, **vedette** de la chanson française contemporaine, se sert souvent de l'argot dans ses textes.

Ü 9

1. L'auteur parle d'un petit village, **centre** de musique traditionnelle depuis deux ans.
2. Dans une première partie, **sorte d'introduction,** l'auteur pose la question principale.
3. Dans le deuxième chapitre du roman, on fait la connaissance du personnage central, **un jeune homme** qui tombe amoureux d'une belle femme de quarante ans, **épouse** d'un très riche industriel.
4. L'auteur met en opposition les points de vue de deux femmes, dont l'une, **fumeuse,** se prononce contre une interdiction de fumer au travail.
5. Dans le deuxième paragraphe, l'auteur parle de Germaine, **secrétaire** dans un bureau pendant la journée, **danseuse** le soir dans un bar à Montmartre.

Ü 10

1. **Après avoir terminé** ses explications, le professeur donne un exercice aux élèves.
2. INF nicht möglich, weil zwei verschiedene Subjekte vorhanden: *le professeur* und *les élèves*
3. INF nicht möglich, weil zwei verschiedene Subjekte vorhanden: *sa mère* und *Jean*
4. **Avant d'aller** au cinéma, les deux filles mangent une glace au café.
5. **Après être rentrés** chez eux, ils regardent la télé.
6. **Avant de se coucher,** elle veut prendre un bain.
7. **Après être arrivée** à la gare, elle s'achète un billet.
8. **Après s'être assise** à table, elle appelle le garçon.
9. INF nicht möglich, weil zwei verschiedene Subjekte vorhanden: *Jean* und *la mère*

Ü 11

1. Il voit ses enfants **assez** souvent **pour suivre** bien leur développement.
2. La voiture roule **trop** lentement **pour gagner** le rallye.
3. Aujourd'hui, nous avons **trop** peu dormi **pour pouvoir** suivre cette conférence.
4. Il n'est pas **assez** attentif **pour comprendre** tout ce que le professeur lui explique.

Ü 12

1. Il lit régulièrement le journal **pour (afin d')** être bien informé.
2. Cette fois-ci, je vais à Paris **dans l'intention de (dans le but de)** visiter le parc de la Villette dans le nord de la capitale.

3. **De crainte de (De peur de)** nous tromper de route, nous avons acheté les nouvelles cartes routières de la région.
4. L'étudiant écrit à son oncle **dans l'intention de** lui demander un peu d'argent.
5. Elle conduit très prudemment **de peur d' (de crainte d')** avoir de nouveau un accident.
6. Il ne l'a certainement pas dit **dans le but de (dans l'intention de)** vous offenser.
7. Elle va à la fête **pour** s'amuser.
8. Nous sommes partis de bonne heure **dans l'intention d' (dans le but d')** arriver à Bordeaux avant la tombée de la nuit.

Ü 13

1. **Au lieu de** te plaindre de tout, tu devrais essayer de te sortir de tes malheurs.
2. Elle a quitté sa famille **sans** mot dire.
3. **Sans** vouloir offenser sa femme, il lui a fait cependant beaucoup de peine.
4. Il aurait dû rester dans son pays, **au lieu d'**aller en Australie.
5. Si on allait aujourd'hui au cinéma, **au lieu de** regarder la télévision comme d'habitude?
6. Le commissaire suit prudemment le gangster **sans** le quitter des yeux.

Ü 14

Dans cet article, paru dans «Le Monde» il s'agit d'un hold-up dans une banque du centre de Poitiers, au cours duquel quatre bandits emportent la somme de 850.000 francs. Entrés l'un après l'autre, les gangsters neutralisent d'abord les clients et le personnel, 23 personnes au total, en les gardant comme otages.
Deux policiers, alertés par un employé de la banque, sont désarmés juste après leur arrivée. Après avoir obtenu d'un employé de la banque tout l'argent liquide disponible, les quatre hommes s'enfuient sans être aperçus par un troisième agent de police, resté dans sa voiture: un arrêt de bus lui bouche la vue sur la banque. Voilà pourquoi il ne se rend compte du crime qu'à l'arrivée d'autres policiers, alarmés par les otages après la disparition des gangsters.

paru dans le monde	– Relativsatz mit *qui* (**PP**)
Entrés l'un après l'autre	– Temporalsatz (**PP**)
23 personnes au total	– Relativsatz mit *qui* (**APP**)
en les gardant comme otages	– Modalsatz (**GIF**)
alertés par un employé	– Relativsatz mit *qui* (**PP**)
après avoir obtenu	– Temporalsatz (**INF**)
sans être aperçus	– (**INF**)
resté dans sa voiture	– Relativsatz mit *qui* (**PP**)
alarmés par les otages	– Relativsatz mit *qui* (**PP**)

Ü 15

Un soir, **après avoir vu** un film policier à la télé, Jean et Gisèle, **tous les deux** professeurs, décident de commettre un hold-up. Les deux enseignants, **mariés** depuis plus de 15 ans, vont tout de suite dans la salle à manger de leur petite maison, **ne se trouvant pas** loin d'une filiale de la BNP, et se mettent à préparer leur méfait **en ouvrant** une bouteille d'un bon vin du Médoc. **Sachant** très bien se servir d'un crayon, Gisèle, **professeur** de dessin, prend une feuille et commence à esquisser un plan du quartier. **En dessinant** avec beaucoup d'entrain les rues et les bâtiments les plus importants, elle n'oublie pas son verre, toujours **rempli** de ce bon vin. **En expliquant** ses idées à son épouse, Jean, **professeur** de philosophie et **d'un caractère plutôt rêveur,** réfléchit beaucoup au déroulement théorique de l'action envisagée. **N'oubliant pas non plus** de verser du vin rouge dans son verre toujours vide, il proclame ses idées à haute voix **en faisant** beaucoup de grands gestes. Vers minuit, **après avoir fini** leur préparation théorique ainsi que la troisième bouteille de ce délicieux vin, les deux «gangsters», bien fatigués, s'endorment dans leurs fauteuils. **Au lieu de devenir** riches et célèbres, ils rêvent d'un hold-up parfait **en ronflant** très fort.

B) Verbesserung des Textzusammenhangs (Kohärenz)

Ü 2

1. Il s'agit de la **France** et de l'Algérie. **La France** a un milieu beaucoup plus urbain, (...)
2. On a tout dit sur **Meursault,** mais sans montrer suffisamment qu'**il** était avant tout un Algérois. En cela **il** ressemble à Camus. Jusqu'à quel point? **Meursault** habite le même quartier (...).
3. Ceux qui ont vu la **guerre** sont pour toujours contre **elle.**
4. Ces **journaux** ne s'intéressent pas aux autres nouvelles: **ils** sont spécialisés.
5. En 1936, **Jean Sablon** chante pour la première fois avec un micro. Avant **lui,** on était obligé de chanter très fort pour être entendu.
6. La joie et la gaieté de Charles Trenet plaisent surtout aux **jeunes. Ceux-ci** (bzw. **ils**) vont suivre Trenet tout au long de sa vie.
7. Le plus important dans un journal, c'est la **première page:** c'est tout ce qu'on voit du journal avant de l'acheter. **Elle** présente le journal.
8. **Le sujet** de la nouvelle par rapport à **celui du roman** est mince. **Celui du roman** n'est pas constitué d'un fait unique, mais de plusieurs faits.
9. Il comprend les **hommes,** même s'il faut **les** tuer.
10. Une personne importante dans un film est le **réalisateur.** C'est **celui** (bzw. **lui**) qui va faire le film (...).

Ü 3

A = (Aspektat – *lexème aspectuel*)
S = (Synonym – *synonyme*)

1. Il y avait partout des rhinocéros. Ces **monstres** menaçaient les passants. [**A**]
2. Un jour, il perd tout son argent et tombe dans l'indigence. Mais il essaie de cacher sa **pauvreté.** [**S**]
3. Il connaît le destin qui l'attend. Mais il ne fait rien contre son **sort.** [**S**]
4. L'auteur choisit une belle image pour souligner la sensualité de son protagoniste. Par cette **métaphore,** il révèle les idées secrètes de Jacques. [**S**]
5. Elle commence à souffrir de sa vie. Cette **marche vers la mort** la déprime de plus en plus. [**A**]
6. Son père est rarement à la maison. Cet **aventurier** cherche son bonheur un peu partout. [**A**]
7. Tout le monde parlait de ses sentiments. Il savait bien que ses **émotions** dépassaient les limites du normal. [**S**]
8. On le regardait comme un outsider. Mais ce **marginal** savait très bien chanter. [**S**]
9. Enfin, il présente son nouveau livre. Mais cette **présentation d'idees ennuyeuses** ne sait pas enthousiasmer son éditeur. [**A**]
10. Il a toujours recherché le voisinage de l'océan. La **mer** était pour lui la seule amie vraie. [**S**]

Ü 4

1. Voilà encore trois touristes. **Ils** sont arrivés en retard.
2. L'auteur emploie beaucoup de mots argotiques. **Cela** donne un accent particulier au texte.
3. Il rencontre beaucoup de journalistes. **Ceux-ci** l'interrogent.
4. Il veut la guerre. Il **l'**aura.
5. Il connaît beaucoup d'anecdotes. Il **les** raconte d'une façon amusante.
6. Hervé parle souvent de l'accident. **Il en parle** d'une façon enthousiaste.
7. Il lit Sartre, Montherlant, Mauriac et Marie Cardinal. **Cette dernière** lui plaît beaucoup. (oder: **La dernière** lui plaît beaucoup.)
8. Il a perdu tout son argent. **En ce cas** je vais l'aider.
9. Il y a beaucoup d'immigrés. Mais ce ne sont pas **eux** qui posent des problèmes.
10. Elle sort souvent. **De cette façon,** elle essaie d'oublier.
11. Il a le choix entre plusieurs voyages. Il prend **celui** qui coûte le moins cher.
12. Dans le texte, on trouve beaucoup de descriptions détaillées. **Voici** ce que l'auteur décrit.
13. Je pense souvent à la fin du roman. On **y** trouve une image extraordinaire de l'amour.
14. Il est heureux et malheureux en même temps. Ja vais **en** donner les raisons **par la suite.**
15. Il a rencontré cette jeune fille un soir dans un concert. Depuis, il ne veut plus passer un seul instant sans **elle.**

Ü 5

1) Falsch sind die Fälle: 1 – 2 – 3 – 5 – 7 – 8 – 9 – 10

2) Verbesserung:

1. Fall: **Le jeune homme** a fait l'impossible pour échapper à la police. **Il** n'avait pas de papiers sur lui.

2. Fall: Il connaît la vie des **riches** aussi bien que celle des pauvres. **Ceux-là** (oder auch **Les riches**) n'ont aucune idée de la misère dans leur pays.

3. Fall: Jean ne comprend pas **son ami.** Ils se disputent souvent. **Son ami** le contredit tout le temps.

5. Fall: L'avocat veut tout savoir de cet **accident.** Le jeune homme lui **en** donne tous les détails.

7. Fall: L'avocat veut vraiment aider **Meursault.** Mais **celui-ci** ne comprend pas ses questions.

8. Fall: Beaucoup de jeunes Bretons partent dans d'**autres régions** de la France. Ils espèrent **y** trouver du travail plus facilement qu'en Bretagne.

9. Fall: Mme Loisel a perdu **le collier.** Elle sait qu'elle l'a perdu dans la rue ou dans le fiacre. Son mari quitte la maison pour chercher **son collier** (oder auch **sa parure**). Mais il ne **le** **(la)** trouve pas.

10. Fall: M. Foucher parle avec son **frère.** **Celui-ci** se demande ce qu'on veut de lui.

Ü 6

a)

1. Tu n'as pas dit la vérité. **Cela** ne se fait pas.
2. Jean fait appel aux autorités. Il se fie à **elles.**
3. Il rencontre la sœur de son amie. **Cette dernière** avait disparue.
4. Il emploie un vocabulaire riche, **ce que** j'ai déjà mentionné **ci-dessus.**
5. Sa mère entre. Ce qui frappe **celle-ci,** c'est l'ordre dans la chambre de son fils.
6. On parle des vacances. On **en parle** souvent.
7. Il dit qu'il a vu le Président. **Ce** n'est pas vrai.
8. C'était un lycéen de 16 ans qui passait ses vacances chez son oncle. **Ce jeune homme** avait volé une voiture.

9. On peut visiter des musées et se promener à Paris. **Ceci** me convient. **Cela** me déplaît.
10. Il fête son examen. **A cette occasion,** il fait la connaissance de sa future femme.

b)

1. Dans un long passage l'auteur décrit la vie de son **protagoniste. C'est** (oder **celui-ci** est) le fils d'un employé.
2. Le producteur donne la synopsis à un **scénariste. Celui-ci** va écrire une histoire à filmer: un **scénario.** Quand il l'a écrite, cette histoire est devenue une histoire de 50 pages. Elle est coupée en plusieurs scènes et il y a un peu de dialogue. **Le scénario** est présenté à la commission de contrôle.
3. Dans la salle, il y avait plusieurs **journalistes.** Il observa ses avocats qui parlaient avec **eux** (oder **ceux-là.**)
4. Tout à coup **Jacques** entend un bruit. **Il** a peur.
5. Il passe souvent ses week-ends **dans le village** de ses grands-parents. **Là-bas,** il devient plus calme.
6. On dit souvent que le **président de la République** est le premier des Français: **C'**est le chef de l'Etat, **il** représente la France. **Il** est élu pour sept ans. **Il** habite et travaille à Paris.
   Le président de la République a tous les droits d'un chef d'Etat parlementaire (...).
7. Comme les lecteurs sont différents, les journaux pourront choisir entre plusieurs titres possibles: il y a des **gens peu pressés,** qui font le tour des titres pour savoir quels articles ils vont lire: pour **ceux-là** (oder zur Not auch: pour **eux**) il est suffisant de montrer dans le titre de quoi parlera l'article.
8. Il a toujours aimé la **montagne.** C'est **de celle-ci** qu'il a parlé dans ses livres. (**d'elle** ist grammatisch richtig, aber wegen des Akzents ist **«celle-ci»** vorzuziehen.)
9. Il sait très bien évoquer le **côté comique de sa vie. Celui-ci** est bien décrit dans son dernier roman.
10. La vie d'un journaliste ne ressemble souvent pas du tout à **celle d'un écrivain. Celle-ci** est sûrement moins agitée.

Ü 7

Un jour, quelqu'un a une idée de film. Il l'écrit. Elle est courte: deux ou trois pages, quelquefois moins. C'est la synopsis. Il la montre à un producteur. **C'est** (oder **celui-ci** est) un homme qui a de l'argent. **Il** sait peu de choses sur l'histoire du film. **Elle** est drôle? Les films drôles se vendent bien! **Il** va donc dépenser un peu d'argent pour faire **ce film** et espère **en** gagner beaucoup après.
Le producteur donne la synopsis à un scénariste. **C'est** (oder **celui-ci** est) une personne importante pour le film. **Il** va écrire **l'histoire** à filmer: un scénario. Quand **il l'**a écrite, **cette histoire** de 2 ou 3 pages est devenue **une histoire** de 50 pages. **Elle** est coupée en plusieurs scènes et il y a un peu de dialogue. Maintenant on peut réaliser **le film.** Mais ce n'est pas **le scénariste** qui va **le** faire.

Satzverknüpfer

Ü 8

1. **D'abord** il a perdu son meilleur ami. **Ensuite** il a eu ce grave accident. **A cela s'ajoutent** les difficultés avec son père et, **finalement,** la perte de sa carte d'identité!
2. ... **En premier lieu,** il y a sa mère. **En second lieu,** il y a un ancien copain ... **De plus,** il a deux petites amies ... **En dernier lieu,** on pourrait mentionner encore ...
3. **Au début,** on est désespéré. **Après,** on devient plus calme. **A la fin,** on cherche une nouvelle aventure.
4. **Tout d'abord,** je vais parler du travail de Meursault, **puis** je vais décrire ses relations avec Marie, **après,** je vais essayer d'expliquer sa façon de vivre et, **finalement,** je parlerai de ...

Ü 9

1. Il est gravement malade. Il ne peut **donc** pas venir.
2. Il ne voit plus clair **parce qu'**il est amoureux.

3. Il travaille trop. **Il en résulte** qu'il est souvent très fatigué.
4. Il chante, il mange, il se promène avec sa petite amie, il fait du sport, **bref** il est heureux.
5. Il fait tout **pour qu'**elle vienne. (**parce que** würde inhaltlich auch passen, verlangte aber den *Indicatif,* also: Il fait tout **parce qu'**elle vient.)
6. Il est triste **car** il a perdu tout son argent. (möglich wäre hier auch **parce que,** also: Il est triste **parce qu'**il a perdu tout son argent.)

Ü 10

1. Il est jeune. **Pour cette raison,** il comprend tout.
2. Il a perdu. **Par conséquent,** il n'est pas content. (oder: **Donc,** il n'est pas content.).
3. Ils font la guerre. **Il en résulte** une grande misère. (oder: **Il s'ensuit** une grande misère.)
4. Nous avons eu faim. **Alors** nous avons mangé.
5. Elle a dansé **de manière que** tout le monde en était enthousiasmé.
6. J'ai revu mes parents, je me suis reposé, **bref,** j'ai passé un bon week-end.

Ü 11

Il est presque minuit. Jacqueline est sur le point de s'endormir. **A ce moment (-là),** on sonne. Elle ouvre. Il y a un inconnu devant la porte. Celui-ci ne dit rien, entre et s'allonge sur le tapis pour dormir. Elle n'ose rien dire et regarde ce qu'il fait. Elle remarque qu'il a un beau visage jeune. Elle le laisse dormir. **Le lendemain,** l'inconnu n'est plus là. **Plus tard,** elle apprend …

Ü 12

1. Les trois garçons sont arrivés tard dans la nuit. **La veille** tout le village avait fêté.
2. J'ai bien mangé. **En ce moment,** j'ai soif.
3. Ces derniers jours, mes enfants ont beaucoup travaillé. Mais, **la semaine prochaine,** ils vont partir en vacances.

Ü 13

1. Il déteste l'école. **Cependant,** il y va chaque jour. (oder **quand même** – wird aber eher nachgestellt, also: Il y va **quand même** chaque jour.)
2. **Au contraire de** Jean, Pierre pense toujours à l'amour.
3. Il travaille dur. **Par contre,** il a beaucoup de vacances. (Naheliegender hier das einfache **mais,** also: Il travaille dur, **mais** il a beaucoup de vacances.)
4. Elle a tout ce qu'elle veut. **Cependant,** elle n'est pas contente.
5. Elle aime sa petite maison. **Cela n'empêche pas** qu'elle sorte souvent.

Ü 14

Falsch sind: **a – c – d**

Ü 15

1. L'auteur ne dit pas directement ce qu'il pense. **Sur le même plan,** il emploie beaucoup de métaphores.
2. Ionesco dit que ses personnages errent dans le noir, dans l'absurde. **Par comparaison aux** personnages de Camus, il apparaît que le sort des personnages de Ionesco est plus désespéré.
3. Pour lui, la vie est absurde. **Cela veut dire** que, pour lui, la vie n'a plus de sens.
4. Sa vie devient de plus en plus pénible. **D'une part,** l'idée de tout quitter et d'aller à l'aventure devient de plus en plus forte. **D'autre part,** il y a la grande famille à nourrir.
5. Le texte parle de la condition humaine dans les villes modernes. **Ce qui est particulièrement souligné,** c'est l'aspect inhumain de l'administration automatisée.
6. L'auteur décrit le tourisme en Bretagne. **Ce qui lui importe,** c'est de montrer les problèmes causés par le tourisme même.

Abschlußtest

Ü 16 1. Teil

1. Il est riche. Il peut **donc** payer.

2. Il a réussi; **cependant,** il est mécontent.
3. Le texte est difficile à comprendre. **Commençons** par en résumer les idées principales.

2. Teil

1. Elle est belle. **De plus,** elle sait très bien ce qu'elle veut.
2. Nous avons résumé les idées principales de l'essai. **Passons maintenant à** l'étude des personnages.
3. Il n'aime pas la guerre. **Mais** il en profite.
4. Elle a perdu son frère. **C'est pourquoi** elle est tellement malheureuse.

Ü 17

Un dimanche, Jean et Pierre se rencontrent en ville. Ils s'installent à la terrasse d'un café. Jean prend un thé, Pierre un coca. Ils parlent de choses et d'autres. **Ce jour-là,** Jean a beaucoup de difficultés à suivre les idées de son ami, **car** il a trop sommeil. **Tout à coup** un rhinocéros traverse la rue. Les gens dans la rue crient et essaient de se sauver. **Peu après,** le pachyderme disparaît dans une rue à côté. Tout le monde discute vivement de ce qui s'est passé, les deux amis aussi. Pierre en est fort indigné. **Par contre,** Jean a trop sommeil pour s'énerver. Il se moque un peu de l'indignation de son ami, ce que celui-ci ne supporte pas. Les deux amis se querellent. **Finalement,** Pierre s'en va, plein de colère.
Après avoir résumé ce qui se passe, **passons à présent à** l'étude des deux personnages principaux.

Jean traverse la vie un peu comme un somnambule. **Cela signifie qu'**il ne veut pas voir certaines choses en face pour ne pas perdre le goût de vivre. Il a beaucoup de difficultés à supporter la vie telle qu'elle est. **Cela n'empêche pas qu'**il goûte les plaisirs de la vie et qu'il aime la présence d'un ami. **Par opposition à** son ami Pierre, il n'a pas d'idées toutes faites sur la vie. Il cherche toujours une réponse à des questions qu'il ne sait pas encore clairement poser.
Au contraire, Pierre a une idée assez précise de l'ordre qu'il faut respecter dans la vie. Il n'aime pas les surprises. **C'est pourquoi** il s'énerve lors de l'apparition du rhinocéros. Il veut que tout le monde pense comme lui. **Il s'ensuit qu'**il donne toujours des leçons aux autres **pour qu'**ils se comportent selon les règles de sa «culture-pour-tous». **Cependant,** ses sentiments amicaux pour Jean montrent qu'il n'est pas complètement borné.
Ce qui est particulièrement accentué, c'est le problème de la norme et de la différence.

Mentor Abiturhilfe
Band 28
Französisch

Atout Bac, 2

Textarten und Textproduktion für Oberstufe und Abitur

Von Wolfgang Spengler, Otto-Michael Blume und Dr. Wolfgang Meyer

---

Mit Lösungsteil zum Heraustrennen

Mentor Verlag München

Wolfgang Spengler: Studiendirektor, Fachleiter für Französisch am Studienseminar für das Lehramt in der Sekundarstufe II

Otto-Michael Blume: Oberstudienrat, Kolleg Düsseldorf

Dr. Wolfgang Meyer: Studiendirektor, Fachleiter für Französisch am Studienseminar für das Lehramt in der Sekundarstufe II

Zeichen und Abkürzungen:

R 1	Regel
Ü	Übung
Ü 14	Übung (ins Heft)
	Originaltexte
	Zusammenfassungen

Kennzeichen für **Zusammenfassung,** denn: „*Nach einer erfolgreichen und effektiven ‚Zusammen-Fassung' geht bestimmt manchem ein Licht auf ...*" (Anmerkung des Zeichners)

Illustrationen: Pieter Kunstreich

Auflage:	6.	5.	4.	3.	2.	Letzte Zahlen
Jahr:	1999	98	97	96	95	maßgeblich

Druck: Druckhaus Langenscheidt, Berlin
Printed in Germany · ISBN 3-580-64280-4